韶关市地方性法规导读与释义系列丛书

陈　曦◎主　编

《韶关市文明行为促进条例》导读与释义

韩登池◎著

中国政法大学出版社

2021·北京

图书在版编目（ＣＩＰ）数据

《韶关市文明行为促进条例》导读与释义/韩登池著. —北京:中国政法大学出版社，2021.12

ISBN 978-7-5764-0229-2

Ⅰ.①韶… Ⅱ.①韩… Ⅲ.①社会主义－精神文明建设－条例－注释－韶关 Ⅳ.①D648

中国版本图书馆 CIP 数据核字(2022)第 005625 号

出 版 者	中国政法大学出版社
地　　址	北京市海淀区西土城路 25 号
邮寄地址	北京 100088 信箱 8034 分箱　邮编 100088
网　　址	http://www.cuplpress.com (网络实名：中国政法大学出版社)
电　　话	010-58908586(编辑部) 58908334(邮购部)
编辑邮箱	zhengfadch@126.com
承　　印	北京九州迅驰传媒文化有限公司
开　　本	720mm×960mm　　1/16
印　　张	23.25
字　　数	385 千字
版　　次	2021 年 12 月第 1 版
印　　次	2021 年 12 月第 1 次印刷
定　　价	99.00 元

序 PREFACE

2015 年 5 月 27 日，广东省十二届人大常委会第十七次会议通过了《关于佛山、韶关等九个市人民代表大会及其常委会开始制定地方性法规的时间的决定》，这是《立法法》[1]修改后，我省首批授予设区的市地方立法权。也意味着自 2015 年 5 月 28 日起，韶关市人大及其常委会可以开始在"城乡建设与管理环境保护、历史文化保护"等三大领域制定地方性法规。拥有地方立法权，为从法制层面解决我市城乡建设与管理、环境保护、历史文化保护等热点难点问题提供了保障，将更有利于促进经济社会在法治的轨道上快速发展。

韶关市人大常委会为了顺利开展地方立法工作，加强地方立法理论研究与韶关学院研究协商，成立"韶关市地方立法研究中心"，并于 2015 年 5 月 29 日在韶关学院正式揭牌。建立地方立法研究中心，为推动我市地方立法工作，加强地方立法理论研究和实践，提供了强有力的智力支持，对科学立法、民主立法及提高立法水平和质量具有重要的现实意义。

---

[1] 《立法法》全称为《中华人民共和国立法法》，为论述方便，本书中涉及国内法律省略"中华人民共和国"字样，全书统一，下不赘述。

　　同时，2015年8月，市十二届人大常委会成立了立法咨询专家库，从本市3965名具有法律背景的人才中聘请了27名立法咨询专家，2017年4月，新一届人大常委会在原来的基础上对立法咨询专家进行了调整，保留了部分上一届立法咨询专家，新增了城乡建设与管理、环境保护、历史文化保护等领域方面的专家和韶关市拔尖人才库中的部分专家以及语言类专家等，使新一届的立法咨询专家增至48名；同时聘请了我省高校中长期从事地方立法研究的5名专家学者为立法顾问。强有力的立法咨询专家队伍以及立法顾问团队，成为我市民主立法、科学立法的重要智力支撑。

　　在市委、市人大常委会的领导下，特别是在省人大法工委领导及专家的全力指导和帮助下，经过市政府、市人大法委、市人大常委会法工委、立法顾问、立法咨询专家的共同努力，我市首部地方性法规《韶关市制定地方性法规条例》于2016年4月5日正式实施，"小立法法"的实施必将成为韶关市制定地方性法规的基石。首部地方实体性法规《韶关市烟花爆竹燃放安全管理条例》，经广东省十二届人大二十九次常委会议批准，于2017年1月1日起正式实施，这是韶关市制定地方实体性法规的良好开端。

　　在今后的立法工作中，市人大常委会将按照"党委领导、人大主导、政府依托、各方参与"的总要求科学立法、民主立法，进一步完善立法工作制度，提高立法队伍的整体素质，制定更多"有特色""可执行""管用""接地气"的地方性法规，不断推动我市地方立法工作向前发展，为韶关振兴发展作出贡献。

　　"徒法不能以自行"，拥有良好的地方性法规并不意味着其能够自动地得到有效实施。法律法规的实施，需要执法部门公正执法，司法部门正确用法，广大市民自觉守法。要想广大市民自觉守法，首先必须让市民读懂法律法规条文。地方性法规毕竟是专业立法活动的产物，涉及法律用语、专业词汇、文本结构、立法意图等方面，具有较强的专业性。

这可能会给一些市民准确理解法规的具体内容、立法主旨及法规精神等带来一定的难度，不利于广大市民在理解、领会法规的基础上做到知法、懂法、守法。另外，在立法过程中，立法者对社会各方意见的吸纳，以及历史背景、政策背景等不能在法规中被充分地表述出来，也增加了执法者的理解难度。

鉴此，市人大常委会认为，有必要吸纳市人大常委会立法工作者、法律实务工作者和韶关学院的专家学者，编纂《韶关市地方性法规导读与释义》丛书，对我市出台的地方性法规进行导读性释义工作，方便社会各界人士理解把握法规，从而达到自觉知法守法用法之目的，也为今后我市法规的修改、释义备存资料。

"普法""懂法""守法"是本系列丛书的宗旨，是为序。

"韶关市地方性法规导读与释义"编委会　陈曦

2017 年 9 月 30 日

目 录
CONTENTS

《韶关市文明行为促进条例》
立法文本

韶关市第十四届人民代表大会常务委员会公告

（第 13 号）

韶关市第十四届人民代表大会常务委员会第三十五次会议于 2020 年 6 月 12 日表决通过的《韶关市文明行为促进条例》，已经广东省第十三届人民代表大会常务委员会第二十二次会议于 2020 年 7 月 29 日批准，现予公布，自 2020 年 10 月 1 日起施行。

韶关市人民代表大会常务委员会

2020 年 8 月 4 日

韶关市文明行为促进条例

(2020 年 6 月 12 日韶关市第十四届人民代表大会常务委员会第三十五次会议通过 2020 年 7 月 29 日广东省第十三届人民代表大会常务委员会第二十二次会议批准)

第一章 总 则

第一条 为了弘扬和践行社会主义核心价值观，引导和促进公民行为文明，提高公民文明素质，促进社会进步，建设善美韶关，根据有关法律法规，结合本市实际，制定本条例。

第二条 本市行政区域内的文明行为促进及相关工作，适用本条例。

第三条 本条例所称的文明行为，是指遵守宪法和法律法规，践行社会主义核心价值观，符合社会主义道德要求，遵循公序良俗，引领社会风尚和文明进步的言行举止。

第四条 文明行为促进工作应当坚持党的领导、政府主导、社会参与、统筹推进、倡导为主的原则。

第五条 市、县（市、区）精神文明建设委员会统一领导本区域内的文明行为促进工作，指导建立健全文明行为促进工作长效机制，营造共建共治共享的社会治理新格局。

市、县（市、区）精神文明建设工作机构具体负责本行政区域内文明行为促进工作的规划实施、指导协调、监督检查以及宣传教育。

第六条 市、县（市、区）人民政府应当建立文明行为记录制度，将文明行为促进工作纳入国民经济和社会发展规划，并在公共财政预算中统筹安排专项资金，保障文明行为促进工作的正常开展。

镇（乡）人民政府、街道办事处应当指导村民委员会、居民委员会、小区业主委员会制定文明行为公约，并在职责范围内做好文明行为促进工作。

村民委员会、居民委员会应当将文明行为规范纳入村规民约、居民公约，协助镇（乡）人民政府、街道办事处推进文明行为促进工作，加强对文明行为的宣传和引导。

第七条 市、县（市、区）公安、城市管理、综合执法、教育、文化、旅游、交通运输、卫生健康、财政等有关行政主管部门应当按照各自职责分工，做好本行政区域的文明行为促进工作。

负有执法职责的行政主管部门应当将文明行为纳入岗位工作规范，文明执法，依法对不文明行为进行监督管理。

第八条 文明行为促进是全社会的共同责任。任何组织或者个人应当结合自身实际，积极参与文明行为促进工作。

第二章 文明行为规范

第九条 市、县（市、区）行政机关和其他国家机关应当完善政务服务办事流程，简化办事程序，合理设置现场办理窗口，推广网上预约、网上办理等便民高效政务服务方式。

第十条 公共服务机构应当制定服务标准，明示办事程序，公开服务承诺，落实便民措施，提供文明优质服务。

第十一条 国家机关工作人员应当模范遵守宪法和法律法规，践行社会主义核心价值观，遵循公序良俗及其他文明行为规范，积极参与社会公德、职业道德和家庭美德建设，树立全心全意为人民服务的宗旨意识，在文明行为促进活动中发挥引领示范作用。

第十二条 公民在公共场所应当言行举止文明，自觉遵守下列文明行为规范：

（一）上下楼梯靠右侧通行，乘坐电梯先出后进；

（二）等候服务时依次排队；

（三）接打电话时轻言细语；

（四）不以语言、侮辱性动作挑衅他人；

（五）参加展览会、博览会和观看文艺演出、体育比赛等活动时，注重礼仪，用语文明，服从管理，维护场地整洁；

（六）参加健身、广场舞、演唱会等群众性文体活动时，尊重他人合法权益，做到不扰民；

（七）遇有公共突发事件时听从应急指挥；

（八）其他公共秩序文明行为。

第十三条 公民应当爱护公共环境，自觉遵守下列文明行为规范：

（一）不大声喧哗、争吵、谩骂；

（二）不采摘花草、践踏公共绿地、花圃等；

（三）不占用公共场所，不损坏公用设施，不躺卧公共座椅；

（四）不在办公楼道、电梯等公共场所内吸烟；

（五）不违规摆设摊点、占道经营；

（六）其他公共环境文明行为。

第十四条 公民应当维护公共卫生，自觉遵守下列文明行为规范：

（一）在公共场所咳嗽、打喷嚏时遮掩口鼻，患有呼吸道传染性疾病的外出时应当佩戴口罩；

（二）文明如厕，维护公共厕所的清洁卫生；

（三）遛狗时应当使用牵引绳，给犬只佩戴嘴套，主动避让行人，并即时清理其排泄物；

（四）其他公共卫生文明行为。

第十五条 公民应当自觉维护网络安全和网络秩序，文明上网，遵守下列文明行为规范：

（一）拒绝网络暴力、网络霸凌，不浏览、传播内容不健康的视听资料和信息；

（二）不得利用网络侵害他人名誉、隐私、知识产权等合法权益；

（三）不发帖谩骂、攻击他人；

（四）不造谣，不信谣，不传谣；

（五）其他网络文明行为。

第十六条 公民应当践行低碳、环保、绿色的生活方式，文明健康生活，自觉遵守下列文明行为规范：

（一）节约粮食、水、电、煤、燃油、天然气和其他公共资源；

（二）文明用餐，不酗酒不劝酒，使用公筷公勺，采用分餐的健康卫生饮食方式；

（三）摒弃滥食野生动物的行为，不非法食用、买卖野生动物及其制品；

（四）节俭办理婚嫁喜庆事宜，拒绝奢华和浪费；

（五）文明简约殡葬、祭祀，不随意焚烧、抛撒、处置祭祀物品；

（六）按照规定分类投放垃圾，主动减少日常生活废弃物对环境造成的污染；

（七）自觉抵制黄、赌、毒、封建迷信等行为；（八）其他健康文明生活行为。

第十七条 公民应当文明出行，自觉遵守下列文明行为规范：

（一）乘坐公共交通车辆时，不得将宠物带上车，不在车内抛杂物，不大声交谈、播放视频音频等；

（二）在公共交通车辆上主动给老、弱、病、残、孕、怀抱婴儿者等乘客让座，不霸占座位；

（三）驾驶车辆不得互相追逐竞驶；

（四）驾驶车辆慢速通过人行横道，友善礼让行人；

（五）驾驶车辆慢速通过积水路段；

（六）电动摩托车、电动自行车骑乘人员应当佩戴头盔；

（七）车辆停放有序，服从管理；

（八）行人应当走斑马线，穿行道路时不使用手机、嬉戏等；

（九）其他出行文明行为。

第十八条 公民应当文明就医，自觉遵守下列文明行为：

（一）尊重医学规律，遵守就医秩序和医疗场所有关规章制度，配合医护工作者工作，不得危害医护工作者人身安全，不得损害医护工作者合法权益；

（二）不得在医疗机构焚烧祭祀用品、搭建灵堂、摆放花圈挽幛以及法律法规规定的其他扰乱医疗机构正常秩序的行为；

（三）其他文明就医行为。

第十九条 公民应当文明旅游，自觉遵守下列文明行为规范：

（一）遵守旅游文明行为指南和公约，尊重当地文化习俗和宗教信仰；

（二）服从景区景点管理，爱护旅游公共设施，不破坏、损毁文物古迹等文化旅游资源；

（三）爱护景区景点的环境卫生，保护生态环境，自觉将垃圾投入指定地点；

（四）其他旅游文明行为。

第二十条 公民应当和睦友爱，自觉遵守下列社区文明行为规范：

（一）不在社区生活区域内饲养家禽、家畜；

（二）房屋装修按照规定时间文明施工，避免噪声、粉尘和污水等对社区环境和他人正常生活的影响；

（三）爱护社区公共环境，积极参与楼院、社区的绿化、美化活动；

（四）爱护和合理使用社区共用设施、设备，不侵占社区公共场所、不损坏社区治安、消防、文娱、通讯、强弱电等公共设施、设备；

（五）不违法搭建建筑物、构筑物和建造地下空间；

（六）自觉将车辆停放在规定的区域和车库内，不占用他人车位，不以设置障碍物等形式侵占公共停车位；

（七）其他社区文明行为。

第二十一条　公民应当参与农村乡风文明建设，自觉遵守下列乡村文明行为规范：

（一）遵守村规民约，见贤思齐，移风易俗，摒弃陈规陋习；

（二）尊敬长辈，赡养、孝敬、关爱父母和老人；

（三）男女平等，尊重老人、妇女、儿童的合法权益；

（四）保持房屋周边卫生、整洁，不随意堆放垃圾、农家肥、土石、柴草等杂物；

（五）不在公路上晒粮或堆放物品；

（六）科学合理处置农用薄膜、农作物秸秆等农业生产废弃物；

（七）自觉保护古树、古民居、古村落等乡村人文和自然资源；

（八）其他乡村文明行为。

第三章　鼓励与支持

第二十二条　鼓励和支持扶贫济困、扶老救孤、恤病助残、优抚赈灾、捐资助学等慈善公益活动，依法保护慈善公益活动当事人的合法权益。

全社会应当推进无障碍环境、老年宜居环境建设，依法保障残疾人、老年人等社会成员平等参与社会生活的权益。

市、县（市、区）的政务、机场、火车站、汽车客运站、景区等服务大厅和大型商场、医院等公共场所，应当设置母婴区（室、座），为孕妇以及携带婴幼儿的乘客提供绿色通道服务。

第二十三条　鼓励和支持企业事业单位和社会组织利用本单位设施和场所设立志愿服务站点，为社会提供各种便利服务。

鼓励公民无偿献血和自愿捐献骨髓、角膜、器官、遗体。

第二十四条 鼓励具备救护技能的公民在他人出现意外伤害或突发疾病时,实施现场救护。

鼓励社会各方力量在人员密集的公共场所设置自动体外除颤器等急救设备。

第二十五条 鼓励、倡导公民采取适当的方式实施下列见义勇为行为:

(一)制止正在危害国家安全、公共安全或者扰乱社会秩序的违法犯罪行为;

(二)制止正在侵害国家、集体财产或者他人人身、财产安全的违法犯罪行为;

(三)抢险、救灾、救人,保护国家、集体的财产或者他人人身、财产安全;

(四)其他见义勇为行为。

第二十六条 图书馆、博物馆、美术馆、群艺馆、文化馆(站)、科技馆等公共文化设施,应当设立志愿服务站点,按照规定向社会免费或优惠开放。

鼓励有条件的单位和组织设立风度书房、农家书屋、书刊阅读点、漂流书箱等公益性学习场所。

鼓励宾馆饭店、景点景区等经营场所的停车场、厕所向社会开放。

第二十七条 市、县(市、区)精神文明建设工作机构和有关部门应当组织开展道德模范、身边好人、最美人物、优秀志愿者、美德少年等道德先进人物评选与表彰活动。

企业事业单位、社会团体及其他组织应当结合自身实际,积极参与道德先进人物的评选活动,对本单位人员文明行为进行表扬奖励。

第二十八条 市、县(市、区)人民政府应当对见义勇为、自愿捐献、慈善公益、志愿服务等文明行为促进工作中表现突出的单位和个人进行表彰和奖励,并按照自愿原则,纳入个人档案。

第四章 重点治理

第二十九条 本市对突出的不文明行为实行重点治理清单制度。

市精神文明建设工作机构应当定期对重点不文明行为治理工作进行评估，并根据评估结果和文明行为促进工作需要，在广泛征求社会公众意见后，对重点不文明行为治理清单提出调整意见，经市人民政府同意后向社会公布。

市、县（市、区）精神文明建设工作机构应当根据本区域文明行为促进工作的现状和目标，提出重点不文明行为治理总体方案，经本级人民政府批准后组织实施。

第三十条 县（市、区）人民政府应当建立健全综合整治工作机制和查处协调联动机制，针对列入重点治理清单的不文明行为，组织开展重点监管、联合执法等工作。

第三十一条 在公共秩序方面，重点治理下列影响公共秩序的不文明行为：

（一）开展商业、文体等活动时，产生噪音、造成交通拥堵干扰他人正常生活、工作和学习的；

（二）中午和夜间在住宅区、居民集中区、文教区和疗养区从事产生噪声污染的室内装修、家具加工等活动。

第三十二条 在公共卫生方面，重点治理下列破坏公共环境的不文明行为：

（一）乱扔垃圾，随地吐痰、便溺；

（二）随意涂写刻画、张挂物品、张贴宣传品等；

（三）驾驶或者乘坐机动车时，向车外抛物；

（四）擅自占用城镇道路、广场、桥梁、人行天桥、地下通道或者景区景点等公共场所堆放物品、设置广告、兜售经营等。

第三十三条 在公共安全方面，重点治理下列妨害公共安全的不文明行为：

（一）乘坐公共交通车辆时与司机攀谈、争吵，拉扯打骂司机；

（二）从建筑物或构筑物内向外抛掷物品；

（三）遛狗时未用牵引绳牵领大型犬只或者未给烈性犬佩戴嘴套。

第三十四条 在公共交通方面，重点治理下列影响公共交通的不文明行为：

（一）翻越道路隔离设施；

（二）在盲道、人行通道等非车辆停放场地停放车辆；

（三）自行车、助力车、电动车、三轮车等非机动车辆逆行、随意横穿机动车道；

（四）行人、非机动车闯红灯；

（五）违规使用远光灯。

第五章 实施与保障

第三十五条 市、县（市、区）人民政府应当建立文明行为促进工作考核评价制度，将文明城市创建工作纳入工作考核内容。

第三十六条 市、县（市、区）人民政府和有关部门应当加强下列设施设备的建设与管理：

（一）社会主义核心价值观主题景观等公益广告宣传设施；

（二）城市道路、人行天桥、地下通道、道路照明、环境卫生、雨污分流和污水排放系统等市政设施；

（三）交通、治安等涉及公共安全的电子监控设施设备；

（四）公共场所的盲道、坡道、第三卫生间等无障碍设施；

（五）大型商场、电影院等人员密集场所的急救设施设备；

（六）公园、广场等公共场所的休闲设施；

（七）交通标识、地名标志、公共设施指示牌、文明行为引导标识等；

（八）其他与文明行为促进工作相关的设施设备。

第三十七条 学校应当把社会主义核心价值观融入校园文化建设，制定校园文明行为规范，加强师德师风建设，开展文明行为教育和实践活动，提升学生文明素养，培育优良校风、教风、学风。

第三十八条 国家机关、企业事业单位、社会团体应当开展文明行为宣传教育活动，营造促进文明行为的社会氛围。

报刊、广播、电视、网络等新闻媒体应当引导文明行为舆论，通过多种形式宣传文明行为规范，报道模范先进事迹，依法曝光不文明行为。

公共场所、公共交通车辆等设置的广告，应当安排一定比例的文明行为公益广告。公园、广场、公共文化场所应当合理设置道德名人园、文明模范墙、善行义举榜等，纪念模范人物，宣传先进事迹。

第三十九条 公共场所经营管理单位、物业管理企业和业主委员会，应当对其管理的区域发生的不文明行为及时予以劝阻、制止。对不文明行为可以保留影像、照片等证据并向有关行政主管部门举报。

第四十条 市、县（市、区）人民政府应当建立统一的政务咨询投诉平台，设置投诉电话并向社会公布，将不文明行为投诉、举报工作纳入政务咨询投诉平台管理。

公民有权对不文明行为进行制止和劝阻，通过电话、信函、电子邮件等方式举报不文明行为。任何单位和个人不得以威胁、侮辱或者殴打等方式打击报复劝阻人、投诉人、举报人。

第六章 法律责任

第四十一条 法律、法规对本条例规定的不文明行为已有处罚规定的，从其规定。

第四十二条 国家机关及其工作人员在文明行为促进工作中违反本条例规定，由其所在单位或者上级机关责令改正，通报批评；情节严重的，由有关机关对直接负责的主管人员和其他直接责任人员依法给予处分；构成犯罪的，依法追究刑事责任。

第四十三条 违反本条例第四十条第二款规定，以威胁、侮辱或者殴打等方式打击报复劝阻人、投诉人、举报人的，由公安机关按照《中华人民共和国治安管理处罚法》的有关规定予以处理；构成犯罪的，依法追究刑事责任。

第七章 附 则

第四十四条 本条例自 2020 年 10 月 1 日起施行。

《韶关市文明行为促进条例》
立法文本导读与释义

第一章 总 则

　　"总则"，是源于 19 世纪潘德克顿式的立法模式，采取"提取公因式"的立法技术，把法规中一般性、共性的问题进行高度概括性规定，主要包括立法目的、依据、调整范围、基本原则以及其他一些重要问题，对全法起统领和指导作用，总则中的有关原则和制度，在其后的法律条文中一般都有具体体现和明确规定。德国、日本等大陆法系国家主要采取该立法模式。中华人民共和国成立后，我国在"废旧立新"的立法方针指导下，借鉴潘德克顿式立法模式，于 1954 年通过了第一部《宪法》。1954 年《宪法》第一章为"总纲"，虽然此规定的实质内容与德国等大陆法系国家法律的总则部分有着本质上的区别，但是在形式上"总纲"与"总则"形似，已经显示出了我国立法工作者在起草过程中并不是完全照搬苏联模式，而是博采众长、兼收并蓄，参考了潘德克顿式的立法模式。十一届三中全会后，我国作出了加强社会主义法制建设的重大决定。全会公报明确指出："为了保障人民民主，必须加强社会主义法制，使民主制度化、法律化，使这种制度和法律具有稳定性、连续性和极大的权威，做到有法可依，有法必依，执法必严，违法必究。"从此中国的法制建设进入了蓬勃发展的新时期，从国家根本大法《宪法》到基本法，再到单行法的立、改、废工作紧张而有序地开展，概览出台生效施行的法律，不难发现大部分立法体例都在第一章节制定了"总则"部分，提取出法律最基本和原则的问题进行一般性规定，折射出本部法律的立法思想和价值追求。

　　众所周知，1979 年出台的《地方各级人民代表大会和地方各级人民政府组织法》，授予省级人大及其常委会制定地方性法规的权力，开启国家立法权下移的进程。2015 年新修正的《立法法》规定所有设区的市、自治州地方在不同宪法、法律、行政法规和本省、自治区的地方性法规相抵触的前提下，可以对城乡建设与管理、环境保护、历史文化保护等方面的事项制定地方性法规。随着设区的市、自治州获得"有限立法权"，地方性法规如雨后春笋般涌现，获权的地方都在最大限度地使用立法权为地方城乡建设与管理、环境保护、历史文化保护等方面提效增质保驾护航。截至 2020 年 8 月 15 日，全国共有省级地方性法规 18 517 部，设区的市地方性法规 10 326 部。从这些地方性法规的篇章布局来看，以具体条文的数量为界限，超过 30 条条文的法规一般都会在第一章规定总则部分，从而体现我国从上到下法规体例的一致性。本条例总则的内容主要包括四个方面，共 8 条：一是立法目的和依据；二是适用范围；三是文明行为的界定；四是文明行为促进工作原则和职责。这些内容的确定与规范，为后面各章节具体条文的设计确定了指导原则和理论基础，并对条文的落实工作提供了核心思想和精神价值指引，特别是在遇有不同理解时，要结合总则所确定的原则进行判断。

第一条　【立法目的】

为了弘扬和践行社会主义核心价值观，引导和促进公民行为文明，提高公民文明素质，促进社会进步，建设善美韶关，根据有关法律法规，结合本市实际，制定本条例。

【导读与释义】

本条是《韶关市文明行为促进条例》（以下简称《促进条例》）关于立法目的和依据的规定。

一、本条规定在《促进条例》中的地位及其特点导读

（一）立法目的及其地位

本条遵循传统的立法模式，开宗明义表明《促进条例》的立法目的是为了弘扬和践行社会主义核心价值观，引导和促进公民行为文明，提高公民文明素质，促进社会进步，建设善美韶关，起到了统领全局，是凸显《促进条例》的立法价值的点睛之笔。目的，通常是指行为主体根据自身的需要，借助意识、观念的中介作用预先设想的行为目标和结果，再将其外化为自身的行动指南，进行相应的行为活动。立法目的，也称为立法宗旨，是指制定一部法律所要达到的任务目标，也就是说，制定一部法律要解决哪些问题。[1] 每一部法律的诞生大都经过立项、起草、论证、审议、表决通过、公布这几个阶段，毋庸置疑的是，投身于这个立法程序的参与者都会思考一个共同的问题——规制这部法的目的是什

---

〔1〕　陈军：《〈韶关市黄岗山芙蓉山莲花山保护条例〉导读与释义》，中国政法大学出版社2020年版，第27页。

么，是否有其存在的必要性，并带着对这个问题的思考审慎地做好每一项工作。法是由国家制定或认可，并由国家强制力保证其实施的行为规范的总称。在我国，广泛意义上的法包括宪法、法律、行政法规、地方性法规、自治法规、部门规章、地方政府规章等。查阅我国现行有效的从全国人大到地方人大制定的法律法规，乃至从中央政府到地方政府制定的规章不难发现，绝大多数法律法规的第 1 条都属于立法目的条款，例如《民法典》第 1 条规定："为了保护民事主体的合法权益，调整民事关系，维护社会和经济秩序，适应中国特色社会主义发展要求，弘扬社会主义核心价值观，根据宪法，制定本法。"《行政执法机关移送涉嫌犯罪案件的规定》第 1 条规定："为了保证行政执法机关向公安机关及时移送涉嫌犯罪案件，依法惩罚破坏社会主义市场经济秩序罪、妨害社会管理秩序罪以及其他罪，保障社会主义建设事业顺利进行，制定本规定。"《广东省河道管理条例》第 1 条规定："为了加强河道管理，维护河势稳定，保障防洪安全，改善河道生态环境，发挥河道综合功能，根据《中华人民共和国水法》《中华人民共和国防洪法》《中华人民共和国河道管理条例》等法律法规，结合本省实际，制定本条例。"《广州市政府部门聘请常年法律顾问办法》第 1 条规定："为规范我市政府工作部门聘请常年法律顾问工作，促进依法行政，建设法治政府，根据《广东省政府法律顾问工作规定》等有关规定，结合本市实际情况，制定本办法。"立法目的条款作为一种法条形式，有其明显的外观标志，具有特定的句式，其典型的表达形式是："为了（为）A、B、C 根据 X，制定本法"，或者"为了（为）A、B、C，制定本法。"[1]这种立法表达模式从外观上就能让人们清楚明了地看懂本法的立法目的、价值，让法律读本不再只是局限于从事法律相关的专业人士的"专利"，真正使人们知法、懂法、守法、用法，让法的生命在实施中活起来。

---

〔1〕 杜国胜：《〈韶关市烟花爆竹燃放安全管理条例〉导读与释义》，中国政法大学出版社2017 年版，第 33 页。

　　柏拉图指出："真正的立法应以完整的德性特别是以理智为目标，将哲学作为立法的基础，以使立法朝向德政。"〔1〕可见，其认为，立法的目的在于回归理性思维，追求以德性来维系社会关系，作为人们的行为准则，并认为德性指的是一种人与人之间最自然、最淳朴的自然秩序。这里的自然秩序是与伦理相融合的一种行为信仰，律法不外乎人情，法的产生的雏形常常是从社会上伦理、习俗抑或是习惯发展而来的。我们不难发现，当伦理发展的结果产生了道德体系时，就出现一种法律发展的阶段，在这个阶段中，人们试图将法律和道德等同起来，使一切道德戒律本身也成为法令。〔2〕我国古代虽然尊崇儒家的"以民为本""民贵君轻"，但具体到立法设刑，其本质是为了立法治民，教化民众服从统治者的统领，人民最终还是处于隶属的地位，没有实际意义上的主体地位。中华人民共和国成立以来，特别是十一届三中全会以来，我国确立了立法为民的指导原则。立法工作坚持以宪法为依据，坚持从实际出发，尊重社会发展的客观规律，坚持科学立法、民主立法、依法立法相结合，其中民主立法就是通过让人们参与到立法过程之中，了解立法目的，提出立法建议，达到立法与民意相通，让制定出来的法律被人们所接受。2000 年《立法法》第 5 条规定："立法应当体现人民的意志，发扬社会主义民主保障人民通过多种途径参与立法活动。"2015 年修正的《立法法》，对立法发扬民主、保障人民通过多种途径参与立法作了几个方面的补充和修改，完善立法论证、听证、法律草案公开征求意见、书面征求意见的制度，增加吸收专家起草法律草案的规定，发挥人大代表参与起草和修改法律的作用，健全法律草案公开征求意见和公众意见采纳情况反馈机制。〔3〕《立法法》的修改完善，杜绝了"刑不可知，则威不可测，使民无可争辩"的现象发生，通过民主立法、公开立法，让法真正地深入

---

　　〔1〕　林志猛："柏拉图论立法的目的及其哲学基础"，载《世界哲学》2019 年第 1 期。
　　〔2〕　[美] 罗斯科·庞德：《通过法律的社会控制》，沈宗灵译，商务印书馆 2010 年版，第 9 页。
　　〔3〕　任才峰："科学立法、民主立法、依法立法的理论与实践"，载《人大研究》2019 年第 1 期。

人心，植根人民。本条作为立法目的条款，直接目的是以人为本地"引导和促进公民行为文明""提高公民文明素质"，间接目的是"弘扬和践行社会主义核心价值观""促进社会进步"和"建设善美韶关"。从立法目的表述来看，《促进条例》属于倡导型、促进型立法，以促进和推动基础性、薄弱性产业或社会公益为要旨，不再单纯解决"不能做什么"的问题，而是特别注重运用促进引导与倡导奖励的立法政策。其次，《促进条例》的立法目的具有统一的内在逻辑，多层次的立法目的符合促进文明行为的立法定位，并且清晰准确地表达了通过文明行为推动社会主义精神文明建设、弘扬社会主义核心价值观等方面的深层蕴涵。[1]这种立法目的的阐述方式得到了很多地方文明行为促进条例立法者的青睐，并得到了社会各界的认可。

（二）立法目的的特点

我国文明行为促进条例立法目的条款的一般性表述如下：《北京市文明行为促进条例》第1条规定："为了培育和践行社会主义核心价值观，传承和弘扬中华传统美德，引导和促进文明行为，提高公民思想觉悟、道德水准和文明素养，促进社会文明进步，根据宪法和有关法律、法规，结合本市实际，制定本条例。"《广西壮族自治区文明行为促进条例》第1条规定："为了培育和践行社会主义核心价值观，倡导文明行为，树立新时代文明风尚，提升公民文明素养和社会文明程度，推进社会文明进步，根据有关法律、行政法规，结合本自治区实际，制定本条例。"《龙岩市文明行为促进条例》第1条规定："为了培育和践行社会主义核心价值观，引导和促进公民养成文明行为习惯，提升社会文明程度，推进社会主义精神文明建设，根据有关法律、法规，结合本市实际，制定本条例。"由此佐证了，我国各省市在文明行为促进条例目的条款的制定及其价值取向方面的立法达成了普遍的共识，体现了法律体系的统一协调性，

---

〔1〕 陈灿平、吴迪："论道德与法律的契合与转换——以文明行为促进条例地方立法比较为例"，载《道德与文明》2020年第4期。

进而反映出我国在立法技术上的成熟，彰显出制度自信。

从法条文本的外观及立法技术上看，本条是符合我国立法习惯的科学的条文设置，充分体现了我国法律条文简洁明了的特色。为了更好地了解本条的实质内涵，深挖规制本条的必要性、合理性，有必要了解目的条款背后蕴藏的丰富含义，进而指导立法、执法、司法、守法。

"弘扬和践行社会主义核心价值观"体现了依法治国和以德治国相结合。习近平总书记指出：法律是准绳，任何时候都必须遵循；道德是基石，任何时候都不可忽视。十八大以来，我国深入贯彻依法治国、依宪治国的基本方针，法治中国、法治社会建设理念深入民心，全国上下折射出了风清气正的社会环境。这得益于我国的制度优势和对法治建设的重视。政府工作人员"法无授权不可为"，依法制定出权力清单，政府执法不但要依法有据，还要程序合法，处理结果合情合理。法是最低限度的道德，对于普通公民来说，"法不禁止即自由"真的是法谚中的箴言吗？改革开放以来，我国的实践证明，要把道德要求贯彻到法治建设中。以法治承载道德理念，道德才有可靠制度支撑，弘扬美德义行，立法、执法、司法都要体现社会主义道德要求，都要把社会主义核心价值观贯穿其中，使社会主义法治成为良法善治。[1]

我国素有礼仪之邦的美誉，自古"孝、悌、忠、信、礼、义、廉、耻"一直被奉为做人的根本准则，学圣人之道，其中一个重要方面就是学做人，"修身、齐家、治国、平天下"一直鞭策着古往今来的中华儿女严于律己，追求进取，报效祖国，这些都属于我国的传统美德。文化自信是我国走向民族复兴的重要基础，在法治建设中，法的触角有盲区，这是不争的事实，这就需要加强道德建设，发挥道德在维系社会稳定、促进人与人之间友好交往的作用。道德虽然一直都在薪火相传，但是如果不加以重视，甚至在具体的社会活动中被抛之脑后，不在内心秉持，那就可能会引发一些不必要的混乱。2019年12月，中共中央、国务院印

---

[1]《习近平谈治国理政》（第2卷），外文出版社2017年版，第134页。

发的《新时代公民道德建设实施纲要》指出：在国际国内形势深刻变化、我国经济社会深刻变革的大背景下，由于市场经济规则、政策法规、社会治理还不够健全，受不良思想文化侵蚀和网络有害信息影响，道德领域依然存在不少问题。一些地方、一些领域不同程度存在道德失范现象，拜金主义、享乐主义、极端个人主义仍然比较突出；一些社会成员道德观念模糊甚至缺失，是非、善恶、美丑不分，见利忘义、唯利是图，损人利己、损公肥私；造假欺诈、不讲信用的现象久治不绝，突破公序良俗底线、妨害人民幸福生活、伤害国家尊严和民族感情的事件时有发生。这些问题必须引起全党全社会高度重视，采取有力措施切实加以解决。加强道德建设，不是停留在口头上的一句空话，而是要切实落实在行动上。例如，我国学校的道德教育本应是培养国人良好的道德品行的基础环节，但是现实中，道德教育却成了基础教育中的一块短板。虽然在我国的教纲规程里，道德教育从小学开始一直贯穿至大学教育，但是不难发现，我国的中小学教育往往重视"语、数、英"等在升学中占重要比例的主课，而忽视对道德教育课程的教学效果，甚至有些学校疲于应试，把道德课程拿来给主课老师作为补充课程，长期如此，会造成道德教育的缺失，导致学生缺乏道德意识，没有社会公德，将严重影响其个人的健康成长，进而危害社会的和谐。2011年10月发生在广东佛山市南海区的"小悦悦事件"震惊全国，2岁小女孩小悦悦在公路上被两车相继碾压，7分钟内，18位路人经过，都视而不见，漠然离去，最后只有一位拾荒阿姨陈贤妹扶起了小悦悦。陈贤妹之后被中央电视台评选为感动中国十大人物，称赞其扶起的不只是小悦悦的生命尊严，还有国人的道德。"路见不平，拔刀相助""助人乃快乐之本""助人自助"等词语不应是一句空话，而应该在真正需要时付诸行动。

"小悦悦事件"刺痛了社会的神经，激发人们对自身道德建设的深刻反省，伴随着互联网技术的快速发展，国人越发乐善好施，互助互爱，"轻松筹""滴水筹"等成为患难者家庭走出困境的一道曙光。当这种现象正伴随着人们的一片赞誉声时，深圳却发生了"罗尔募捐事件"。罗尔通过在公众号上发布《罗一笑，你给我站住》一文，为患有白血病的女儿发起了募捐活动，募集到 270 万元。之后网友披露罗尔本人有 3 套房产，不存在一般意义上的经济困难，这引起募捐者的愤慨，认为其滥用社会公德心，更有激进者认为罗尔已经触犯了我国法律，应当承担相应的法律责任。但从法律上来看，罗尔的行为并没有违反《慈善法》的相关条款，其发布的内容属实，从民法的角度，爱心人士对罗尔的募捐行为属于赠与行为，更没有触犯到刑法。这属于道德范畴的事情，应该由道德加以约束。这些都对社会主义道德建设提出了新的考题，要求我们要立足实际，遵循事物发展规律，为提高整个国家社会的文明程度作出更大的努力。

　　加强道德建设不是单打独斗，而是需要党政军民联动起来，加强各环节的沟通交流，建立联合机制，齐心打好一套提高道德素养的组合拳。其中把道德和法律融合起来共同规制社会游戏规则，才能达到长治久安的效果。法安天下，德润人心。2016 年 12 月，中共中央办公厅、国务院办公厅印发《关于进一步把社会主义核心价值观融入法治建设的指导意见》指出："社会主义核心价值观是社会主义法治建设的灵魂。把社会主义核心价值观融入法治建设，是坚持依法治国和以德治国相结合的必然要求，是加强社会主义核心价值观建设的重要途径。……法律法规体现鲜明价值导向，社会主义法律法规直接影响人们对社会主义核心价值观的认知认同和自觉践行。要坚持以社会主义核心价值观为引领，恪守以民为本、立法为民理念，把社会主义核心价值观的要求体现到宪法法律、法规规章和公共政策之中，转化为具有刚性约束力的法律规定。"道德和法律都是治理国家最有力的武器，相较于法律，道德融入人类活动中的范围更广，更易于被人们接受；再者，社会主义核心价值观是我国传承下来的中华优秀传统文化，把社会主义核心价值观融入法治建设有利于织密法网，使全体社会成员成为新时期社会法治建设的支持者、拥护者和捍卫者。

2018 年 3 月，我国第十三届全国人民代表大会第一次会议通过了《宪法修正案》，修正后的《宪法》第 24 条第 2 款规定："国家倡导社会主义核心价值观，提倡爱祖国、爱人民、爱劳动、爱科学、爱社会主义的公德，在人民中进行爱国主义、集体主义和国际主义、共产主义的教育，进行辩证唯物主义和历史唯物主义的教育，反对资本主义的、封建主义的和其他的腐朽思想。"社会主义核心价值观正式入宪，引起了社会各界的巨大反响，得到了全国人民的支持，这是我国依法治国和以德治国相结合从理念到实践踏出的坚实一步。从此以后，把社会主义核心价值观付诸我国法治建设有了宪法依据，是推动国家治理体系和治理能力现代化的关键一招，增强了制度自信，从根本上提高了我国软实力，有利于实现国家从富起来到强起来的伟大转变。

2018 年 5 月，中共中央印发《社会主义核心价值观融入法治建设立法修法规划》，并发出通知，要求各地区各部门结合实际认真贯彻落实。该规划指出："坚持全面依法治国，坚持社会主义核心价值体系，着力把社会主义核心价值观融入法律法规的立改废释全过程，确保各项立法导向更加鲜明、要求更加明确、措施更加有力，力争经过 5 到 10 年时间，推动社会主义核心价值观全面融入中国特色社会主义法律体系……"从此，社会主义核心价值观入法既有了宪法依据，又有了国家政策的指导，成为全国立法工作的"指南针"，如何更好地把社会主义核心价值观融入立法当中，成了各级立法工作的一道重要考题。在答卷过程中，既不能生搬硬套，也不能照猫画虎，而是要认真领会社会主义核心价值观的内涵与外延，考量相关法规的立法意图、篇章体例、条文措辞等，运用立法技术把这些因素结合起来，制定出一部部令人民满意的法律。

一部好的法律是良法善治的根基，社会主义核心价值观入法的作用不仅可以提高国民的道德法治意识，畅通交易往来，更能推动我国社会文明程度的进一步提高，实现高水平现代化。为了完成这一任务，从全国到地方各级人大都积极行动起来通过立、修、释等方式把社会主义核心价值观融入法律法规当中。例如,《档案法》第34条规定:"国家鼓励档案馆开发利用馆藏档案,通过开展专题展览、公益讲座、媒体宣传等活动,进行爱国主义、集体主义、中国特色社会主义教育,传承发展中华优秀传统文化,继承革命文化,发展社会主义先进文化,增强文化自信,弘扬社会主义核心价值观。"《民法典》第1条规定:"为了保护民事主体的合法权益,调整民事关系,维护社会和经济秩序,适应中国特色社会主义发展要求,弘扬社会主义核心价值观,根据宪法,制定本法。"《广东省宗教事务条例》第5条第2款规定:"宗教团体、宗教院校、宗教活动场所和信教公民应当遵守宪法、法律、法规和规章,践行社会主义核心价值观,维护国家统一、民族团结、宗教和睦与社会稳定。"《昆明市人民政府立法工作规定》第3条规定:"市人民政府立法工作应当贯彻执行党的路线方针政策和决策部署,弘扬社会主义核心价值观,遵循立法法确定的立法原则、权限、程序和要求,符合宪法、法律、行政法规和其他上位法的规定,突出地方特色,增强针对性、实用性和可操作性,控制数量,提高质量,慎立多修。"从上述的法律法规可以看出,社会主义核心价值观直接入法,作为目的条款或者倡导性条款的内容亮相,能将社会主义核心价值观的内涵和外延融入整部法律的立、改、释的全过程,指导严格执法、公正司法、全民守法。让法律更具有温度,更容易让人民群众理解接受,并在具体的社会活动中发挥其效用,而不是束之高阁,这样有利于防止其成为"僵尸法条",真正做到让法的生命扎根社会、服务社会。

我国自古以来就有"礼法并用"的传统,认为社会的治乱,问题在于是否能以礼义法度去适当地节制并调整人欲,使之不至于发生冲突,避免社会陷于偏险悖乱的状态。而礼,即将道德上升为治理国家的礼仪法度。十一届三中全会以来,道德入法散见于我们的民事法律领域,通常以"社会公德""公共秩序""公序良俗"等字眼表述。例如,1986年我国制定的《民法通则》[1]就在基本原则这一章采用"一法条两原则"的方式规定了禁止权利滥用和公序良俗原则，即"第七条：民事活动应当尊重社会公德，不得损害社会公共利益，破坏国家经济计划，扰乱社会经济秩序"。随着我国经济制度的不断完善，逐步提升市场主体在资源配置中的主导地位，在2009年修改《民法通则》时删去"破坏国家经济计划"，将第7条修改为"民事活动应当尊重社会公德，不得损害社会公共利益，扰乱社会经济秩序"。2017年通过颁布的《民法总则》创新性地在第1条融入了"弘扬社会主义核心价值观"，还在第8条为公序良俗这一民法基本原则正名，"民事主体从事民事活动，不得违反法律，不得违背公序良俗"。此外，我国的《物权法》《婚姻法》《妇女权益保护法》等法律条文都有将道德纳入法律规定，进行约束相关行为的痕迹。

由此可见，将道德直接入法并不是"一时头脑发热"，而是吸取我国古代礼法的优良传统，并经过我国法治实践经验证明了其是具有必要性和可行性的理性举措。这不但有利于培育和践行社会主义核心价值观，凝聚社会向心力，推进国家法治进程，还有益于新时代完善中国特色社会主义制度，推进国家治理能力和治理体系现代化建设。

"引导和促进公民行为文明，提高公民文明素质，促进社会进步"，体现了以人民为中心的发展理念，凸显人民是社会历史的创造者，是社会的主体。十八大以来，习近平总书记提出了以人民为中心的发展理念，强调发展为了人民，发展依靠人民，发展成果由人民共享。在法治建设领域，践行以人民为中心的发展理念，在立法、执法、司法、守法等环节不断改革创新，坚持法治建设为了人民，法治建设依靠人民，法治成果由人民共享。我国《立法法》第5条规定："立法应当体现人民的意志，发扬社会主义民主，坚持立法公开，保障人民通过多种途径参与立法活动。"这明确了我国立法为民的指导原则。党的十八届四中全会通过

---

[1]《民法通则》《民法总则》《物权法》《婚姻法》等相关法律已随《民法典》颁布而失效，下不赘述。

的《中共中央关于全面推进依法治国若干重大问题的决定》明确规定："必须坚持法治建设为了人民、依靠人民、造福人民、保护人民、以保障人民根本权益为出发点和落脚点，保证人民依法享有广泛的权利和自由、承担应尽的义务，维护社会公平正义，促进共同富裕。"该决定高屋建瓴地指明我国的法治建设要围绕以人民为中心的发展理念，描绘了我国法治建设的蓝图，为未来我国法治建设指明了前进方向。《促进条例》的立法工作指导思想是制定一部引导和促进公民养成良好的文明行为习惯，摒除陋习，遵守社会公德，促进人的全面发展的地方性法规。通过秉承以人民为中心的发展理念，深入调研，了解本市行政区域内存在的不文明行为及社会治理难点，本着崇尚文明、追求进步，构建共建共治共享的高品质社会治理格局的要求，统筹全市党政资源，听民意、聚民智、解民忧，提炼规定公民的文明行为规范、鼓励和支持的行为、对存在的不文明行为进行重点治理、并就《促进条例》的生效保障实施等方面进行条文展开，确保能切实落地生根，为本市的人民和社会造福。

《现代汉语词典》注解：行为是主体的活动，是主体"受思想支配而表现在外面的活动"。[1]行为作为人的内在意思的外在表现活动，其承载着人的意识和表现人的意志，所以每个人都有自己行为的特征，既体现出主观个性也有客观社会性。当人走出孤立的封闭空间参与社会活动，其行为就会产生各种社会关系，而稳定有序的社会关系不是与生俱来的，而是需要使用大多数人遵守的社会规范进行调整，也即"范天下之不一而归于一"，把社会成员"不一"的个人利益导致的行为，纳入"一致的可行界限"之内，而达到有序状态的社会机制。[2]从人类的文明发展史来看，原始社会以血缘关系作为纽带维系人们的社会活动，原始习俗是人民行为的主要行为规范。随着生产工具的出现，社会生产力大大提高，

---

〔1〕　参见中国社会科学院语言研究所词典编辑室编：《现代汉语词典》，商务印书馆1983年版，第1123页。

〔2〕　参见张善恭：《行为法学》，上海人民出版社2015年版，第77页。

社会分工的出现使男性逐渐在社会上占据主导地位，出现了货物交换，并促使人民进行更加复杂的社会交往，这促使了社会习俗演化为人民约定俗成的习惯，后来便成为法律。为了引导和促进公民行为文明，提高公民素质，发扬本市的优良行为传统，对照国内的文明行为标准，将重点影响市容市貌、公共活动的行为纳入《促进条例》，发挥法律的指引和教育作用。

（三）韶关市文明城市建设概况

随着我国改革的全面深入推进，人民的生活水平和质量得到极大改善，人民的需求从满足物质生活需要转向了追求更高层次的幸福感、获得感和安全感等精神文明层次需求。2019 年韶关市地区生产总值增长 6%，增速在全省前进 5 位、居第 12 位。工业增加值增长 5.3%，规模以上工业增加值增速居全省第 10 位。来源于韶关的财政总收入突破 300 亿元、达 300.9 亿元，增长 12%；地方一般公共预算收入突破百亿元、达 101 亿元，增长 6.7%、增速居全省第 4 位。民生投入 289.7 亿元，增长 15.1%。居民人均可支配收入增长 9%。扶贫工作考核综合成绩名列全省第一。在粤东西北率先创建成为省推进教育现代化先进市。城乡居民大病保险报销比例提高至 75%。群众安全感居全省第 6 位。这表明了本市经济实力不断增强，群众的生活变好了，但也要清醒地看到我们工作中存在的不足及有待改进的地方，加强本市的精神文明建设工作，鼓励人民的衣、食、住、行讲文明，树新风，打造安全、文明、和谐、美丽的宜居城市是尚需久久为功，不断努力的大事。《促进条例》通过科学立法，把文明贯彻到法治建设中，以法治承载文明理念，使文明规范深入人心，以法治力量护航文明行为。以立法的形式，督促相关的单位及行政主体履职尽责，促进文明行为引导公众行为趋向更高层次的文明，促进社会的文明进步，设立专章来指引整治影响较大的不文明行为，为人民群众营造和谐美好的生活氛围。

韶关之善，善在人心；韶关之美，美在风物。2017 年 3 月，韶关正式启动"善美之城"建设，以深入推进全国文明城市创建为抓手，改善城市环境面貌，提升城市管理水平，增进市民文明素质，塑造良好社会风尚，协调推进物质文明和精神文明建设。

为了强化文明委〔1〕统筹协调职能，将城市提升、巩卫、申名等城市专项创建和重点工作纳入文明委统一指导和推动，建立检查考核制度，实行常态化测评制度、绩效考评机制和检查督导机制，每年定期对各区各单位、县城、镇（街）进行测评，并及时通报进展情况。全社会上下围绕"建设城市善美环境、弘扬善美文化、塑造善美品格、宣传善美形象，开展城市提升、文明同心结"等开展各项公益行动，努力打造友善之城、和美之地。例如，举办"韶关工匠"评选活动，弘扬工匠精神；"画说我们的价值观"韶关市首届千人绘画大赛，引领韶关文明新风尚；"追根溯源 善美城韵" 2017 端午传统文化系列活动，传承民族传统文化；首届"善美之城·健康万人行"大型健康义诊志愿服务活动，弘扬志愿精神；"建善美韶关，助精准扶贫，志愿青年关爱留守儿童"，举办"传播爱的种子""我能做什么""6·14 世界献血者日"主题活动，推动献血事业健康发展；"增值水生生物 促进绿色发展"全国放鱼日主题活动，促进人与自然和谐发展；2017 韶关市大学生旅游文化节，助推全域旅游发展；创建全国文明城市宣传快闪活动，提高市民公共意识等主题活动。近几年来，在韶关市政府的推动和社会各界组织的共同努力下，各种善行主题活动如火如茶地开展起来，通过举办各种公益活动发挥先进人物的榜样作用，传递互助友爱等价值观，让市民亲身参与其中，感受向善活动带给自己精神上的怡悦，以及增强自身的社会责任感，进而更加积极地参与到本市的创建全国文明城市活动中去。

2017 年 9 月，韶关市文明办〔2〕推出《韶关市文明行为十五条》，呼吁韶关市民人人践行"文明行为十五条"，把其作为日常行为规范指引，

〔1〕 文明委，即"精神文明建设委员会"的简称。下文涉及相关单位皆用"文明委"表述，下不赘述。

〔2〕 文明办，即"精神文明建设委员会办公室"的简称。下文涉及相关单位皆用"文明办"表述，下不赘述。

向不文明行为告别，鼓励市民"争做文明有礼韶关人，共建文明和谐善美城"。其中"文明行为十五条"包括：①不说粗口、脏话；②不乱扔垃圾；③不随地吐痰；④不剩菜、不剩饭；⑤不在公共场所大声喧哗、吸烟；⑥出入电梯先下后上，上下楼梯靠右走；⑦有秩序排队不插队；⑧不闯红灯、不乱穿马路；⑨不向车窗外抛物；⑩不乱停乱放车辆；⑪不乱拉乱挂，不乱涂乱画；⑫不损坏公物；⑬遛狗要牵绳，及时清理宠物粪便；⑭诚信经营，不短斤缺两，不乱摆乱卖；⑮文明上网，不信谣、传谣。"文明行为十五条"推出后，韶关市文明办主导宣传工作，各级政府单位积极响应开展相关的宣传工作，加上媒体报道，得到了群众的强烈反映，纷纷自觉遵守"文明行为十五条"，在社会上形成了争当行为文明时代新人的善美风尚。《韶关市文明行为十五条》推出后，经过深入宣传推广，逐渐固化为韶关市民普遍遵循的文明底线。践行"文明行为十五条"，无论是对于提升个人修养、树立个人良好形象还是提升城市文明程度、推进文明城市创建，都具有重要意义。此外，"文明行为十五条"为《促进条例》的科学制定和施行提供了有益经验，让《促进条例》能够真实反映本市的实际情况，有针对性地倡导反映社会主义核心价值观的文明行为，重点治理存在的不文明痼疾。同时，还能让《促进条例》在"文明行为十五条"的基础上，顺应时代发展的需要，丰富内容，贴切民意，有利于施行后快速地融入民众的日常生产生活行为当中，为本市提升公民行为文明增添光彩，让文明城市创建活动有了更加坚实的法律基础。

韶关市坚持把创建全国文明城市工作作为"一把手"工程来抓，着力补短板、筑基础、促提升，以推动城市面貌大变样、城市管理大改善、城市品质大提升，人民群众获得感、幸福感、安全感显著增强为工作目标。截至 2020 年 9 月，全市共有新时代文明实践中心（所、站）920 个，成立文明实践志愿服务队 980 多支，志愿者 4 万多人。[1]发挥韶关拥有

---

[1] 参见"深入推进文明创建，着力打造'善美韶关'"，载 https://baijiahao.baidu.com/s?id=1676610918035347462&wfr=spider&for=pc，2020 年 9 月 10 日访问。

丰富的地方历史文化底蕴的优势，将新时代文明实践中心（所、站）与红色教育基地、历史教育研学基地等结合起来，夯实创建全国文明城市工作中的文明基因，为申办全国文明城市提供有利的文化土壤。《促进条例》参考《全国文明城市（地级以上）测评体系（2018 年版）》对创建文明城市的具体工作要求并结合本市的实际情况，规定了文明行为基本规范，主要包括：政务服务文明行为、公共服务文明行为、国家机关工作人员文明行为、公共秩序文明行为、公共环境文明行为、公共卫生文明行为、网络文明行为、健康生活方式、文明出行行为、文明就医行为、文明旅游行为、社区文明行为、乡村文明行为等 13 种文明行为，涉及的主体不仅是普通公民的行为，还包括了国家工作人员，涉及的行为领域囊括了出行、旅游、就医、上网等市民日常重要的行为方式，从不同的维度去规范行为文明，努力详尽地为各类行为提供可参考的文明规范指引，做到时时讲文明，事事"显"文明。

（四）相关法依据

"根据有关法律法规，结合本市实际，制定本条例"，反映出了我国地方性法规的立法依据及立法特色。地方性法规是指地方人大及其常务委员会为了保证宪法、法律、行政法规的遵守和执行，在上位法授权的范围内，结合本地区的实际需要，依法制定在本行政区域内施行的规范性法律文件。地方性立法集法的制定和法的认可为一身。具体表现为：首先，地方性立法是依据宪法和法律规定的立法权限和立法程序开展创制规范性法律文件；其次，地方性立法规范的行为领域较为具体，且是具有地方特色的立法紧迫性需要，所以往往会把本地区社会上存在的某些大家认可并遵守的行为规范或者习惯，赋予其法律约束力，实现从道德层面蜕变成法律层面的跨度。

地方性立法是需要有宪法、法律、行政法规等上位法依据的。目前，我国涉及赋予地方立法权限的上位法依据主要有《宪法》《立法法》等。《宪法》第 100 条第 2 款规定："设区的市的人民代表大会和它们的常务委员会，在不同宪法、法律、行政法规和本省、自治区的地方性法规相抵触的前提下，可以依照法律规定制定地方性法规，报本省、自治区人民代表大会常务委员会批准后施行。"《立法法》第 72 条第 2 款规定："设区的市的人民代表大会及其常务委员会根据本市的具体情况和实际需要，在不同宪法、法律、行政法规和本省、自治区的地方性法规相抵触的前提下，可以对城乡建设与管理、环境保护、历史文化保护等方面的事项制定地方性法规，法律对设区的市制定地方性法规的事项另有规定的，从其规定。……"韶关市是 2015 年《立法法》修正后，作为广东省第一批 9 个可以制定地方性法规的设区的市之一，为了更好地利用法律赋予的立法权限为本市的经济、政治、文化、社会和生态文明建设服务，于 2016 年通过并公布施行了《韶关市制定地方性法规条例》，该条例是韶关市自享有地方立法权后出台的首部地方性法规，被誉为韶关本地的"小立法法"，《促进条例》是在国家赋予的地方立法权限范围内制定的，在制定过程中不仅遵守宪法、法律、行政法规等上位法，还依据《韶关市制定地方性法规条例》的具体规定开展相关的立法工作。

事实上，我国还有不少法律为《促进条例》提供上位法支撑。例如，《宪法》第 24 条第 1 款规定："国家通过普及理想教育、道德教育、文化教育、纪律和法制教育，通过在城乡不同范围的群众中制定和执行各种守则、公约，加强社会主义精神文明的建设。"《慈善法》第 5 条规定："国家鼓励和支持自然人、法人和其他组织践行社会主义核心价值观，弘扬中华民族传统美德，依法开展慈善活动。"由此可见，我国地方立法具有以下特征：一是从属性。地方立法要从属于中央立法，不得与中央立法相抵触，并且地方制定的法规的事项是中央立法尚未具体制定的。二是地方性。具体表现为是由地方立法机关进行的立法活动、制定的是为了解决本行政区域内的实际存在的事务。三是试验性。即地方制定的法规规制的事项是在地方存在的，但是制定全国性法律的条件尚未成熟，通过制定地方性法规先试先行，解决存在的社会问题，待到时机成熟，通过吸取地方立法试行的经验，凝聚社会各界对该问题的立法共识，再制定全国通行的更高层级的法律或行政法规。[1]

二、《促进条例》的立法原则

地方性法规作为我国法律体系的重要组成部分，其立法工作既要遵守我国立法的一般原则，反映我国立法发展的基本规律，也要注重遵循其特殊原则，体现地方特色，针对当地的突出问题开出法治良方。地方立法的一般原则与中央立法的基本原则是一致的，这是相较于中央立法，由地方立法的从属性地位所决定的，这也是因为地方获得立法权是国家通过《宪法》《立法法》等法律授予地方可以在相应的权限范围内根据地方实际情况制定地方性法规决定的。我国立法的一般原则具体包括合宪性原则、依法立法原则、民主立法原则和科学立法原则。[2]

（一）合宪性原则

立法的合宪性原则是指在开展立法活动过程中要遵守我国宪法，制定出来的法律要符合宪法精神，不得与宪法相违背。我国《立法法》第3条规定："立法应当遵循宪法的基本原则，以经济建设为中心，坚持社会主义道路、坚持人民民主专政、坚持中国共产党的领导、坚持马克思列宁主义毛泽东思想邓小平理论，坚持改革开放。"《宪法》是我国的根本大法，在我国的法律中居于最高地位，一切法律都要受到宪法的指导和制约，不能违背宪法的相关规定，更不能与宪法精神相抵触。在制定地方性法规时，一切活动的开展都要符合宪法，不得有违背宪法和法律的行为。《促进条例》作为地方性法规，在制定的过程中，认真领会宪法精神，以"加强社会主义精神文明建设，践行社会主义核心价值观"作为立法的宪法性源泉，在保护宪法赋予公民基本权利的基础上，对公民

---

〔1〕　参见杨临宏：《立法学：原理、制度与技术》，中国社会科学出版社 2016 年版，第 181~182 页。

〔2〕　参见石佑启等：《地方立法学》（第 2 版），高等教育出版社 2019 年版，第 54 页。

日常生活的行为进行统计研究，按照不同的行为类型将公民的行为纳入文明行为的规制范围，并区分为基本的行为规范和重点治理的不文明行为。这些立法工作都是在符合宪法的框架范围内开展的，并且制定出来的条文，体现了我国的宪法精神，为本市创建全国文明城市起到了保驾护航的作用。

（二）依法立法原则

依法立法原则是指在立法的过程中，要根据法定的权限并在法定的程序中进行，不得超越法定的权限范围立法，一切立法活动都不得违反宪法和法律。我国《立法法》第4条规定："立法应当依照法定的权限和程序，从国家整体利益出发，维护社会主义法制的统一和尊严。"《立法法》对于各级国家权力机关及政府的立法权限进行了详细的规定，立法必须要在法定的权限内进行才有效，超出法定权限所制定的法律一律无效。在法定权限内立法可以维护我国法律体系内部的协调统一，不同层级的法律不相抵触，同位阶的法律和谐并存、发挥所长，有效维护社会主义法制的统一和尊严，保障人民群众的权益和推动我国法治社会向前发展。《立法法》第四章规定了制定地方性法规、自治条例和单行条例、规章的权限，所有有权制定地方性法规、自治条例和单行条例、规章的单位都要严格遵守，若有违反的情形，将由有关机关依法予以改变或者撤销。

立法除了要依照法定的权限，还要依照法定的程序。立法活动其实就是通过一系列的程序性活动把法律制定出来，所以合法的程序是一部法律生效施行并得到社会拥护遵守的前提条件。全国人民代表大会和全国人民代表大会常务委员会是我国法律制定的主体，《立法法》设专章规定了全国人民代表大会立法程序、全国人民代表大会常务委员会立法程序，并就行政法规的相关立法程序进行了规定，这是由于法律和行政法规的效力范围较地方性法规和规章更广，牵涉的群体和领域关涉整个国家的安全及经济社会的稳定发展。为了更好地规范地方立法活动，我国省级和设区的市都纷纷制定了地方立法条例，如《河北省地方立法条例》《湖南省地方立法条例》《广东省地方立法条例》《成都市地方立法条例》《唐山市地方立法条例》等。韶关市在 2015 年《立法法》修正后成为广东省第一批获得地方立法权的设区的市后，就展开了《韶关市制定地方性法规条例》的立法工作，该条例于 2016 年 1 月 22 日在韶关市第十三届人民代表大会第六次会议上通过，2016 年 4 月 5 日起施行。《韶关市制定地方性法规条例》第二章规定了立法规划、立法计划和法规起草，第三章规定了市人民代表大会立法权限和程序，第四章规定了市人民代表大会常务委员会立法权限和程序，第五章规定了地方性法规的报请批准、公布和备案，为本市制定地方性法规提供了详细可行的法律程序操作指引，从法律上规定了本市立法活动的基本程序。目前，韶关市在《韶关市制定地方性法规条例》的指引下，根据本市的实际情况相继制定颁布了《韶关市烟花爆竹燃放安全管理条例》《韶关市野外用火管理条例》《韶关市黄岗山芙蓉山莲花山保护条例》，《促进条例》也是严格根据《韶关市制定地方性法规条例》的相关规定开展立法活动，并获得通过施行。

（三）民主立法原则

民主立法的核心要义是立法为民。《立法法》第 5 条规定："立法应当体现人民的意志，发扬社会主义民主，坚持立法公开，保障人民通过多种途径参与立法活动。"我国宪法规定，我国是社会主义国家，国家的一切权力属于人民，这就决定了我国的立法活动要体现人民的意志，不能与人民群众的根本利益背道而驰。基于我国的国情，全国人民代表大会和地方各级人民代表大会都由民主选举产生，对人民负责，受人民监督，并代表人民行使立法权。因此，立法必须紧紧围绕着人民的根本利益，体现以民为本的立法理念，要求在立法过程中要杜绝政府部门利益高于人民利益的做法，广泛听取社会各界的意见，集民智，获取人民意愿的"最大公约数"。民主立法还要求要改变关门立法的陋习，要打开大门立法，让立法活动在阳光下进行，并鼓励人民参与立法活动，采用座谈会、论证会、听证会等多种形式听取专家、人大代表、群众等方面的意见，对于法规草案有关问题存在重大意见分歧的，举行专家论证会，并邀请人大代表列席。通过将法规草案及其起草、修改的说明等向社会公布的方式，征求意见。此外，立法机关还应当自觉接受人民监督，防止立法机关及其工作人员滥用立法权力为个人或集团牟利。

（四）科学立法原则

科学立法原则是指在立法的过程中要从实际出发，反映社会发展客观规律，平衡好权利与义务之间的关系，保持法律体系的统一协调性。我国《立法法》第 6 条第 1 款规定："立法应当从实际出发，适应经济社会发展和全面深化改革的要求，科学合理地规定公民、法人和其他组织的权利与义务、国家机关的权力与责任。"经济基础决定上层建筑，上层建筑要科学地反映和适应经济基础，当前我国正处于全面深化改革的重要阶段，在立法的过程中要摸清社会现实，从实际出发，有针对性地去立法调节特定的社会关系和解决存在的社会问题，同时要注重遵循社会发展的客观规律和吸收我国立法的有益经验，平衡处理好根本法、基本法和地方法规之间的关系，科学厘清法律部门之间的联系和区别，避免法律规范之间出现矛盾冲突的情形，保证制定出来的法律规范明确、具体，具有针对性和可执行性。立法的科学性还体现在科学合理地配置权利与义务、权力与责任。法律调整社会关系的最重要抓手就是通过规范相应社会主体的权利与义务以达到立法追求的效果。权利与义务具有一致性，在法律规范总量上是对应一致的，通过调整不同社会主体之间的权利义务，可以实现对社会资源分配的再调节，从而形成新的合理的社会利益格局。

此外，法律权利和法律责任是法律的另一基本范畴，与法律权利和义务在法律中的普遍性不同的是，权力与责任只是法律中的特殊产物。[1]权利的实现需要正确行使权力来提供保障，但同时也要处理好权力与责任

---

〔1〕 参见谢晖：《法学范畴的矛盾辨思》，山东人民出版社 1999 年版，第 252 页。

之间的关系，有权必有责，用权受监督，若权力滥用，则严重损害现存的权利，所以要正视权利的扩张带来的不良后果，增强行使权力的责任意识。把权力装进责任的笼子里，就需要在立法层面正确合理配置权力，重视规范和控制权力，建立相应的权利清单制度，划清权力的边界，同时要完善配套好相应的责任，使权力发挥到最大的功效。

三、《促进条例》地方立法原则

地方立法在遵守国家立法的基本原则外，还要明晰其具有一些特有的原则，廓清地方立法与国家立法之间存在的差异，这有利于发挥地方立法的积极性和主动创造性，不断完善中国特色社会主义法律体系，凸显我国社会主义制度的科学性和优越性。在国家授予地方具有立法权后，经过地方的不断探索，在如何高效合理地发挥地方立法权的最大效用问题上，不断地总结立法经验，具体到立法原则方面，地方立法相较于国家立法的特有原则有：不抵触原则、有地方特色原则和可操作性原则等。

（一）不抵触原则

地方立法的不抵触原则是指地方立法不能与上位法相抵触，要服从上位法。这是社会主义法制统一性的基本要求。对此，我国《立法法》作出了一系列相应的规定，如第 87 条规定："宪法具有最高的法律效力，一切法律、行政法规、地方性法规、自治条例和单行条例、规章都不得同宪法相抵触。"第 88 条规定："法律的效力高于行政法规、地方性法规、规章。行政法规的效力高于地方性法规、规章。"第 89 条第 1 款规定："地方性法规的效力高于本级和下级地方政府规章。"由此可见，《立法法》对我国不同层级法律的效力大小作出了具体的规定，地方性法规的效力低于宪法、法律、行政法规，换而言之，地方性法规不得与宪法、法律、行政法规相抵触。从法理上来说，地方性法规属于下位法，宪法、法律、行政法规属于上位法。这是因为制定宪法、法律和行政法规的主体在国家权力架构上的位阶比制定地方性法规的主体更高，原则上要服从上级的领导或者指导，所以其行为结果的法律效力也处于隶属于行为主体的地位，不得与上位法相抵触。

（二）有地方特色原则

地方性法规的生命力体现在反映地方特色，符合地方实际情况，有较强的针对性。根据我国《立法法》第 72 条的相关规定，设区的市有权制定地方性法规的范围主要包括城乡建设与管理、环境保护、历史文化保护等方面，这折射出了我国赋予地方立法权限的范围并没有完全开放，地方获得的只是有限立法权，其中有关城乡建设与管理、环境保护、历史文化保护等，全国各地的情况不大相同，赋予地方有权进行相应的立法，便于根据本地的经济、政治、文化、风俗、民情和环境资源等对立法的需求，进行相应的立法活动。例如，《促进条例》就是通过调研了解本地的实际情况，对相应的行为进行文明规范，其中相较于其他省市的文明行为促进条例，《促进条例》的一个地方特色体现在对文明旅游行为的规范。韶关市作为全国旅游文明城市，有着丰富的旅游资源，旅游业是重点的支柱性产业，主要的景点有：被联合国教科文组织批准为全球首批世界地质公园的丹霞山、有着高达 1386 级石阶的陡峭"天梯"的乳源大峡谷、佛教禅宗圣地南华寺等，每年吸引着全国各地的游客。因此，在文明旅游行为规范这一条款中具体规定："遵守旅游文明行为指南和公约，尊重地方文化风俗和宗教信仰。"再如在《促进条例》的第 21 条"乡村文明行为"中针对本市农村地区自然资源丰富，保留下来的古树和古村落有被城镇化进程建设破坏的趋势，于是专门规定："公民应当参与农村乡风文明建设……（七）自觉保护古树、古居民、古村落等乡村人文和自然资源……"总而言之，地方立法具有地方特色有利于促进地方经济社会的发展，丰富人民的生活，保护地方独具特色的自然资源和人文景观，突出地方发展的比较优势，同时能具有前瞻性地挖掘发展潜力，防止生态环境的恶化，传承和弘扬优秀传统文化，实现人与自然、人与社会的可持续发展。

（三）可操作性原则

地方立法要求遵循可操作性原则是由于国家考虑到各省市的地理环境、经济发展水平、民情风俗等存在区别，赋予地方有限立法权，所以地方性法规相较于法律、行政法规等上位法要更具有操作性，便于理解、便于执行，更具有针对性。具体而言，就是要努力做到在语言文字、表达技术、结构形式、构造技术、立法修正、完善技术、立法解释、注释技术等方面科学、明确、规范、精致等。[1]要完成上述立法追求，不只是要求立法者提高自身立法技术，更要做到实事求是，加强调查研究，把理论问题和实际问题相结合，夯实立法基础，为立法提供问题导向，进而提出切实可行的解决措施。实现法的预测作用，使制定的地方性法规具有前瞻性是体现其具有可操作性的前提条件。在制定地方性法规时，既要着眼于当前存在的问题，也要未雨绸缪，依据现有的社会问题，遵循事物发展的客观规律来预测将来可能发生的问题，并在立法过程中进行相应的规定。此外，要使法律实施起来更高效便捷，就需要处理好部门之间的权力与责任关系，克服部分的权益倾向，做到权责清晰，相互配合，高效联动。具体表坺是在法规条文当中明确工作的主管单位、政府及村（居）的职责、部门的职责等，避免在执法的过程中出现互相推诿、"踢皮球"等现象，这样有利于高效行政、依法行政，让制定的法规指引建设综合服务型政府。

---

〔1〕　参见石佑启等：《地方立法学》（第2版），高等教育出版社2019年版，第65页。

第二条　【适用范围】

本市行政区域内的文明行为促进及相关工作，适用本条例。

【导读与释义】

本条是《促进条例》关于适用范围的规定。

法律的适用范围，也就是指法的效力范围，具体包括法律对人的效力、空间效力、对事的效力和时间效力。在我国现行有效的法律、行政法规和地方性法规中，不难发现专门规定法的适用范围的条款，但需要明确的是，法律对人的效力、空间效力、对事的效力和时间效力不是每一部法律都必须同时具备的，而是根据该部法律的特性所确定。例如，《保险法》第3条规定："在中华人民共和国境内从事保险活动，适用本法。"这就是正面规定《保险法》适用范围的空间效力，但不能因此就认为《保险法》的法律适用范围条款的规定存在缺陷，认为其没有规定对人的效力。实则该条款涵盖了无论是中国自然人、法人还是外国自然人、法人以及无国籍人，只要在中华人民共和国境内从事保险活动，都要受到《保险法》的约束，不能违反《保险法》的相关规定。而地方性法规，由于其制定主体是地方立法机关，其立法权力囿于其所在地区的行政区域范围，所以其效力范围理应溯及于本市行政区域。例如，《广州市生活垃圾分类管理条例》第2条第1款规定："本条例适用于本市生活垃圾的分类投放、收集、运输、处置和源头减量及其相关活动。"本条亦然，明确规定《促进条例》适用于本市行政区域内，并指出了本市的"文明行为促进及相关工作"适用《促进条例》，既规定了空间效力，又明晰了对事的效力。通过本条，我们可以清楚明确地看出在本市行政区域范围内开展促进文明行为的工作都要遵守《促进条例》的相关规定，各单位部门要根据《促进条例》规定的职责开展相应的工作，并要承担相应的责任。此外，除了行政机关，其他法人、非法人组织和个人也要遵守《促进条例》的相关规定，在自发组织创建全国文明城市善行活动时，也不能违反《促进条例》的立法精神和具体的条文规定。

一、《促进条例》的空间效力

法的空间效力是指法律规定其效力所指向的空间范围或地域范围，即法律在哪些地域范围内发生效力。[1]法的效力一般来说包括域内效力和域外效力，通常表现在法律和行政法规等法律规范当中。地方性法规在空间效力上进行区分，一般分为行政区域内效力和行政区域外效力。由于我国地方性法规是国家通过《立法法》赋予地方一定的立法权限，所以其法律效力的范围局限于其行政区域。《立法法》第 72 条第 2 款规定："设区的市的人民代表大会及其常务委员会根据本市的具体情况和实际需要，在不同宪法、法律、行政法规和本省、自治区的地方性法规相抵触的前提下，可以对城乡建设与管理、环境保护、历史文化保护等方面的事项制定地方性法规……"《促进条例》是由韶关市创文办、韶关市文明办提出的，并经韶关市人大常委会通过并公布的 2019 年韶关市人大常委会重点立法项目，属于《立法法》赋予的城乡建设与管理范畴内的立法，是根据本市创建全国文明城市的现实需要，并从本市的市情、民情出发而启动制定的地方性法规，其效力范围自然限于本市的行政区域范围内。

韶关市地处粤北，素有广东北大门之称，下辖 3 个市辖区、4 个县、2 个县级市、1 个自治县，全市土地面积 1.85 万平方公里，居广东省第二位，韶关市区面积 3468 平方公里。[2]换而言之，在韶关市 1.85 万平

---

〔1〕 参见杜宴林主编：《法理学》，清华大学出版社 2014 年版，第 63 页。

〔2〕 杜国胜：《〈韶关市烟花爆竹燃放安全管理条例〉导读与释义》，中国政法大学出版社 2017 年版，第 21 页。

方公里的土地上生产生活的人们的行为都要受到《促进条例》的效力约束，都要遵守《促进条例》的规定。辖区内的市、县、乡镇及村（居）民委员会的工作人员都要根据各自的职责开展文明行为促进工作。其中村（居）委会作为联系群众最密切的自治组织，本市行政区域分为大小不一的网格状分布的村（居）委会区域，没有一处留白，所以通过规制村（居）民委员会的职责，能有效提升公民文明行为，让《促进条例》对引导和促进行为文明的作用发挥到最大。由于韶关北界湖南，东邻江西，东南面、南面和西面分别与本省的河源、惠州、清远等市接壤，那么就会存在违反《促进条例》的行为横跨本市行政区域与其他省市的情况。在处理这种跨行政区域的违法行为时，我们除了要正确理解《促进条例》的效力范围，还要厘清《促进条例》的性质和内含的立法精神。从《促进条例》第1条关于立法目的"引导和促进公民文明行为，提高公民文明素质，促进社会进步……"的规定可知，《促进条例》属于倡导性立法，属于软法范畴，其立法精神旨在倡导文明价值观念，引导公民文明向善，违反《促进条例》的后果的社会危害性不大，所以在处理违反《促进条例》的行为横跨本市行政区域与其他省市的行为时，应该秉承宽宥原则。如若有更严重的违法行为，触及其他法律法规，应当引用其他法律法规的相关条款进行处理。

二、《促进条例》的对人效力

法律的对人效力是指法律对哪些人适用，即指哪些人应当遵守法律，如果不遵守将要承担相应的法律责任。此处的人根据我国《民法典》总则编的规定应指自然人、法人和非法人组织。司法理论和实践中，在处理对人的效力时采取的原则主要有属地主义原则、属人主义原则、保护主义原则和混合主义原则。其中属地主义原则是指法律对人的效力以地域作为标准，不管是本国人，还是外国人、无国籍人，只要是在本国地域范围内的行动，都要遵守本国的法律。例如，我国《刑法》第6条第1

款规定："凡在中华人民共和国领域内犯罪的，除法律有特别规定的以外，都适用本法。"

属人主义原则是指以人的国籍为标准，只要是本国人，无论是在本国地域范围内还是在国外，其都要受到本国法律的约束。这里主要是以人的注册登记国籍为标准的。当前各国对于取得国籍的通用方式有两种：一种是原始取得，即根据出生取得国籍；另一种是继有取得，即通过加入取得国籍。各国对国籍的法律规定不同，导致可能出现双重国籍或无国籍的现象。根据我国《国籍法》的规定，我们国家不承认双重国籍，定居外国的中国公民，自愿加入或取得外国国籍的，即自动丧失中国国籍。反过来说，如果外国人或者无国籍人申请加入中国国籍，自取得中国国籍开始，自动丧失外国国籍。

保护主义原则以维护本国利益为出发点，无论行为地在哪个国家或者是哪一国人侵害了本国利益，本国的法律都有管辖权，都适用本国法律。保护主义原则主要是适用于侵犯国家安全和公共利益的犯罪活动，其目的主要是宣示维护国家司法主权，在具体适用过程中还涉及国家间签订的双边条约和国际公约等具体规定。例如，我国《刑法》第8条规定："外国人在中华人民共和国领域外对中华人民共和国国家或者公民犯罪，而按本法规定的最低刑为三年以上有期徒刑的，可以适用本法，但是按照犯罪地的法律不受处罚的除外。"也即，为维护本国国家利益和我国公民的生命财产安全，当外国人在其他国家侵害我国国家和公民的合法权益时，可以适用刑法追究刑事责任。该条款但书部分是考虑到各国立法不同，如果犯罪地的法律规定不受处罚，也不适用本国刑法处罚的规定体现了我国刑法规定的科学合理性，法不强人所难，这是符合惯例的立法方式。

混合主义原则是指国家为了弥补上述某一项原则的不足，在以其中一种原则为主的同时，选取其他一种或者几种原则为辅的做法。当前大部分国家都采取混合主义原则，其中我国主要以属地主义原则为主，属人主义和保护主义原则作为补充，尽量从不同的角度去考虑问题，做到全面维护国家和我国公民的权益。首先，在我国领域内的自然人、法人和非法人组织，无论其国籍如何，都要遵守我国法律。这是我国法律适用效力的基本原则。其次，针对有外交特权和外交豁免权的人不适用我国法律，这是属地主义原则的例外。最后，《刑法》第 8 条规定外国人在境外侵犯我国国家和公民权益的，也可有条件地适用我国刑法。

《促进条例》虽然没有明确适用于哪些人，但借鉴我国法律适用对人的效力并结合体例解释不难理解，《促进条例》适用于所有在本市行政区域范围内活动的所有人，包括具有中华人民共和国国籍的人、外国籍人和无国籍人。也许《促进条例》的空间效力源于制定机关的权力范围只及于本行政区域内，但不能因此类推解释《促进条例》的适用效力只局限于具有本市户籍的人或者本市的常住人口。应当引用我国法律对人适用的属地主义原则来解释，这样既可以保持我国法律适用的一致性，也可以使《促进条例》对提高本市的行为文明和建设全国文明城市起到促进作用。韶关市作为全国优秀旅游城市，每年接纳海内外游客超过千万人次，因此，《促进条例》设置了文明旅游行为条款，这也表明了，所有到本市行政区域范围内旅游的游客都要遵守《促进条例》关于文明旅游行为的规定。

三、《促进条例》对事的效力

法律对事的效力是指法的效力范围及于什么行为以及哪些事项。由于人具有社会特性，在一定的社会关系中，人与人之间的行为以及由此产生的社会关系往往都会受到法律效力的制约。每一部法律的出台都旨在调整一定范围内的社会关系，例如《民法典》的出台是为了调整平等主体之间的人身关系和财产关系。行政法是规范行政主体的行政行为以及调整与之相关的法律关系的法律规范的总称，具体包括行政管理关系、行政法治监督关系、行政救济关系、内部行政关系。法律调整的社会关系必须是具体的，不能笼统、抽象，要明确具体的社会关系范围，让人知道什么样的行为是可行的、什么样的行为是禁止的，依法维护稳定的社会秩序，促进人与人、人与社会、人与自然之间的可持续发展。

《促进条例》对事的效力涵盖在本市行政区域范围内与促进文明行为有关的事项，不只是规定了普通人民群众需要遵守的文明行为规范，还对文明行为促进工作的主管单位、政府及部门、村（居）委员会等的工作管理职责进行了具体的规定，在努力发挥文明行为规范的引导和促进作用的同时，鼓励和支持文明向善，对重点突出的不文明行为进行治理，最后通过压实有关职能部门的工作责任，保障《促进条例》的实施。

总而言之，《促进条例》依据的是《立法法》的立法意旨及其第72条对地方性法规的相关规定，即地方性法规的效力范围只限本行政区域内。因此，《促进条例》在本市行政区域内实施，规范与引导相关文明行为促进工作。

第三条　【文明行为界定】

本条例所称的文明行为，是指遵守宪法和法律法规，践行社会主义核心价值观，符合社会主义道德要求，遵循公序良俗，引领社会风尚和文明进步的言行举止。

【导读与释义】

本条是《促进条例》关于文明行为界定的规定。

一、文明行为的界定

制定《促进条例》旨在引导和促进公民文明行为，然而，目前我国宪法、法律和行政法规并没有就文明行为作出明确的规定，究竟什么样的行为属于文明行为，哪些行为是被纳入《促进条例》所规范的范畴的，这需要在法律文本中进行明确的界定。通过对文明行为的明晰，可以让立法者、执法者、守法者对文明行为有一个比较清晰的认识，不至于存在认知偏差，这有利于社会主体之间形成合力，共同遵循《促进条例》，发挥《促进条例》在引导和促进公民文明行为工作过程中的效用，为本市创建全国文明城市添砖加瓦。

目前，各省、市在制定文明行为促进条例过程中关于是否专门用法律条文对文明行为的内涵和外延进行直接的规定存在不同的做法，主要包括在条文中对文明行为进行直接界定和不直接界定。直接在法律条文中对文明行为进行界定的有：《广西壮族自治区文明行为促进条例》《北京市文明行为促进条例》《天津市文明行为促进条例》等。从直接对文明行为进行界定的促进条例法律文本中不难看出，立法者大都选择在适用范围后面对文明行为进行规定，这既可以让人们直接明了地掌握文明行为的概念，又可以对制定后文各类文明行为规范和重点治理的不文明行为类型起到统领和定调的作用，避免对法律规制的范围造成混乱的局面。例如，《北京市文明行为促进条例》第2条第2款规定："《促进条例》所称文明行为，是指以社会主义核心价值观为引领，恪守社会主义道德，维护公序良俗，尊重他人合法权利和自由，体现社会进步的行为。"《促进条例》在制定过程中，广泛听取立法专家学者的意见，收集群众对立法草案的修改意见，汇聚社会各界对是否在条文中界定文明行为的最大立法公约数，决定设置文明行为界定这一条。鉴于文明是一个很宽泛的概念，文明行为的范围很广泛，涉及社会生活的各个领域，为了明确文明行为这一特定概念，立法者参考《龙岩市文明行为促进条例》对"文明行为"的规定这一条款，结合本市实际情况对文明行为进行界定。《龙岩市文明行为促进条例》第3条规定："本条例所称文明行为，是指遵守宪法和法律、法规，符合社会主义道德要求，体现社会主义核心价值观，遵循公序良俗，引领社会风尚，有益于他人和社会的言行举止。"相反，没有在法律条文中对文明行为进行界定的文明行为促进条例也不在少数，主要有：《广州市文明行为促进条例》《深圳经济特区文明行为条例》《济南市文明行为促进条例》等。上述文明行为促进条例采取的是通过列举文明行为规范、鼓励和提倡文明行为和重点治理不文明行为的方式，对文明行为进行列举式的规定，没有在总则或者一般性规定部分对文明行为使用提取"公因式"的立法技术对文明行为进行概括性规定。这种做法在制定文明行为促进条例时得到了不少省市的认可，也是科学的，符合立法规律的一般性做法。其主要原因是文明行为促进条例属于地方探索创制的地方性法规，还处于摸索阶段，需要通过不同的方式进行立法实践，积累经验，为制定国家统一的促进文明行为方面的法律法规提供土壤和养分。

　　鉴于本条对文明行为进行了界定，为了更好地理解该条文的意蕴，精确理解文明行为与行为、法律行为之间的联系和区别，有必要对相关概念进行探究，析明各种行为之间的内在关联性以及在社会演化过程中体现出来的不同相异性特征，这有利于学通、弄懂文明行为入法的正当性、必要性和实践可操作性。

行为是一个比较宽泛的概念，表现形式也是种类繁多，简而言之，行为是指受人的内在思想支配而外化出来的活动表现形式。具体而言，是人把自己内在的意思表示通过自身的言语、眼神、举止等形式传达出来，期待产生一定后果的行为。从行为后果的角度去了解行为的特性可知，行为兼具封闭私密性和社会性。如若行为主体在封闭私密的时间和空间中作出某些行为，该行为并不被他人感知，不产生具有促使事物变化的后果的，那么该行为就具有封闭私密性，除了行为主体外，他人对该行为的发生是可以忽略的。而行为的社会性，是指行为主体在作出一定的行为时，会对他人、社会和国家产生一定的影响，这些影响会导致现有的社会关系呈现一种动态发展的态势。世界的运动和静止是相对的，如若作出的行为导致行为主体所处的社会环境产生某些变化，无论是趋好的还是倒退的变化，这些行为都会被附上社会的烙印。一般情况下，对于具有社会特性的行为，人们常会根据其行为的性质、后果等以道德伦理、行业规则、法律等社会评价标准进行评判，符合社会共同的评价标准的行为会得到社会的肯定，而不符合的，将会遭受批评，甚至是违法，要承担相应的法律后果。因此，随着社会文明的不断推进，人们对行为自身的表达方式、产生的行为后果等也逐渐提出了更高的要求，并通过不同的评价标准对行为进行不同的划分，其中，参照一定区域内的文化习俗和道德标准，可以将行为区分为文明行为和不文明行为。

文明行为属于行为的范畴，是依据一定的评判标准对社会主体作出的行为进行评价后，将其中一部分行为划分为文明行为。文明行为的概念比较宽泛，且具有地域特性，往往是根据一定的社会习俗和社会公德对行为进行的评价。"十里不同风，百里不同俗"，有可能存在某一处属于人们崇尚的文明行为，而在另一处则属于被人嗤之以鼻的不文明行为。

文明行为有广义和狭义之分，广义的文明行为指凡属一切人类进步、开化的行为，一切有益于他人和社会的行为。而我们在日常生活中所说的文明行为往往是指狭义的文明行为，即人们在社会公共活动中，符合社会公德、公序良俗的行为。[1]根据社会行为主体的不同，文明行为分为国家文明行为、政党文明行为、政府文明行为以及民众文明行为，这些共同构成了中华文明行为体系，通过倡导各社会主体践行文明行为规范，讲文明、树新风，开拓新时期中国特色社会主义文明发展的新境界。《促进条例》作为韶关市文明行为促进工作的地方性法规，其规范的行为主要包括政府文明行为和民众文明行为，其中引导民众文明行为是《促进条例》立法的中心指导思想，而政府文明行为则处于辅助地位，主要是想发挥政府的文明政务行为、主动作为，提高本市的文明促进工作水平。如《促进条例》第7条第1款规定："市、县（市、区）公安、城市管理、综合执法、教育、文化、旅游、交通运输、卫生健康、财政等有关行政主管部门应当按照各自职责分工，做好本行政区域的文明行为促进工作。"在本市行政区域范围内，通过党群联动，政府主导，做好文明行为促进工作，有利于提升整个社会的文明水平，让物质文明、精神文明、政治文明、社会文明、生态文明协调发展，打造舒适宜居的品质城市环境，增强人们的归属感、安全感和幸福感。

根据前文可知，文明行为是社会主体作出的行为符合一定的社会评价标准，进而划分出来的一种行为类型。在历史发展的长河里，一般情况下，文明行为是受到习惯、道德和行业规则约束的，而这些约束天然不具有强制力，违反这些约束一般只会受到舆论和道德的谴责，因此文明行为的行为范式是浮动的，具有不稳定性，要想将文明行为相对稳定下来，成为社会大多数人共同遵守的行为准则，就有必要将文明行为上升为法律行为，通过一定的国家强制力保障实施。

---

[1] 叶南客主编：《社会主义核心价值观研究丛书：文明篇》，江苏人民出版社 2015 年版，第 410 页。

法律行为是指社会主体作出的、能够产生法律上的效力，引发一定法律后果的行为，包括合法行为和违法行为。合法行为是符合现行法律规定，其产生的法律后果受到法律保护的行为，而违法行为是违反法律规定，受到法律的否定性评价，其结果可能受到法律的追究并承担相应的法律责任的行为。法律行为具有社会性和法律性。①法律行为的社会性，是指法律行为是处于社会环境中，具有社会意义，产生一定社会效果的行为，其行为指向是社会辐射，而不是自我指向的封闭式的。如上文关于行为的阐述，如果人的行为只是在封闭的时空中作出，不对他人、社会、国家产生一定的影响，且不引发与自身相关的权益变化，那么该行为就不属于法律行为。民法领域对民事法律行为的定义是理解法律行为比较好的例证，认为民事法律行为是指民事主体能引起民事法律关系产生、变更、消灭的行为，最直接的后果是伴随着相应的民事权利和民事义务的变化。法律行为的社会性是其自身的一种本质属性，这主要是因为法律行为是依据行为在社会中发挥作用的大小以及行为后果对社会发展的影响在众多行为中筛选出来的，这就决定了法律行为具有社会属性。②法律行为具有法律性，是因为法律行为是经过法律调整的，受到法律约束，并产生相应法律后果的社会行为。其区别于非法律行为。如果一个行为并不存在相应法律规范的约束，那么其就是非法律行为，只会受到非法律的评价，不需要考虑享受相应的法律权利和承担相应的法律义务。换言之，如果作出一个行为，仅从道德、宗教等方面进行评价，而不牵涉需要引用法律条文和法律精神去评价，那么该行为就不属于法律行为。法律行为是对一般社会行为从法律上展开的进一步评价，其范围相较于文明行为更窄，易言之，从文明行为促进工作来说，是将文明行为贴上法律的标签，丰富了文明行为蕴含的内容。

通过分析文明行为和法律行为，不难看出，将文明行为入法是使文明行为向更加规范化、更具约束效用演化的过程。将文明行为纳入法律规范之后，其在社会上接受评价的标准会更加严格，不只是说是否文明，是否符合道德、宗教、行业规则，还会要求是否符合法律的规定。本条对文明行为的界定对文明行为提出了更高的要求，在原有文明行为的一般性要求（符合社会主义道德要求、遵循公序良俗，引领社会风尚和文明进步）的基础上，要求作出的言行举止要践行社会主义核心价值观，并且要遵守宪法和法律法规，为文明行为法律化正名。在本行政区域内作出的行为，只要是属于《促进条例》规定范围之内的相关文明行为和不文明行为，以及相关的文明促进工作都纳入了法律范畴，换言之，与《促进条例》相关的文明行为也属于法律行为。

本条对《促进条例》中所称的文明行为作出了科学的认定，为了更好地领会立法初衷和保障实施《促进条例》，需要对法律条文中关于文明行为的界定进行细微的学习分析，正确把握其核心要义，以便指导相关工作和遵守文明行为规范，杜绝相关不文明行为继续发生。

二、文明行为的合法性

遵守宪法和法律法规，是对公民的最基本要求。我国《宪法》第 53 条规定："中华人民共和国公民必须遵守宪法和法律，保守国家秘密，爱护公共财产，遵守劳动纪律，遵守公共秩序，尊重社会公德。"由此可知，遵守宪法和法律是一项宪法义务，我国制定的法律大都是围绕着法律部门涉及的相关权益，以权利和义务展开的，所以在具体法律当中都赋予了人们相应的权利和义务，并明确了相关的法律责任。在此处需要厘清的是法规的范畴，应是包括行政法规、地方性法规（省市两级的地方性法规）。由于行政权力具有行政区域局限性，这里的地方性法规具体是指广东省出台的地方性法规和本市出台的地方性法规。虽说法律是最低限度的道德，但是在此处明确要求文明行为要遵守宪法和法律法规是对文明行为提出了更高的道德标准，也即对文明行为提出了相应的法律标准。这有利于从整个社会活动中提升人们行为的文明程度，把严本市创建全国文明城市的工作质量，打造出一个令人民群众满意度高的货真价实的品质城市。

三、文明行为应当体现社会主义核心价值观

践行社会主义核心价值观是推进中国特色社会主义伟大事业、实现中华民族伟大复兴中国梦的战略任务。党的十八大提出要大力加强社会主义核心价值体系建设，"倡导富强、民主、文明、和谐，倡导自由、平等、公正、法治，倡导爱国、敬业、诚信、友善，积极培育和践行社会主义核心价值观"。将社会主义核心价值观贯穿社会主义伟大事业建设的全过程，有利于凝聚民心、汇集民智，全方位提升我国的现代化水平。中共中央办公厅印发的《关于培育和践行社会主义核心价值观的意见》指出："……注重把社会主义核心价值观相关要求上升为具体法律规定，充分发挥法律的规范、引导、保障、促进作用，形成有利于培育和践行社会主义核心价值观的良好法治环境。"将社会主义核心价值观纳入文明行为促进工作当中，是新时期我国精神文明建设工作的必然要求，将社会主义核心价值观上升为具体法律规定，可以充分发挥社会主义核心价值观在法治建设过程中的引领作用，让社会主义核心价值观成为人人认同、践行的行为规范。通过法律文本的形式予以公布可以加强其权威性，能扩大其适用范围，最终的效用不仅是我国公民要践行社会主义核心价值观，外国人和无国籍人在一定条件下也要遵守我国法律，进而要求其践行社会主义核心价值观，提高对我国走和平发展之路的认同感。践行社会主义核心价值观，需要了解社会主义核心价值观的具体含义，加深认识，方能在学习、工作和生活中凸显社会主义核心价值观的文明之风。

（1）"富强、民主、文明、和谐"是国家治理层面的价值取向。富强是指国家富足强盛，这是实现中华民族伟大复兴的基本内涵。中国近代历史告诫我们，只有国家富强了，才能维护国家领土完整，民族独立，人民幸福。民主是指人民当家作主，国家的一切权力属于人民，人民是国家的主人。党和政府的宗旨是为人民服务，人民群众的根本利益是国

家一切工作的出发点和落脚点。当前国家最重要的一项任务就是处理好人民日益增长的对美好生活的向往和发展不平衡、不充分之间的矛盾，提升人民群众的安全感、获得感和幸福感。文明是指新时期国家要实现物质文明、精神文明、政治文明、社会文明和生态文明的奋斗目标，且这五个文明之间是有机统一、相互联系、相互影响的。在理解文明的内涵时，不能局限于社会文明这一方面，而是要全面理解五个文明的协调发展对我国社会健康可持续发展所发挥的作用都是缺一不可的。和谐虽然是社会主义核心价值观从国家层面提出的要求，实际上和谐贯穿国家、社会和个人三个层面，这就要求国家要为建设和谐社会做出更多的努力，提出更多有效的举措。习近平总书记在十九大报告中提出，新时期要为建设富强、民主、文明、和谐、美丽的社会主义现代化强国而奋斗。我国著名女作家冰心说过："美的真谛应该是和谐。"所以，和谐要体现为人与人之间的和谐、人与社会之间的和谐以及人与自然之间的和谐，让个人、社会向着和谐趋好的方向发展。

（2）"自由、平等、公正、法治"，是对美好社会的生动表述，是我国社会建设发展矢志不渝的追求目标。自由是指人的意志自由、存在和发展的自由，是人类社会的美好向往，也是马克思主义追求的社会价值目标。由于我国是社会主义国家，对自由的理解主要体现在经济上的自由、政治权利的自由以及伦理与道德自由等方面。经济上的自由在本质上是指不断解放和发展生产力，充分发挥市场在资源配置中的决定性作用，更好地发挥政府的作用，实现"劳动自主"，消灭剥削，实现共同富裕。政治上的自由是由宪法和法律赋予的，并通过宪法和法律保障每个公民的政治自由不受他人侵犯，保障参与政治的主体在政治生活中不受他人的影响和摆布，自主地行使自己的权利。伦理与道德自由是指人们具有自觉选择符合需要的社会行为规范并将其转化为内在的道德信念与准则，以调整自身与社会关系的能力与行为。[1]平等是指公民在法律面

---

〔1〕　吴广顺、刘燕主编：《社会主义核心价值观》，电子科技大学出版社 2019 年版，第 63 页。

前人人平等,人人享有自由平等发展的权利和机会。新时期构建共商共治共享的社会治理新格局是让人人享有平等全面自由发展的根本保障。平等并不意味着绝对均等,而是反映每个人在社会的地位是平等的,享有平等的机会,最终的结果显然是差别的,这才能激发社会的创造活力,创造更加富足的物质和精神财富。公正,即公平正直,没有偏私。公正以人的解放、人的自由平等权利的获得为前提,是国家、社会应然的根本价值理念。公正常以法律作为价值尺度,维护社会的公平正义。法治是治国理政的基本方式,依法治国是社会主义民主政治的基本要求。它通过法治建设来维护和保障公民的根本利益,是实现自由平等、公平正义的制度保证。习近平总书记指出要努力让人民群众在每一个司法案件中感受到公平正义,这是我国新时期法治建设的最基本要求,也是司法工作的根本出发点。通过不断深化司法体制改革,提高社会的法治化水平,使法治国家、法治政府、法治社会建设深入人心,有利于实现社会的长治久安和民族的延绵发展。

(3)"爱国、敬业、诚信、友善",集中体现了社会主义核心价值观在个人层面的基本规范和要求。爱国是一个国家对公民的最基本要求,也是社会主义核心价值观的核心要义。"国不存,何以为家",国家的独立完整是人民安身立命、生存发展的最基本条件,这要求我们每个人都要热爱自己的祖国,弘扬爱国主义精神,将个人的前途命运和国家民族的命运深深融合在一起,遵纪守法,不做任何损害国家民族和人民的事情,把爱国主义情感转化为实际行动,落实到每一个祖国需要的时刻,贯彻在平凡的工作岗位和日常生活中。敬业就是尽忠职守,把自己的工作做好。职业没有高低贵贱之分,每个人都可以在平凡的岗位上做出不平凡的业绩。爱岗敬业是每一个职业对人们最基本的要求,在科技发展日新月异的时代背景下,每一个职业的工作者都要有终身学习的意识,不然将无法胜任所在岗位的工作要求。当前我国正处于经济发展由高速度发展转向高质量发展的"窗口期",弘扬和践行追求卓越、精益求精、用户至上的工匠精神，成了我国由制造大国转变为制造强国的关键一招。无信不立，无诚不强，诚信是中华民族的传统美德，战国时期，商鞅徙木立信，终能令政必行。邓小平同志曾说："讲信义是我们民族的传统。"改革开放以来，我国以诚信兴国强国，吸引了大量的外商来华投资办厂，实现了互利共赢，在国际社会上获得了广泛的支持。无论是国家，还是个人，都要讲究诚信，方能得以立足。因此，个人作为社会的细胞，要践行诚信价值观，培养诚实守信光荣、虚假失信可耻的价值观念。友善体现在公民之间互相尊重、互相关心、互相帮助，和睦友好，努力形成社会主义的新型人际关系。友善强调谦敬礼让、互助互爱、志同道合、携手奋进。在当代中国，全体中华儿女的共同之"志"就是中国特色社会主义共同理想，共同之"道"就是中国特色社会主义道路。将个人追求融入国家梦想，在实现中华民族伟大复兴中国梦的征途上同心同德、共同奋进，是社会主义友善价值观的时代要求。

四、文明行为促进工作要求

"符合社会主义道德要求，遵循公序良俗"是政府、法人、非法人组织和作为社会个人的人们都要遵循的行为准则，这也是文明行为的内在要求。社会主义道德建设的基本要求是爱祖国、爱人民、爱劳动、爱科学、爱社会主义。这是与社会主义核心价值观相辅相成的，共同构成了具有中国特色的道德体系，是其他行业职业操作的基础。2019 年 10 月，中共中央、国务院印发的《新时代公民道德建设实施纲要》指出："坚持马克思主义道德观、社会主义道德观，倡导共产主义道德，以为人民服务为核心，以集体主义为原则，以爱祖国、爱人民、爱劳动、爱科学、爱社会主义为基本要求，始终保持公民道德建设的社会主义方向。"因此，在文明行为促进工作中要把立德树人贯穿学校教育的全过程，用良好家教家风涵育道德品行，以先进模范引领道德风尚，以正确舆论营造良好道德环境，以优秀文艺作品陶冶道德情操，发挥各类阵地的道德教育作用，抓好重点群体的教育引导。公序良俗是我国民法领域的一项基本原则，指民事主体的行为应当遵守公共秩序，符合善良风俗，不得违反国家的公共秩序和社会的一般道德。《民法典》第 153 条第 2 款关于民事法律行为无效的规定为："违背公序良俗的民事法律行为无效。"由此可见，公序良俗不仅仅是一个道德范畴的行为准则，已经被吸纳到民事法律当中，成为约束民事法律关系的最一般规则。遵循公序良俗，是一种文明行为的表现形式，不仅能得到道德层面的赞许，甚至还能产生相应的法律效果。总而言之，践行社会主义核心价值观，符合社会主义道德，遵循公序良俗是新时期对一名讲文明的公民的基本要求。

"引领社会风尚和文明进步"，更多反映的是政府和社会组织的工作要求。具体的表现行为有：探索新时代文明实践中心建设试点工作，组建文明实践志愿服务队，将新时代文明实践中心（所、站）与红色教育基地、历史教育研学基地等结合起来，注重党员的先锋模范作用和志愿者的积极参与，[1]创新不同的活动形式，让文明之风在城市盛行，耳濡目染，让市民切身感受到文明环境潜移默化的影响，进而引导其自觉遵守文明行为促进条例，提升整个城市的文明程度。其中，社会组织要牢记其成立的使命，践行其活动宗旨，勇于承担为社会服务的责任，发挥其密切联系群众的作用。发挥社会组织在全市范围内创建全国文明城市工作的主力军作用是适应新时期推进国家治理体系和治理能力现代化，转变政府职能，深化政府放管服改革的必要要求，有利于社会组织承接一部分服务社会的职能，创新社会治理模式，提高社会治理效率，构建共建共治共享的社会治理格局，有效提升人民群众的获得感、幸福感和安全感。

---

[1] 参见 "王瑞军接受《南方》杂志专访：深入推进文明创建，着力打造'善美韶关'"，载 https://www.thepaper.cn/newsDetail_ forward_ 8982945，2020 年 11 月 20 日访问。

第四条　【工作原则】

文明行为促进工作应当坚持党的领导、政府主导、社会参与、统筹推进、倡导为主的原则。

【导读与释义】

本条是《促进条例》关于工作原则的规定。

本条之所以规定为工作原则而不是法律原则，是考虑到《促进条例》的出台侧重于指导本市的文明行为促进工作，重在压实各社会主体的工作责任，增强《促进条例》的可操作性。而法律原则与法的概念、法的规则作为法的构成要素，其本质属性比较概括、抽象，一般情况下不直接适用于具体的案例工作中。法律原则重在体现立法的价值和目标导向，其在法律中起到统摄全文的作用，指导立法、执法、司法和守法的全过程；而工作原则虽然也涉及指导法律的立法工作，但是其更偏重指导如何实现立法的目标，贯穿指导执法工作的全过程。

《社会主义核心价值观融入法治建设立法修法规划》指出：“推动社会主义核心价值观入法入规，必须遵循的原则是：坚持党的领导，坚持价值引领，坚持立法为民，坚持问题导向，坚持统筹推进。”《促进条例》的立法目的之一就是弘扬和践行社会主义核心价值观，让社会主义核心价值观指导本市的文明行为促进工作，实现人人践行社会主义核心价值观，建设全国文明城市的目标。考虑到文明行为促进工作涉及社会生活的方方面面，内容十分广泛，要做好文明行为促进工作，必须遵循推动社会主义核心价值观入法入规的原则，坚持党委的统一领导，发挥政府的主导作用。同时需要全社会的共同参与，分工合作，齐心协力，统筹推进，建立健全文明行为促进工作长效机制，营造共建共治共享的社会治理新格局。文明行为的促进工作，为体现《促进条例》作为倡导性法规的软法特质，以鼓励倡导为主，重在开展宣传教育工作，让文明观念潜移默化地渗透到人民群众的衣食住行等日常生活之中。

在《促进条例》具体条文中规定工作原则是我国各省市地方立法工作者的通用做法，体现了法律体系的统一性。关于工作原则的规定，既体现了共性又有地方特色，各省市根据地区城市功能，进行了略有区别的规定。例如，《北京市文明行为促进条例》就用了三个条文对工作原则进行了规定，既与其作为全国的政治、经济、文化中心的首都城市战略定位相符合，又遵循了党中央对于推进社会主义核心价值观入法入规所要遵循的原则，坚持以党建为引领，尊重人民群众主体地位，坚持法治与德治相结合、倡导与治理相结合、自律与他律相结合、政府主导与社会共治相结合、奖励与惩戒相结合的原则。其体现出来的是倡导和治理双管齐下的工作原则，这也反映了《北京市文明行为促进条例》的特色规定。《广州市文明行为促进条例》第 3 条规定："文明行为促进工作在习近平新时代中国特色社会主义思想指导下，坚持党委领导、政府推进，充分发挥公民主体作用，遵循法治与德治相结合、教育先行、奖惩并举和全社会共建、共治、共享的基本原则。"其直接在法律条文中明确了广州市的文明行为促进工作是在习近平新时代中国特色社会主义思想的指导下开展的，这是采用了明示的立法方式，其实我国所有省市文明行为立法工作都是在习近平新时代中国特色社会主义思想的指导下开展的，但是大都采用了默示的立法方式，没有在法律条文中直接规定出来。同时也明确规定了广州市的文明行为工作坚持奖惩并举的工作原则，这也是广州市作为广东省会城市在文明行为促进工作中采取的更有效用的工作原则和方式。《昆明市文明行为促进条例》第 3 条规定："文明行为促进工作应当坚持以人为本、共治共享、奖惩结合、整体推进的原则，建立健全精神文明建设长效机制，推进社会公德、职业道德、家庭美德、个人品德建设。"这反映出了昆明市的文明行为促进工作重在推进社会公德、职业道德、家庭美德和个人道德建设，其是在工作原则中直接采用了列举的方式，把文明行为促进工作的基本范畴明确出来，以指导下文相关条文的规定。

中共十九大报告指出："坚持党对一切工作的领导。党政军民学，东西南北中，党是领导一切的。"加强党的全面领导是新时期中国特色社会主义伟大事业建设的必然要求，因此在文明行为促进工作中，要坚持党的领导，发挥党支持人大、政府、政协、人民团体、企事业单位、社会组织履行职能、开展各项与文明行为相关的各项工作，发挥党的统一领导作用。坚持中国共产党的领导是立国之本，强国之基，是我国实现社会进步，人民幸福生活的本质要求。十八大以来，坚持党要管党、全面从严治党，不断提高党的科学性、先进性和纯洁性，主动适应时代、社会和人民的新需求，提高党的执政能力和执政水平，同时为了实现党的伟大理想就必须做到党的领导是具体的，贯彻到管党治党和治国理政各方面和全过程，实现党的领导全覆盖，党的领导更加坚强有力。在本市文明行为促进工作中，要坚持本级党委的统一领导和决策部署，各社会主体尽职尽责，做好文明行为促进工作，以建设全国文明城市作为文明促进工作的出发点和落脚点，按时按质完成工作任务，完成中共韶关市委提出的"城市品质和形象大大提升，成功创建全国文明城市"的工作要求。

一、政府主导原则

政府作为国家权力机关的执行机关，属于行政机关，主要履行宪法和政府组织法赋予的行政职能和执行人大决定的重大事项。我国《宪法》第107条第1款规定："县级以上地方各级人民政府依照法律规定的权限，管理本行政区域内的经济、教育、科学、文化、卫生、体育事业、城乡建设事业和财政、民政、公安、民族事务、司法行政、计划生育等行政工作，发布决定和命令，任免、培训、考核和奖惩行政工作人员。"《地方各级人民代表大会和地方各级人民政府组织法》第 59 条规定："县级以上的地方各级人民政府行使下列职权：……（五）执行国民经济和社会发展计划、预算，管理本行政区域内的经济、教育、科学、文化、卫生、体育事业、环境和资源保护、城乡建设事业和财政、民政、公安、民族事务、司法行政、监察、计划生育等行政工作。……" 文明行为促进工作属于《立法法》赋予设区的市人大有权在本市行政区域范围内制定城乡建设与管理、环境保护、历史文化保护等方面的事项制定地方性法规中的城乡建设和管理的立法权限。因此，在文明行为促进工作方面就需要坚持政府主导的工作原则，政府通过制定文明行为促进工作计划，并把该项工作纳入财政预算，算进职能部门考核标准，发挥政府高效便民的社会管理职能，切实把文明行为促进工作做实做细做好。

二、社会参与原则

"社会参与"是指要让社会主体参与到文明行为促进工作当中，充分发挥社会组织、人民团体、法人、非法人组织以及人民群众等社会主体在文明行为促进工作中的作用。社会参与既是转变政府职能、简政放权，深化"放管服"改革的必要要求，也是构建共建共治共享的社会治理新格局的现实要求。社会主体是构建整个文明社会的细胞，需要全体社会主体参与到文明城市的建设当中，才能提高社会主体的主人翁意识，增强其集体荣誉感，激发其投身于文明城市建设的积极性。通过发动广泛的社会参与，让社会主体自发组织丰富多彩的文明行为促进活动，提高本市群众对文明行为促进条例的认知度，扩大文明城市建设在本市乃至全省、全国的认知度，吸收更多的社会热心企业和人士参与到本市的文明行为促进工作中。只有社会共同参与，文明行为促进工作才能行稳致远，逐见成效，才能扎根到社会的每一个角落，让讲文明、树新风的新气象普及人们的生产生活的每一个细节当中，切实、卓有成效地打造出高度文明的善美韶关，达到中央文明办公布的《全国文明城市（地级以上）测评体系》对文明城市的各项标准要求，提高人民思想觉悟、道德水准、文明素养和全社会文明程度，弘扬共筑美好生活梦想的时代新风，激励人们向上向善、孝老爱亲，忠于祖国、忠于人民。

三、统筹推进、倡导为主原则

文明行为促进工作不是某个职能部门单打独斗就能完成做好的，而是需要坚持党的领导、政府主导、社会参与，统筹推进，协调各方的力量和处理好创建全国文明城市的每一项工作。根据《全国文明城市（地级以上）测评体系》的工作要求，需要统筹推进以下工作：①理想信念教育：做好深入学习贯彻习近平新时代中国特色社会主义思想和中国梦的宣传教育，建设具有强大凝聚力和引领力的社会主义意识形态；②社会主义核心价值观建设：包括组织实施、教育实践、文化培育等；③培育文明道德风尚：道德模范等先进模范学习宣传、志愿服务制度化、文明旅游、"讲文明树新风"公益广告、网络文明建设；④廉洁高效的政务环境：党风廉政建设、政府行为规范；⑤公平正义的法治环境：法治宣传教育、公民权益维护、基层民主政治；⑥诚信守法的市场环境：推进诚信建设制度化、文明诚信服务；⑦健康向上的人文环境：国民教育、科学普及、民族团结进步、建设现代化公共文化服务体系、健全现代化文化产业体系、培育市民文明素养；⑧促进青少年健康成长的社会文化环境；⑨和谐宜居的生活环境：经济发展、城市规划建设、城市管理和公共服务、医疗与公共卫生、社会保障、巩固军政军民团结；⑩安全稳定的社会环境：公共安全体系建设；⑪有利于可持续发展的生态环境：城市绿化、环境管理与环境质量、土地资源管理；⑫长效常态的创建工作机制：组织领导体制、群众广泛参与、文明行为、文明单位、文明校园创建、以城带乡、城乡共建、加强动态管理、完善保障机制。

坚持"倡导为主"的工作原则体现了《促进条例》作为以倡导性为

主的法律规范的特性。所谓倡导性规范，是相较于禁止性规范、义务性规范和授权性规范而言的，其是以鼓励、倡导作出某种行为为主，且缺少强制性的"命令"口吻，同时在违反倡导性规定后，不需要承担相应的法律责任或者承担比较轻微的法律责任。近年来，倡导性规范的制定在我国呈现快速增长的趋势，特别是省市两级出台的地方性法规在法律条文中大量出现倡导性条文，这跟我国授予省和市两级立法权限的范围有关，特别是设区的市的立法权限集中在城乡建设与管理、环境保护、历史文化保护等方面，在制定相关地方性法规时，为了能顺利获得通过，在规制法律责任方面，往往遵循上位法的相关规定，如若没有上位法的依据，则是选择在法律责任这一板块留白。这就导致了在地方性法规之中随处可见倡导性规范。倡导性规范往往使用"鼓励""支持""保障"等字眼，体现了立法者对法律主体作出一定行为或者不作出一定行为的期待。回归到《促进条例》，共有七章44条法律条文，具体规定法律责任的第六章只有"引致条款""国家机关及其工作人员法律责任""治安处罚"三条，且大都是援引其他上位法的相关规定，体现了《促进条例》"轻处罚、重倡导"的工作原则。第二章"文明行为规范"和第三章"鼓励与支持"都属于对不同行为领域的倡导性文明行为规范。

第五条　【主管单位】

市、县（市、区）精神文明建设委员会统一领导本区域内的文明行为促进工作，指导建立健全文明行为促进工作长效机制，营造共建共治共享的社会治理新格局。

市、县（市、区）精神文明建设工作机构具体负责本行政区域内文明行为促进工作的规划实施、指导协调、监督检查以及宣传教育。

【导读与释义】

本条是《促进条例》关于主管单位市、县（市、区）精神文明建设委员会（"文明委"）即在文明行为促进工作等方面职责的规定。

文明委是精神文明建设的主管单位，肩负着提高公民行为文明的工作使命。我国从中央到地方县（区）一级都设置了文明委负责本行政区域内的精神文明建设工作，通过指导、协调各级行政单位建立健全文明行为促进工作长效机制，营造共建共治共享的社会治理新格局。

一、文明行为促进工作统一领导工作机制

中共十四届六中全会通过的《中共中央关于加强社会主义精神文明建设若干重要问题的决议》指出："……在经济建设为中心的前提下，使物质文明建设和精神文明建设相互促进，协调发展，防止和克服一手硬、一手软。"1997年，中共中央发出《关于成立中央精神文明建设指导委员会的通知》，指出中央文明委是党中央指导全国精神文明建设工作的议事机构，主要职责是：督促检查各地区、各部门贯彻落实党的十四届六中全会精神和中央关于精神文明建设方面的有关问题，总结推广交流先进经验。为了适应党中央对新时期精神文明建设的工作要求，中共中央、国务院于 2019 年 10 月印发的《新时代公民道德建设实施纲要》指出："各级文明委和党委宣传部要切实履行指导、协调、组织职能，统筹力量、精心实施、加强督查，抓好工作任务落实。注重分析评估公民道德建设的进展和成效，及时总结推广成功经验和创新做法，加强道德领域重大理论和实践问题研究，推动形成公民道德建设蓬勃开展、深入发展的良好局面。"

十八大以来，习近平总书记从党和国家事业发展的全局出发，对精神文明建设提出了新视野、新境界、新思路，推动社会主义精神文明建设在理论和实践上不断向前发展。只有物质文明建设和精神文明建设都搞好，国家物质力量和精神力量都增强，全国各族人民物质生活和精神生活都改善，中国特色社会主义事业才能顺利向前推进。中共十九大报告指出，当前我国社会的主要矛盾已转化为人民日益增长的美好生活需要和不平衡不充分的发展之间的矛盾。经过改革开放 40 年的发展，我国人民的物质生活需求已经得到了满足，实现了"仓廪实""衣食足"的目标，人们随之对精神文化生活提出了更高的需求，这就要求党和政府不断主动适应人民群众对美好生活的需求，调整工作思路和改进工作方法，营造"知礼节""知荣辱"的社会良好风气，实现国内产业经济转型升级，在城乡居民可支配收入不断增加的同时，使国民素质和社会文明程度显著提高。通过加强对优秀传统文化习俗的传承，弘扬中华民族精神，不断增强文化自信，向社会和世界发出中国最强的声音，这也是需要我国把精神文明建设工作做实做细，让文明之风常在。

"建立健全文明行为促进工作长效机制"这就需要市、县两级文明委发挥其统领和协调的作用，通过建立健全文明促进工作联席会议等形式，敦促相关单位把文明促进工作当作一项长期性的工程来抓。市、县两级文明委一般由相应行政级别的宣传部管理、负责开展相关精神文明建设工作。例如，韶关市文明委就是设置在市委宣传部，由市委宣传部统一开展研究制订全市精神文明建设的规划、措施、对策；指导、部署、协调群众性创建精神文明重大活动的开展，指导、协调未成年人教育工作。由市委宣传部统一领导精神文明建设工作有利于发挥市委宣传部为市委主管全市意识形态方面工作的职能优势，提高精神文明建设工作的政治站位，层层压实精神文明建设工作责任，让各单位主要领导负责人重视精神文明建设工作，做好职责范围内的工作任务，通过负责组织、指导理论学习、理论宣传，统筹开展与精神文明建设相关的文艺创作和创新文艺表演方式的工作，协调新闻媒体积极主动投身到精神文明建设工作中挖掘有益的新闻养料，让本市的精神文明建设工作有序开展。

"营造共建共治共享的社会治理新格局"是党的十九大报告在根据我国国情和总结社会治理发展过程中的有益经验提出来的创新社会治理新模式。十八大以来，我国在全面深化改革的过程中取得了举世瞩目的成就，与此同时也伴随着经济结构深刻变革、利益格局深刻调整、思想观念深刻变化、社会结构深刻变动，社会治理面临的形势和环境更为复杂[1]的情形，这就要求我们要认清出现的新问题、呈现出来的新形势，及时、准确把握社会动态，作出精准有效的举措。创造性地提出营造共建共治共享的社会治理新格局体现了以习近平同志为核心的党中央高屋建瓴、把好顶层设计的舵，主动让社会治理与统筹推进"五位一体"总体布局、协调推进"四个全面"战略布局的高度相契合，融入国家整体发展大局，为国家从富起来到强起来，提供稳定的社会环境的远见卓识。"稳定压倒一切"，只有国内社会稳定，经济平稳运行，人民安居乐业，我国才有更强的能力去应对风云变幻的国际环境，才能更有底气地去应对西方国家为了打压我国和平崛起而挑起的种种阻挠，才能为实现中华民族伟大复兴的中国梦提供基础性保障。营造共建共治共享的社会治理新格局就需要转变社会治理模式，让政府从社会治理的管理者转化为社会治理的服

---

〔1〕 "打造共建共治共享的社会治理格局"，载 http://dangjian.people.com.cn/n1/2018/0621/c117092-30070683.html，2020 年 10 月 5 日访问。

务者，让"放管服"的改革成效呈现在社会治理领域，由政府与社会组织、企事业单位、法人以及个人等多元社会主体共同治理社会。

共建，是指社会各主体共同参与到社会建设当中来，使物质文明、精神文明、政治文明、社会文明和生态文明建设有机统一，协调有序推进。社会建设离不开每一位社会成员的参与，无论是代表人民行使公权力的政府，还是公益性社会组织，抑或是从事营利性活动的法人、非法人组织和公民个人，都是社会的主人，在创新社会治理建设新模式下，都有机会参与社会治理建设，发挥所长，为建设和谐、祥和的社会环境拾柴添火。在当前社会多元主体参与社会治理建设的时代背景下，我们仍然要在涉及教育、就业、医疗、卫生、社保等民生领域坚持在各级党委的领导下，由政府负责管理，保障民生，避免因市场自发性、盲目性和滞后性等因素给民众的生活秩序带来不必要的侵扰。而在城乡建设和管理、历史文化保护、精神文明建设、环境保护等领域可以通过政府购买服务的形式，充分发挥企事业单位、社会组织以及个人所具有的特长和专业优势，让其参与到相关领域的社会治理建设中，对于资质条件良好的单位或者个人，还可以授予相应的行政管理职权，通过健全激励补偿机制等方法，增强其社会责任感意识，让其主动努力探索，将科学技术融入社会治理建设当中，打造更加便民高效的"云平台""云管理""云服务"，借助高科技的红利让社会治理建设与时俱进，不断增强社会多元主体参与社会建设的能力、动力和活力。

共治，是指社会各界共同参与社会治理。这充分体现在将中国共产党领导的多党合作和政治协商制度在治理国家方面的制度优势转化为在治理社会方面的有益借鉴。提出"共治"社会治理模式，是充分发挥中国共产党在一切工作中的绝对领导地位作用，让各级党委在社会治理中总揽全局、协调各方，同时各级政府职能部门要主动作为，落实社会治理的责任制。由于我国是人民民主专政的社会主义国家，人民是国家的主人，所以让社会各界共同参与社会治理是一种权力的回归，政府有区别地把人民让与的管理社会的权力转移给人民，这是我国社会主义民主法治事业进步的具体体现。改革开放以来，特别是党的十八大以来，我国人民的文化水平不断提高，社会自治能力显著提升，以村（居）民委员会、社区为基层社会治理单位的自治机构，在自我管理、自我服务、自我教育、自我监督中展现出了高水平的基层自治能力，通过进一步营造共治的社会环境，有利于形成社会治理人人参与、人人尽责的良好局面。

　　共享，是指由人民共享社会治理成果。实现好、维护好、发展好最广大人民的根本利益是党和国家一切工作的出发点和落脚点，创新社会治理的实质就是为了更好地为人民服务，不断满足人民日益增长的美好生活需要，让人民群众在新时期感受到全面深化改革带来的新变化，在共享改革成果的过程中，体会到实实在在的获得感、幸福感和安全感。十九大报告指出：要把我国建设成为富强民主文明和谐美丽的社会主义现代化强国。这就是给我国在营造共建共治共享的社会治理新格局时提出了新目标，要构建民主文明和谐美丽的社会，让人民群众生活在民主文明和谐美丽的社会环境中，凸显社会主义制度的优越性。

二、文明行为促进工作实施与执行

　　"市、县（市、区）精神文明建设领导机构具体负责本行政区域内文明行为促进工作的规划实施、指导协调、监督检查以及宣传教育"，指出了市、县（市、区）精神文明建设领导机构的具体工作职责。我国从中央到地方共设置了四级精神文明建设领导机构具体负责文明行为促进工作，分别为中央文明办、省文明办、市文明办、县文明办。《促进条例》施行范围内的市、县（区）文明办根据市、县（区）精神文明建设委员会的工作部署，具体负责本行政区域内文明行为促进工作的规划实施、指导协调、督促检查以及相关评估工作。当前，韶关市正处于创建全国文明城市的关键节点，韶关市及各县（区）精神文明建设委员会办公室根据党委及精神文明建设委员会的工作部署，具体制定建设全国文明城市工作计划，参考中央文明办发布的《全国文明城市（地级以上）测评体系》细化创建全国文明城市工作步骤和工作指标，并且负责向社会宣传《促进条例》，保证《促进条例》得到有效的实施。"倡文创文"只有进行时，没有完成时，需要各级文明办稳打稳扎地做好本职工作，不断地总结创建全国文明城市的相关经验和存在的不足，紧跟国家时代发展步伐，对创建全国文明城市的工作不断提出新的时代的要求，要有"功成不必在我"的工作恒心，推动社会不断向更高层级的文明发展。

在起草《促进条例》关于文明促进工作主管单位条款时，立法者参考了《肇庆市文明行为促进条例》第4条的规定："市、县（市、区）精神文明建设委员会统筹推进本行政区域内的文明行为促进工作。市、县（市、区）精神文明建设工作机构具体负责本行政区域内文明行为促进工作的指导协调和督促检查。"在文明行为条例中规制文明行为促进工作主管单位是各省市的通用做法，大部分省市颁布的文明行为促进条例都在总则部分规定了市、县（市、区）文明委和市、县（市、区）精神文明建设工作机构的工作职责，这有利于从法律上明确文明行为促进工作的主管单位及其相应的职能，使得文明行为促进工作有法可依、有法必依、执法必严、违法必究，让开展与文明行为相关的工作有了法律上的依据，可以让相关的工作更规范、更有序，有益于形成文明行为促进工作长效机制。例如，《天津市文明行为促进条例》第5条规定："市和区精神文明建设指导机构负责指导、协调、监督、检查本行政区域内文明行为促进工作，组织开展宣传、表彰以及其他文明行为促进的工作。市和区精神文明建设指导机构的办事机构负责日常工作。"《温州市文明行为促进条例》第4条第1款规定："市、县（市、区）精神文明建设委员会统一领导本行政区域的文明行为促进工作；市、县（市、区）精神文明建设工作指导机构具体负责本行政区域文明行为促进工作的规划实施、指导协调、督促检查和评估通报等。"对比可见，《促进条例》在规定主管单位工作职责方面除了与其他省市一样规定了一般性的工作职责外，还对本市的文明行为促进工作提出了"建立健全文明行为促进工作长效机制，营造共建共治共享的社会治理新格局"的要求，这是本市将在创建全国文明城市工作中得出的工作启示与我国在新时期提出的社会治理新要求相结合制定出来的工作准则，并且要求生效后得到施行，指导本市创建全国文明城市工作，努力实现共建共治共享的社会治理格局。

第六条 【政府及村（居）民委员会职责】

市、县（市、区）人民政府应当建立文明行为记录制度，将文明行为促进工作纳入国民经济和社会发展规划，并在公共财政预算中统筹安排专项资金，保障文明行为促进工作的正常开展。

镇（乡）人民政府、街道办事处应当指导村民委员会、居民委员会、小区业主委员会制定文明行为公约，并在职责范围内做好文明行为促进工作。

村民委员会、居民委员会应当将文明行为规范纳入村规民约、居民公约，协助镇（乡）人民政府、街道办事处推进文明行为促进工作，加强对文明行为的宣传和引导。

【导读与释义】

本条是《促进条例》关于政府及村（居）民委员会工作职责的规定。

一、应当建立文明行为记录制度

"市、县（市、区）人民政府应当建立文明行为记录制度"是《促进条例》授予政府的一项工作职责，这有利于政府在文明行为促进工作过程中做到有迹可循。为了促进行政机关严格、规范、公正、文明执法，保障和监督行政机关有效履行职责，维护人民群众合法权益，党的十八届四中全会通过的《中共中央关于全面推进依法治国若干重大问题的决定》指出：推行行政执法公示制度、执法全过程记录制度、重大执法决定法制审核制度。随后，国务院办公厅印发《推行行政执法公示制度执法全过程记录制度重大执法决定法制审核制度试点工作方案》，授予全国32家单位作为执法全过程记录制度的试点单位。为了规范执法全过程记录制度的施行，相关试点单位根据工作的需要纷纷制定了执法全过程记录制度工作细则，为记录执法过程提供统一的行政行为操作程序和工作要求。例如莱西市制定的《城乡建设局行政执法全过程记录制度》、忻州市制定的《财政局行政执法全过程记录制度》、广东省财政厅制定的《行政执法音像记录管理制度（试行）》。这些单位根据本单位的工作职责和日常的行政程序，围绕着记录的主体、记录的程序、记录的载体、记录的范围、相关责任等方面展开制定相关的条文，这有利于明晰记录的流程，让记录对做好行政工作起到锦上添花的作用。

查阅《法学大辞典》可知，记录制度是指行政机关将其与相对人的活动过程记录在卷，以备查考的制度。基本内容：①凡有两人以上的行政机关均应制作记录，记载每一行为过程中各人的最后表决，此记录应允许公众查核；②行政机关作出决定必须制作案卷，案卷记载决定过程、结论及反对意见；③所有裁决均应说明就案卷中记载的所有基本事实问题、法律问题、自由裁量权等问题所作的裁定、结论、理由或根据、与案件有关的肯定与否定的规章、制裁与救济等。记录制度可以使行政机关的活动谨慎、明确，对相对人有案可查，有据可依。[1]根据《国务院办公厅关于全面推行行政执法公示制度执法全过程记录制度重大执法决定法制审核制度的指导意见》的规定，执法全过程记录是指："行政执法机关要通过文字、音像等记录形式，对行政执法的启动、调查取证、审核决定、送达执行等全部过程进行记录，并全面系统归档保存，做到执法全过程留痕和可回溯管理。"在执法过程中，要完善文字记录、规范音像记录、严格记录归档，最后还要充分发挥记录在案卷评查、执法监督、评议考核、舆情应对、行政决策和健全社会信用体系等方面的积极作用。

实行行政执法全过程记录制度不是党中央和国务院一时冲动所作出

---

〔1〕　参见邹瑜、顾明主编：《法学大辞典》，中国政法大学出版社1991年版。

的决策，而是在科学研判的理论依据和现实情况的基础上作出的正确决断。其理论依据主要有：

（一）风险规制理论

风险规制，换言之就是为了实现行政风险规避。行政机关虽然是在宪法和法律授权的范围内行使职权，开展相应的行政活动，但这并不意味着所有行政行为在实体和程序上都是合法合理的。况且，随着我国法治国家、法治政府、法治社会建设成效日益凸显，公民的法治意识也在不断提高，针对行政机关作出的行政行为，公民如若认为行政机关作出的行政行为违反法律规定或者损害了其合法权益，可以向行政机关提起行政复议或者向司法机关提起行政诉讼。这既可以发挥社会、行政相对人对行政机关所行使的行政职权的监督作用，防止滥用职权的行为发生，也可以警醒行政机关要依法行政，注意记录好行政过程中所开展的行政活动的具体情况。根据我国《行政诉讼法》第34条的规定："被告对作出的行政行为负有举证责任，应当提供作出该行政行为的证据和所依据的规范性文件。被告不提供或者无正当理由逾期提供证据，视为没有相应证据。但是，被诉行政行为涉及第三人合法权益，第三人提供证据的除外。"由此可知，在行政诉讼案件中，原则上由行政机关负责承担举证责任，如果行政机关不能提出支撑其行政行为的证据，则将承担举证不能的责任，其后果往往是败诉。建立健全行政执法全过程记录制度可以让行政机关做好行政行为风险评估检测工作，采取相应的行政手段来消除或者减少潜在的风险，在作出相应的行政行为时可以根据记录不断调整工作方式和方法，努力使行政结果符合人民群众的根本利益，提高政府在人民群众心目中的威信。

（二）行政过程论

在传统的行政执法活动中，行政机关侧重于关注行政结果，只要行政结果符合行政目的就认为所作出的行政行为已经完成，很少关注行政过程中发生的事情和执法过程给社会及行政相对人造成的影响。这就是明显的"重实体,轻程序"。然而随着法治文明的不断进步,人们逐渐认识到实体与程序如"车之两轮,鸟之两翼",同等重要,缺一不可,开始研究、关注程序正义对法治建设的影响。在行政执法领域亦是如此,行政机关开始从过去专注于对行政行为引发的行政效果的考量转化为对行政行为全过程的动态性执法手段所导致的行政结果的考察,逐渐认识到行政无小事,努力做到在行政执法过程中"合法行政、合理行政、程序正当、高效便民、诚实守信、权责统一"这六项基本要求,这清晰地反映出行政执法过程的重要性,其中合理行政原则内含的比例原则则是要求在行政执法过程中处理好行政目的和行政权益相对人的关系,要认真考虑行政执法过程中对行政相对人可能造成的损害,如果损害是可以避免的,一定要切实维护人民群众的利益,如果在行政执法过程中迫不得已要损害部分行政相对人的权益,则要设法尽量减少或者控制行政过程对相对人造成的损害,以最小损害实现行政利益的最大化。这有利于缓和政府和行政相对人在产生利益冲突时的紧张关系。这是因为行政机关所站的角度是维护国家安全和公共利益,而行政相对人所站的角度是维护个人利益,在公共集体利益与个人利益产生冲突时,由于行政机关和行政相对人考虑问题的角度不一样,难免会出现分歧,这时就需要行政机关注意行政过程中的处事方式,努力做到合法行政、合理行政、程序正当、高效便民、诚实守信、权责统一,真正把矛盾纠纷化解在源头,实现公共利益和个人利益的最大化。

(三)依法行政原理

"法无授权不可为",这是依法行政的最核心要义。我国政府作为国家权力的执行机关,其行政权力是依照宪法和法律授予的,任何行政机关逾越宪法和法律授予的行政职权,都不具有行政效力,都是违法的,甚至属于犯罪行为。随着我国行政体制改革的纵深发展,政府的服务职能被提升到和管理职能同等重要的地位,如何当好"守夜人"的角色,是当前我国政府深化改革需要思考的问题。建设法治政府的第一要务就是要依法行政，这关涉行政立法、行政执法、行政司法、行政守法等各个环节的一揽子工程。当前，我国尚未制定统一的行政法典，行政的法律依据散见于各单行法律、行政法规、地方性法规和部门规章，由于制定主体和适用范围的不同，我国现行有效的行政法规内容非常庞杂，但不可否认的是其在对规范我国各级行政机关的行政行为，维护社会秩序方面成效显著。由于我国幅员辽阔、人口众多，大到国家的主权安全和经济发展，小到人们的衣食住行都离不开政府的管理和服务，随着我国依法行政水平的不断提高，规范行政行为的法网越织越密，不断满足社会发展出现的新领域、新业态的需要。目前我国现行有效的规范行政行为的基本法律有：《宪法》《地方各级人民代表大会和地方各级人民政府组织法》《行政处罚法》《行政许可法》《行政复议法》《行政诉讼法》《行政强制法》等，还有大量的行政法规、部分规章、司法解释以及行政机关内部的办事细则。这些都需要行政机关在执法过程中严格遵守，做到依法行政过程中遵循的理念契合程序正义提倡的价值观念。

（四）行政自制理论

行政自制是指行政机关在开展内部行政行为和外部行政行为时自觉主动反省、检视自身的行政行为，使行政行为合法合规，不断提高执法水平。行政自制理论的主要目的在于控制行政权力规范合理地运用，从而提高治理能力和治理水平。[1]一个受人民拥护和支持的政府就要不断地完善自我、发展自我，只有做到令人民满意，才能避免遭到历史和人民的抛弃。政府部门主动制定行政执法全过程记录制度是行政自制理论的一种具体表现，通过记录执法过程，使用执法记录，可以还原执法过程的具体情况，利于从中总结成功的执法经验和吸取失败的教训，是一次行政自制理论成功的探索，可以为以后完善行政执法过程提供可供参考的启示。

---

〔1〕 参见李琳："行政执法全过程记录制度研究——以连云港市卫生监督所为例"，西北农林科技大学 2019 年硕士学位论文。

　　建立文明行为记录制度是参照行政执法全过程记录制度来建立健全文明行为促进工作长效机制的一项创举，这有利于让文明行为促进工作落到实处，有据可查，可回溯管理。在各省市将文明行为入法的过程中，部分省市规定了文明行为记录制度，其中《北京市文明行为促进条例》通过激励和惩治两种方式对文明行为记录制度作了较为详细的规定。其规定：任何单位和个人对不文明行为采用拍照、录音、录像等形式所做的合法记录，可以提交行政执法部门作为执法的参考；政府有关部门对见义勇为、志愿服务、慈善公益等文明行为信息进行记录，在制定政策时将文明行为记录作为优惠、奖励的重要参考；国家机关、企业事业单位、社会组织在招聘录用、职位晋升、待遇激励等工作中应当将文明行为记录作为重要参考等。通过规定文明行为记录信息的后续用途，让文明行为记录制度不只停留在纸面上，还与其他考核评价和奖励、聘任制度挂钩，可以让文明记录制度的效用不只是发挥在文明行为促进工作中，还可以适用到其他行政和其他先进公益活动中。这样不仅有利于个人遵守文明行为规范，还可以促使相关单位团体认识到文明行为促进工作的重要性，在工作上落实文明行为记录制度的相关规定，进而提升社会各领域的文明水平。

　　相关政府部门在实施文明行为记录制度时，要坚持一定的记录原则，才能保证记录保存下来的信息具有可信度，可以作为其他事项的重要参考，具体原则如下：

　　（一）合法性原则

　　市、县（市、区）人民政府在建立文明行为记录制度时，授权相关职能部门、企事业单位和公共管理机构进行文明行为记录时要依据相关法律、法规和《促进条例》的规定，并且制定具体的记录工作细则，让所有的记录工作都在合法的范围内进行。合法性原则主要体现在记录主体的合法性、记录程序的合法性以及记录适用的合法性。关于记录主体和记录程序，目前我国行政机关都有较为成熟的工作办法和工作经验可供参考，而对于文明行为记录的适用则缺少相关的规定和实践经验。目前除了北京市对文明行为记录的适用进行了较为具体的规定外，《厦门经济特区促进社会文明若干规定》规定了要对单位和个人参加慈善公益、志愿服务等文明行为或者受到行政处罚的不文明行为进行记录，并且规定旅游行政管理部门可以就旅游过程中的不文明行为进行记录。其他省市的文明行为立法对于文明行为记录制度尚未进行较为具体的规定，有待政府部门进一步细化。

（二）公正、公开原则

文明行为记录要坚持公正的原则是因为文明行为记录关涉从不同的角度对公民个人行为的评价，甚至会影响到个人的信用额度、职业录用和升迁等。所以说，对文明行为进行记录不只是记录机关单位的内部行政行为，而是关涉公民个人乃至社会的其他工作环节，因此要坚持公正的原则。具体体现为在记录的过程中要客观真实地记录，既要记录记录的时间、地点以及记录人的信息，也要记录相对人以及其他密切相关人的信息以及其不文明行为的具体表现。要保证做到公正，就要建立记录人负责制，禁止其在记录过程中存在违法失职行为。

公开原则就是要求对于记录下来的不文明行为信息要按照法定程序公开。坚持公开原则，让行政机关内部和当事人可以查询记录下来的不文明行为，可以起到约束和监督不文明行为记录人的作用，防止其在记录过程中存在弄虚作假的行为。其实，公开原则并不是无限度地随意公开，而是要甄别公开的信息的类型及其对当事人和社会产生的影响，其中涉及公民个人隐私和商业秘密的不文明行为就不能随意向社会公开，同时要禁止行政机关和其他记录工作人员利用职权之便非法复制、存储、公开、披露不文明行为的信息。

（三）客观完整原则

当前的不文明行为记录采取的方式主要是文字记录和音像记录，这就要求记录的内容要客观、不矫不枉，还要完整，不能随意删减、涂改，要反映出整个不文明行为过程的完整性，禁止主观臆造某些不文明行为的片段。文字记录要客观准确，有始有终，并且要注意描述所处场景的基本情况，不得涂改，不得虚构任何记录内容，同时也不能选择性地记录某一部分的内容。音像记录则是要求要保持整个过程的完整性，禁止随意截取、删除、篡改，或者穿插某些不相关的内容，同时也要与其他相关的证据做到相互印证。最后要求记录人在相应的记录载体上签名或者盖章。

（四）即时原则

即时原则并不是要求在记录不文明行为时要做到同步，而是要求要及时，防止事后时间拖延太久，导致记录的内容失真或者与客观事实相差太远。根据记录行为类型的不同，可以分为事前记录、事中记录和事后记录。其中文字记录允许根据工作的具体情况选择合适的时间段进行记录，但要求要准确反映真实情况，并且要做到及时记录。音像记录则原则上要求做到同时记录，因为音像器械自身的特性，能实现同步记录的功能，且因为记录现场不可再现，无法在事件重演记录现场重新录音或者录像，所以要求音像记录的主体内容要做到同步，而其他签名和配备文字辅佐记录的工作则可以事后进行。

"市、县（市、区）人民政府将文明行为促进工作纳入国民经济和社会发展规划，并在公共财政预算中统筹安排专项资金，保障文明行为促进工作的正常开展"，该规定的依据是《地方各级人民代表大会和地方各级人民政府组织法》第 59 条第（五）项的规定："……（五）执行国民经济和社会发展计划、预算，管理本行政区域内的经济、教育、科学、文化、卫生、体育事业、环境和资源保护、城乡建设事业和财政、民政、公安、民族事务、司法行政、监察、计划生育等行政工作；……"由此可见，市、县（市、区）人民政府应当将文明行为促进工作纳入国民经济和社会发展规划，并在公共财政预算中统筹安排专项资金。韶关市的创建全国文明城市工作是韶关市委和市政府作出的事关韶关市发展大局的重大决策，《促进条例》是在 2018 年下半年，由市创文办、市文明办主动对接市人大常委会提出的，并由市人大常委会通过并颁布的，所以将文明行为促进工作纳入政府工作的规划之中是职责所在。《韶关市国民经济和社会发展第十三个五年规划纲要》指出，在十三五规划期间要促进物质文明和精神文明协调发展，推进文明城市、文明村镇、文明单位、文明家庭、美丽乡村创建活动，提升城乡文明程度，努力创建全国文明城市。此外，韶关市政府每年的政府工作报告都出现了文明城市创建工作相关的篇幅，体现了政府认真承担文明城市创建工作的职责。2020 年是"十三五"规划的收官之年，同时也是启动编制好"十四五"规划的关键时期，政府要继续重视文明行为促进工作，深入研判、深入调查、科学决策，将文明行为促进工作纳入"十四五"规划纲要，为未来五年文明行为促进工作定好基调，提供发展蓝图。

除了将文明行为促进工作纳入国民经济和社会发展规划外，还要在公共财政预算中统筹安排专项资金为保障文明行为促进工作的正常开展提供人力和财力支撑。财政预算是政府财政收支计划情况的集中反映，一般包括财政收入和财政支出。财政收支稳定是一个政府得以正常运转，履行其公共管理服务职能的基础。在我国，每年从中央到地方的两会期间，政府都会依惯例提交政府财政预算给人大会议审议批准。只有经过了人大会议表决通过，政府的财政预算才能生效。财政预算生效后，政府必须要按照财政预算处置每一项财政收支，完成提前制定的财政计划。如果在执行财政预算中，出现了新的情况，导致原先制定的财政计划无法继续进行，则需要政府不断地按照规定调整预算计划，组织新的预算平衡。严格执行财政预算制度，有利于积极应对各种突发的风险和挑战，妥善处理需要政府提供财政救助的社会性问题，发挥政府财政性政策在推动社会经济平稳健康发展中的作用。我国《预算法》从预算管理职权、预算收支范围、预算编制、预算审查和批准、预算执行、预算调整、决算、监督、法律责任等方面就如何开展预算工作进行了规定，体现了财政权利义务法定、财政民主、财政健全、财政平等等原则，这样有利于政府规范理财行为，促进社会公平，保障经济发展，避免出现像希腊债务危机那样的导致国家和政府破产的情况发生。在公共财政预算中统筹安排专项资金保障文明促进工作的正常开展是政府在将来编制财政预算的一项重要任务。2020年8月召开的韶关市宣传贯彻《韶关市文明行为促进条例》暨创建全国文明城市攻坚现场会，韶关市时任市长王瑞军指出："要创新机制，加强部门联动，做好经费保障，强化创建举措，以强大合力决战决胜全国文明城市创建工作，向全市人民交出一份满意答卷。"[1]

二、建立公共居住单位工作负责机制

"镇（乡）人民政府、街道办事处应当指导村民委员会、居民委员会、小区业主委员会制定文明行为公约，并在职责范围内做好文明行为促进工作。"《促进条例》对镇（乡）人民政府、街道办事处规定了文明行为促进工作的基本工作职责。根据《地方各级人民代表大会和地方各级人民政府组织法》第61条的规定："乡、民族乡、镇的人民政府行使下列职权：（一）执行本级人民代表大会的决议和上级国家行政机关的决定和命令，发布决定和命令；（二）执行本行政区域内的经济和社会发展计划、预算，管理本行政区域内的经济、教育、科学、文化、卫生、体育事业和财政、民政、公安、司法行政、计划生育等行政工作；……（七）办理上级人民政府交办的其他事项。"因此，镇（乡）人民政府、街道办事处应当依照上级政府部门制定的文明行为促进工作计划，做好自己职责范围内的文明行为促进工作，同时要主动作为，根据本地实际情况，开展反映地方特色的文明行为促进活动，让当地的文明行为促进工作出新、出色、出众、出彩，为本市的文明行为促进工作提供更多成功的案例。

---

〔1〕　参见 https://www.sg.gov.cn/gkmlpt/content/1/1856/post_ 1856537.html#6099，2020年5月10日访问。

"镇（乡）人民政府、街道办事处应当指导村民委员会、居民委员会、小区业主委员会制定文明行为公约"，体现了镇（乡）人民政府、街道办事处有职责指导村民委员会、居民委员会和小区业主开展文明行为相关活动，在《促进条例》的范畴内制定文明行为公约。《村民委员会组织法》第5条规定："乡、民族乡、镇的人民政府对村民委员会的工作给予指导、支持和帮助，但是不得干预依法属于村民自治范围内的事项。村民委员会协助乡、民族乡、镇的人民政府开展工作。"《城市居民委员会组织法》第2条第2款规定："不设区的市、市辖区的人民政府或者它的派出机关对居民委员会的工作给予指导、支持和帮助。居民委员会协助不设区的市、市辖区的人民政府或者它的派出机关开展工作。"由此可见，虽然村民委员会和居民委员会是群众性自治组织，镇（乡）人民政府、街道办事处与其不属于行政体制内的上下级领导关系，但是镇（乡）人民政府、街道办事处作为最基层的行政机关仍然负有对村民委员会和居民委员会的工作给予指导、支持和帮助的职责。从村（居）民委员会组织法里规定的工作任务可以看出，它们都负有开展多种形式的社会主义精神文明建设活动的职责。因此可以理解为，不只是《促进条例》首创要求村（居）民委员会承担开展文明行为促进工作的职责，上位法也有相关规定。

随着我国社会自治水平的不断提高，村规民约、居民公约、行业守则等自治组织制定的自治规范不断涌现，其虽然没有国家强制力保证实施，靠道德、舆论进行约束，也日益成为人民生产生活的重要行为规范，对促进社会交往和经济往来起到了非常重要的作用。党的十九大报告指出，要实施振兴乡村战略，发展自治、德治、法治相结合的乡村治理体系，因此发挥村规民约在乡村治理中的作用成为基层党组织领导开展乡村治理新局面的一项重要举措。为了指导落实十九大报告提出的乡村治理新模式，2018年12月，民政部、中央组织部、中央政法委、中央文明办、司法部、农业农村部、全国妇联联合出台《关于做好村规民约和居民公约工作的指导意见》，提出到 2020 年全国所有村、社区普遍制定或修订形成务实管用的村规民约、居民公约的工作总要求，并就村规民约和居民公约的主要内容、制定程序、监督落实和组织领导提出具体的指导意见。该意见指出，"各级党委和政府要高度重视，将指导规范村规民约和居民公约工作作为加强基层社会治理的重要内容，加强组织领导和具体推动。……乡镇党委、政府（街道党工委、办事处）要严格履行主体责任，加强指导、严格把关，具体推动落实，及时发现并研究解决有关问题"。村规民约和居民公约规范的对象是村（居）民自治组织内容的人和事，但也影响到整个基层治理体系的完善发展，如若存在个别村（居）自治组织制定的村规民约和居民公约违反宪法、法律，或者严重违反社会公德，甚至与社会主义民主相违背，则可能产生恶劣的社会影响，蔓延到其他地区，所以要加强党和基层行政机关对制定村规民约和居民公约的指导，把严质量关。

《村民委员会组织法》第 27 条第 1 款规定："村民会议可以制定和修改村民自治章程、村规民约，并报乡、民族乡、镇的人民政府备案。"《城市居民委员会组织法》第 15 条第 1 款规定："居民公约由居民会议讨论制定，报不设区的市、市辖区的人民政府或者它的派出机关备案，由居民委员会监督执行。居民应当遵守居民会议的决议和居民公约。"由此可见，政府对村规民约和居民公约的指导不是直接参与制定过程，而是通过备案审查以及监督的形式，对存在违法违规、侵犯国家、集体和公民合法权益的情形，及时提出修改意见，对于制定的内容流于形式和制定程序中存在违背民意的情形，要对相关责任人员进行批评教育，通过合理的方式使违反者诚心悔悟。

《促进条例》第 6 条第 3 款规定："村民委员会、居民委员会应当将文明行为规范纳入村规民约和居民公约，协助镇（乡）人民政府、街道办事处推进文明行为促进工作，加强对文明行为的宣传和引导。"《村民委员会组织法》第 9 条第 1 款规定："村民委员会应当宣传宪法、法律、法规和国家的政策，……开展多种形式的社会主义精神文明建设活动；"《城市居民委员会组织法》第 3 条第（一）项关于居民委员会的任务规定。"宣传宪法、法律、法规和国家的政策，维护居民的合法权益，教育居民履行依法应尽的义务，爱护公共财产，开展多种形式的社会主义精神文明建设活动。"因此，村民委员会、居民委员会在制定或者修改村规民约和居民公约时，应当将文明行为规范纳入其中，让文明行为规范融入与人们日常生活息息相关的村规民约和居民公约中，这有利于文明规范从地方性法规延伸到村规民约和居民公约，提高人民群众的认知度和认同感。同时，村民委员会和居民委员会也有责任协助和配合镇（乡）人民政府、街道办事处开展工作，因此文明行为促进工作也不例外，需要发挥基层自治组织紧密联系群众的作用，协助《促进条例》的宣传落实工作，引导人们养成文明的行为习惯。

第七条　【部门职责】

市、县（市、区）公安、城市管理、综合执法、教育、文化、旅游、交通运输、卫生健康、财政等有关行政主管部门应当按照各自职责分工，做好本行政区域的文明行为促进工作。

负有执法职责的行政主管部门应当将文明行为纳入岗位工作规范，文明执法，依法对不文明行为进行监督管理。

【导读与释义】

本条是《促进条例》关于部门职责的规定。

《促进条例》能够真正落地实施，除了需要精神文明建设委员会及其办公室等主管单位做好统筹规划工作，政府把文明行为促进工作纳入国家经济和社会发展规划，在公共预算中统筹安排专项资金保障文明行为促进工作的正常开展外，还需要政府行政管理部门按照各自的职责分工，做好本行政区域内的文明行为促进工作。由于《促进条例》的文明行为规范涵盖政务服务文明行为、公共服务文明行为、国家机关工作人员文明行为、公共秩序文明行为、公共环境文明行为、公共卫生文明行为、网络文明行为、健康生活方式、文明出行行为、文明就医行为、文明旅游行为、社区文明行为、乡村文明行为等，所以要使这十三种文明行为规范得到遵循，就需要公安、城市管理、综合执法、教育、文化、旅游、交通运输、卫生健康、财政等职能部门联合行动，在本部门职能范围内做好相关法律法规规章以及《促进条例》规定的文明行为促进工作。

《新时代公民道德建设实施纲要》第7点"关于加强组织领导对相关职能部门的工作"提出了相应的工作要求，指出："加强新时代公民道德建设，是推进中国特色社会主义事业的一项基础性、战略性工程。要坚持和加强党的领导，增强'四个意识'，坚定'四个自信'，做到'两个维护'，确保公民道德建设的正确方向。各级党委和政府要担负起公民道德建设的领导责任，将其摆上重要议事日程，纳入全局工作谋划推进，有机融入经济社会发展各方面。纪检监察机关和组织、统战、政法、网信、经济、外交、教育、科技、卫生健康、交通运输、民政、文化和旅游、民族宗教、农业农村、自然资源、生态环境等党政部门，要紧密结合工作职能，积极履行公民道德建设责任。发挥基层党组织和党员在新时代公民道德建设中的战斗堡垒作用和先锋模范作用。工会、共青团、妇联等群团组织，各民主党派和工商联，要积极发挥自身优势，共同推动公民道德建设。各级文明委和党委宣传部要切实履行指导、协调、组织职能，统筹力量、精心实施、加强督查，抓好工作任务落实。注重分析评估公民道德建设的进展和成效，及时总结推广成功经验和创新做法，加强道德领域重大理论和实践问题研究，推动形成公民道德建设蓬勃开展、深入发展的良好局面。"

一、应当明确各工作部门的工作职责及分工

在文明行为促进工作中，政府相关部门所承担的职责是各不相同的。根据《促进条例》以及相关法律法规的规定，应在文明行为促进工作主管单位的统一领导、协调下开展文明行为促进工作。

（一）公安部门的职责

（1）处理不文明行为引发的矛盾纠纷，指挥应对突发性公共安全事件。

（2）提倡参加展览会、博览会和观看文艺演出、体育比赛等活动时，注重礼仪，用语文明，服从管理，维护场地整洁。维护文化、体育等大型群众性活动的秩序。

（3）鼓励公民自觉维护网络安全和网络秩序，文明上网。维护网络安全和网络秩序，打击利用网络开展的各项违法犯罪活动。

（4）提倡保护野生动物，打击非法食用、买卖野生动物及其制品活动。

（5）提倡健康的生活方式，相信科学，拒绝迷信。开展黄、赌、毒、封建迷信等专项打击活动。

（6）鼓励公民文明出行，自觉遵守文明行为规范。重点治理行人翻越道路隔离设施，在盲道、人行通道等非车辆停放场地停放车辆；自行车、助力车、电动车、三轮车等非机动车辆逆行、随意横穿机动车道；行人、非机动车闯红灯；违规使用远光灯等违反道路交通法律法规的行为。维护交通运输安全，打击破坏交通和危险驾驶等犯罪活动。

（7）鼓励文明就医，处理医疗纠纷中发生涉嫌违反治安管理行为或者犯罪行为活动。

（8）鼓励文明旅游，处理不服从景区景点管理，破坏旅游公共设施，破坏、损毁文物古迹等文化旅游资源等行为。

（9）法律法规规章规定的其他职责。

（二）城市管理部门的职责

（1）拟订城市市容和环境卫生发展规划并监督实施，指导和监督全市城乡市容和环境卫生工作。鼓励参加展览会、博览会和观看文艺演出、体育比赛等活动时，注重礼仪，用语文明，服从管理，维护场地整洁；参加健身、广场舞、演唱会等群众性文体活动时，尊重他人合法权益，做到不扰民。

（2）组织、指导、监督、考核全市城市管理和行政执法工作。鼓励在公共场所不大声喧哗、争吵、谩骂；不采摘花草、践踏公共绿地、花圃等；不占用公共场所，不损坏公用设施，不躺卧公共座椅；不在办公楼道、电梯等公共场所内吸烟；不违规摆设摊点、占道经营；在公共场所咳嗽、打喷嚏时遮掩口鼻，患有呼吸道传染性疾病的外出时应当佩戴口罩。

（3）鼓励爱护公共卫生环境。文明如厕，维护公共厕所的清洁卫生；遛狗时应当使用牵引绳，给犬只佩戴嘴套，主动避让行人，并即时清理其排泄物。

（4）承担规范、指导村镇建设和风景名胜区建设管理的责任。指导村镇建设、农村住房建设和风景名胜区建设工作，负责城市公园的管理。指导旅游景区景点公共设施建设，鼓励共同爱护景区景点的环境卫生，保护生态环境，自觉将垃圾投入指定地点。

（5）负责公共租赁住房的规划建设和分配管理工作，宣传好社区文明行为的相关工作，鼓励爱护社区公共环境，积极参与楼院、社区的绿化、美化活动；爱护和合理使用社区共用设施、设备，不侵占社区公共场所、不损坏社区治安、消防、文娱、通讯、强弱电等公共设施、设备；不违法搭建建筑物、构筑物和建造地下空间；自觉将车辆停放在规定的区域和车库内，不占用他人车位，不以设置障碍物等形式侵占公共停车位。

（6）法律法规规章规定的其他职责。

（三）综合执法部门的职责

（1）根据市容环境卫生管理方面法律、法规和规章规定的行政处罚权，对于不配合城市管理举办大型展览会、博览会和文艺演出、体育比赛等活动严重破坏城市卫生整洁，扰乱他人正常的工作生活和其他公共秩序的不文明行为，进行相应的处罚。

（2）根据市容环境卫生管理方面法律、法规和规章规定的行政处罚权，对于占用公共场所，损坏公用设施；违规摆设摊点、占道经营，房屋装修时不按照规定时间文明施工，产生的噪声、粉尘和污水等对社区环境和他人正常生活的影响，视情节轻重，给予相应的处置。

（3）根据城市规划管理方面的法律、法规和规章，对于侵占社区公共场所、违法搭建建筑物、构筑物和建造地下空间，占用他人车位、设置障碍物等形式侵占公共停车位等情形的，视情节轻重，给予相应的处置。

（4）根据城市绿化管理方面法律、法规和规章规定的行政处罚权，对于严重采摘花草、践踏公共绿地、花圃；擅自砍伐城市树木；砍伐、擅自迁移古树名木或者因养护不善致使古树名木受到损伤或者死亡的；损坏城市绿化设施等行为进行相应的处罚。

（5）根据旅游、环境文物保护方面的法律、法规和规章，对于不服从景区景点管理，不爱护景区景点的环境卫生，破坏保护生态环境；损坏旅游公共设施，破坏、损毁文物古迹等文化旅游资源的，视情节轻重，给予相应的处罚。

（6）根据市政管理方面的法律、法规和规章，对于损坏社区治安、消防、文娱、通讯、强弱电等公共设施、设备的，视情节轻重，给予相应的处罚。

（7）根据城市环境保护方面的法律、法规和规章，对于遛狗时不使用牵引绳，不给犬只佩戴嘴套，不主动避让行人，不即时清理其排泄物，情节严重的，给予相应的处罚。

（8）根据道路交通安全管理方面的法律、法规和规章，对于在公共交通车辆上霸占座位、干扰驾驶，驾驶车辆互相追逐竞驶，电动摩托车、电动自行车骑乘人员不佩戴头盔、逆行等情形，视情节轻重，给予相应的处罚。

（9）根据治安管理方面的法律、法规和规章，对于在医疗机构焚烧祭祀用品、搭建灵堂、摆放花圈挽幛以及法律法规规定的其他扰乱医疗机构正常秩序的行为，视情节轻重，给予相应的处置。

（10）根据传染病防治方面的法律、法规和规章，对于患有呼吸道传染性疾病的外出时不佩戴口罩的，视情节轻重，给予相应的处置。

（11）根据网络安全方面的法律、法规和规章，对于在网络上使用网络暴力、进行网络霸凌，侵害他人名誉、隐私、知识产权等合法权益，发帖谩骂、攻击他人，造谣、传谣等情况，视情节轻重，给予相应的处罚。

（12）法律法规规章规定的其他职责。

（四）教育部门的职责

（1）把社会主义核心价值观纳入本市的教育事业发展规划。在校园内开展促进行为文明活动，宣讲《促进条例》，培养教师和学生养成良好的文明行为习惯。

（2）保障素质教育的实施和教育目标的实现。注重进行社会公德、职业道德和家庭美德教育，以主流价值建构道德规范、强化道德认同、指引道德实践。

（3）注重培养学生文明的生活习惯。在托儿所、幼儿园、中小学校、少年宫、青少年活动中心、教育培训机构以及儿童福利院等公共场所设置禁止吸烟标识。

（4）加强网络伦理、网络文明教育。指导学校开展文明使用网络等主题活动，培养文明自律的网络行为，不使用网络进行违法犯罪活动。

（5）倡导文明用餐，勤俭节约。不酗酒不劝酒，使用公筷公勺，采用分餐的健康卫生饮食方式。节约粮食、水、电、煤、燃油、天然气和其他公共资源。

（6）将文明行为纳入考核标准，开展文明行为先进个人评选活动。评选善美教师、文明学生等能激发积极向善，营造和谐文明校园环境的活动。

（7）法律法规规章规定的其他职责。

（五）文化、旅游部门的职责

（1）将文明行为促进工作融入文化、广电、旅游、体育事业发展规划中，提高文化、广电、旅游、体育市场的文明程度。

（2）指导、管理文艺事业，指导艺术创作生产，扶持体现社会主义核心价值观、具有文明行为导向性代表性示范性的文艺作品，推动各门类艺术、各艺术品种发展。

（3）实施文化、广电、体育惠民工程，统筹推进基本公共文化、体育服务标准化、均等化、文明化。

（4）规范文化、体育赛事的内容形式，禁止在公众场合出现低俗、不文明的表演活动。

（5）会同有关部门对网络视听节目服务机构进行管理。审查、监管广播电视节目、网络视听节目、在公共视听载体播放的视听节目的内容和质量，禁止不文明的节目内容出现。

（6）按照规定将图书馆、博物馆、美术馆、群众艺术馆、文化馆（站）、科技馆等公共文化设施向社会免费或优惠开放，鼓励有条件的单位和组织设立风度书房、农家书屋、书刊阅读点、漂流书箱等公益性学习场所。

（7）倡导公民文明旅游，自觉遵守文明行为规范，禁止旅游管理者捆绑式提供旅游服务，使文明旅游成为一种风尚。

（8）法律法规规章规定的其他职责。

（六）交通部门的职责

（1）将文明行为促进工作制定到公路、水路和城市公共交通运输等交通运输行业的发展规划中。

（2）将《促进条例》的相关内容纳入指导监督全市交通运输行政执法工作。

（3）在城市公共交通工具和公路、水路等处张贴宣传文明出行、文明驾驶等标语。

（4）在机场、火车站、汽车客运站设置母婴区（室、座），为孕妇以及携带婴幼儿的乘客提供绿色通道服务。

（5）法律法规规章规定的其他职责。

（七）卫生健康部门的职责

（1）制定并组织实施推进卫生健康基本公共服务均等化、普惠化、便捷化和公共资源向基层延伸等政策措施。在医院、妇幼保健院等医疗机构设置母婴区，做好医疗服务工作，促进文明诊疗、文明就医。

（2）协调推进深化医药卫生体制改革，提出医疗服务和药品价格政策的建议。改善医疗服务，提高医疗质量，预防、减少医疗纠纷。

（3）负责卫生应急工作，组织指导突发公共卫生事件的预防控制和各类突发公共事件的医疗卫生救援；负责传染病防治监督，健全卫生健康综合监督体系；倡导在公共场所咳嗽、打喷嚏时遮掩口鼻，患有呼吸道传染性疾病的人员外出时应当佩戴口罩。

（4）法律法规规章规定的其他职责。

（八）财政部门的职责

（1）负责编制年度预决算草案并组织执行，组织制定文明行为促进工作的经费开支标准、定额。

（2）为各单位部门开展文明行为促进工作提供财政支持。

（3）法律法规规章规定的其他职责。

除了本条文列举的市、县（市、区）公安、城市管理、综合执法、教育、文化、旅游、交通运输、卫生健康、财政等部门负有责任按照各自职责分工，做好本行政区域的文明行为促进工作外，还应当包括民政部门。从《促进条例》全文来看，虽然民政部门的某些职责在《促进条例》中规定到由精神文明建设委员会及其负责机构负责，但仍应当发挥民政部门在推动文明行为促进工作顺利开展中的作用，壮大文明行为工作职能部门大家庭，有利于从全方位、多领域做好文明行为促进工作，让更多职能部门致力于创建文明城市，把工作做细、做实、做好。民政部门的职责包括：①指导实施城乡基层群众自治组织建设和城乡社区建设，指导城乡社区服务体系建设。落实便民措施，提供文明优质服务。②负责社会福利机构的监督管理工作，促进慈善事业发展，组织指导社会捐助工作，指导老年人、孤儿、弃婴（童）、特困供养和残疾人等特殊群体权益保障工作；鼓励扶贫济困、扶老救孤、恤病助残、优抚赈灾、捐资助学、志愿服务等慈善公益活动；鼓励公民无偿献血和自愿捐献骨髓、角膜、器官、遗体。③负责推进婚俗和殡葬改革，负责收养登记管理工作，指导婚姻、殡葬、收养、救助服务机构管理工作。提倡节俭办理婚嫁事宜，拒绝奢华和浪费；文明简约殡葬、祭祀，不随意焚烧、抛撒、处置祭祀物品。④法律法规规章规定的其他职责。

二、建立文明执法的工作规范

"负有执法职责的行政主管部门应当将文明行为纳入岗位工作规范，文明执法，依法对不文明行为进行监督管理"，这是对具有行政执法权限的行政部门提出了要把《促进条例》规定的文明行为相关工作纳入行政执法的范围，依法文明执法，做好对不文明行为的监督管理工作。《促进条例》规定的具有行政执法权限的部门主要有公安、城市管理、综合执法等相关部门，对于其他没有执法权限的职责部门在文明行为促进工作中需要执法部门协助时，相关执法部门应该积极主动配合，共同把文明行为促进工作做好。本条在结合相关职能部门的工作职责的基础上，附加了负有文明行为促进工作的职责。因此，通过职责部门的职责可以了解具体哪个部门负责哪一方面的文明促进工作，以及要实现什么样的行政效果。但是，对于该如何履行好文明促进工作的职责，并没有作出具体的规定，特别是行政执法部门，这就需要执法部门内部将文明行为纳入岗位工作规范，或者提请制定专门的文明行为工作细则，具体规定由哪些科室的执法人员负责相关文明执法工作、具体的执法流程、执法责任等。只有把文明行为纳入岗位工作规范，才能给文明执法工作提供一个参考的尺度，做到依法执法、科学执法、民主执法、文明执法、安全执法。

第八条　【共同参与】

文明行为促进是全社会的共同责任。任何组织或者个人应当结合自身实际，积极参与文明行为促进工作。

【导读与释义】

本条是《促进条例》关于鼓励共同参与文明行为促进工作的规定。

一、社会治理需要多方主体共同参与

十八大以来，我国深化改革，社会治理逐步从政府管理转变为政府主导、多方参与的治理模式，改变了"大政府-小社会"的传统治理模式，让社会主体参与社会治理成为一种社会治理的新探索。十九大报告指出：要打造共建共治共享的社会治理格局。十九届四中全会进一步指出：要坚持和完善共建共治共享的社会治理制度，保持社会稳定、维护国家安全。社会治理是坚持和完善中国特色社会主义制度，推进国家治理体系和治理能力现代化的关键一环，只有社会治理好了，才能为国家提供一个稳定的内部环境，才能为人民提供一个安居乐业、平安有序的社会环境，才能进一步增进人民福祉，实现党和政府为人民服务的宗旨。十九大报告对共建共治共享的社会治理提出了工作总要求："必须加强和创新社会治理，完善党委领导、政府负责、民主协商、社会协同、公众参与、法治保障、科技支撑的社会治理体系，建设人人有责、人人尽责、人人享有的社会治理共同体。"由此可见，要构建高水平的社会治理体系，就要创新社会治理，加强社会协同、公众参与，扩大社会治理主体的"朋友圈"，让更多的社会组织和个人加入参与社会治理的行列，集民心、汇民智、聚民力，让社会治理融入更多新鲜血液，焕发出更加强劲的发展动力。

二、增强全社会参与文明行为促进工作的责任感和积极性

本条倡导文明行为促进工作是全社会的责任，需要全社会共同参与、投身到文明行为促进工作中来，这体现了"共建共治共享"的社会治理理念，紧跟我国社会治理规律，是对党和国家社会治理政策的正面反映。十八大以来，我国陆续提出了打造"人类命运共同体""社会治理共同体""法律共同体"等理念，这是我国为国内乃至全球可持续发展提出的中国智慧、中国方案、中国对策。反映在社会治理层面的"社会治理共同体"，则折射出经过改革开放 40 多年以来对社会治理的探索，我国总结出了社会治理要与政治、经济、文化、环境等方面协调发展，更反映出了我国的基本国情。当前，我国物质财富不断丰富，人民生活水平不断提高，综合国力不断增强，社会的矛盾已经转化成人民日益增长的美好生活需要和不平衡不充分的发展之间的矛盾，反映到社会治理层面，就是人民群众对社会治理提出了更高的要求，过去政府"大包大揽"的治理模式逐渐不适合当前社会治理的需要。如果不进行调整，不但不能提升社会治理的效率，还会阻碍社会的发展，这可能会产生连锁反应，对国家政治体制改革和经济转向高质量发展起到负面的影响，阻滞我国全面深化改革的进程。因此，在创新社会治理过程中，让社会组织、个人等多元主体共同参与进来是对"共同参与、共同协商、共同理事、共同分享，形成人人参与、人人有责、人人享有的社会治理共同体"[1]的真实反映。

（一）社会治理主体单一，社会多元主体参与社会治理发挥的作用不够

在过去计划经济时代，强调单一制的社会管理体制，为了维护社会

---

〔1〕　参见"打造共建共治共享的社会治理格局"，载 http://www.cssn.cn/zzx/ggxzygl_ zzx/ 201911/t20191128_ 5050136. shtml，2020 年 10 月 5 日访问。

稳定，实行严格的户籍管理制度，我国社会治理管住了人，但也抑制住了社会发展的活力。随着我国经济体制的转变，市场在社会资源配置中逐渐起决定性作用，中国特色社会主义市场经济飞跃发展，盘活了整个社会的创造活力，社会分工越来越细，情况也越来越复杂，政府无法及时应对这些给原有社会治理体制带来的冲击。这就迫切需要更多的治理主体参与到社会治理之中，使社会治理向社会化、专业化方向发展。但是，过去的政府囿于要把权力牢牢掌握在自己手中，发挥集体办大事的社会治理思维，并没有将社会治理的"权力"过渡给其他社会组织，导致政府在社会治理中偶有失灵的情况。为了应对这种情况，处于我国改革开放前沿阵地的深圳等地尝试聘用社会工作者参与到社会治理的过程中，并逐渐凸显了其在社会治理的专业领域（例如精神病人防治、社区矫正以及个案援助等）发挥的比政府治理更有成效的作用。这虽然在社会上引起了巨大的反响，全国各地纷纷设立社工组织，并积极参与到社会治理当中。但当前我国社会组织无论从数量、规模还是服务质量上都无法承担起社会治理主体的职责，加上社会组织自身资质参差不齐，工作人员专业水平和整体素质等不高，导致其在社会治理中发挥的作用不够，这亟须提高社会组织的社会治理水平。[1]

（二）社会治理方式混乱，缺乏规范化治理

近年来，社会基层治理虽然呈现出一些好的苗头，例如社会组织的参与，科学技术植入社会治理的过程中等，但仍然存在一少部分基层政府在社会治理工作中乱作为的现象，从而导致一些涉及社会公共安全的群体性事件出现。如上文所述，虽然部分地方通过购买服务等形式，把社工组织引入社会治理过程中，但对于社工组织的管理和工作运转方式强制适用政府体制的原有模式，固化了社工组织的工作形式，使其无法发挥其灵活、多元、专业的工作形式的作用。

---

[1] 参见张欣："打造新时代共建共治共享社会治理新格局"，载《党政干部学刊》2020年第4期。

　　由于社会治理具有复杂性，所以在治理过程中要求配备相应的规范细则来指导社会治理则变得越来越必要。但现实的情况是，关于社会治理的工作细则多是"粗犷型"的，没有根据涉及事务的不同进而细分制定，缺乏针对性和操作性。因此，在社会治理过程中出现一些突发情况时，由于没有提前制定相应的应急预案和具体的处理细则，则会让相关的工作人员显得无所适从，无法及时妥善处理好，导致出现严重的或者无可挽回的后果。效仿我国全面建设法治政府，严格要求行政机关要依法行政的做法，在社会治理过程中，也要做到依法治理、依规治理，这里的"规"，应当是指基层行政机关制定或者社会组织制定的，对社会治理工作人员的行为具有约束力，并规定了相应的行为责任的规范性文件。规范制定社会治理的工作细则，不但能给治理工作提供一个可参考、可衡量的标准，在处理相关社会问题时有一个相对统一的处理方式，避免"同案不同判"的情形发生，还可以让人民群众在从事社会活动过程中，参考相应的治理规范，进行相应的预判，避免自己的行为产生对社会和他人不利的后果。由此可知，为了进一步提高社会治理水平，促进治理能力现代化建设，就需要规范治理流程和工作方式，把治理工作规划做细、做实、做好。

第二章　文明行为规范

　　本章是《促进条例》对文明行为促进工作中各主体要求遵守的文明行为规范。由政务服务文明行为、公共服务文明行为、国家机关工作人员文明行为、公共秩序文明行为、公共环境文明行为、公共卫生文明行为、网络文明行为、健康生活方式、文明出行行为、文明就医行为、文明旅游行为、社区文明行为、乡村文明行为等方面的文明行为规范具体展开。文明行为规范内涵丰富，囊括范围广泛，其中包括法律法规已有规定要求实行或遵守的行为规范，也有将道德文明行为规范上升为《促进条例》中具有法律约束力的行为规范。

　　政务服务、公共服务、国家机关工作人员的文明行为规范是我国在新时代开启全面建设中国特色社会主义现代化过程中深化供给侧改革，让人民群众满意，在参与社会治理、办理事项过程中感受到获得感、幸福感的行政工作改革前进方向。文明社会的管理者、服务提供者应当首先遵守和践行文明行为规范，树立文明守正之风，为人民群众提供与社会主义现代化相当的文明行政公共服务。公共场所文明有序、礼让他人、服从秩序；爱护、创造良好的公共环境卫生、通行条件；维护公共卫生，避免病菌滋生和疾病传播；践行健康的生活方式，勤俭节约，文明上网；出行、就医、旅游遵守规定，相互尊重，服从管理；自觉爱护、守护公共居住的社区、乡村，这些文明行为规范都是组成现代文明社会的基本要素。社会成员是否遵守文明行为规范，在一定程度上代表了社会文明程度的水平，在此便是影响韶关市文明建设的内在动因。全社会的成员都应当参与到文明行为促进工作当中来，学习共建共享的社会文明潮流，培育和践行社会主义核心价值观，为追求幸福美好的生活而创建一个有益于全体社会成员发展与进步的现代化文明社会。

第九条　【政务服务文明行为】

市、县（市、区）行政机关和其他国家机关应当完善政务服务办事流程，简化办事程序，合理设置现场办理窗口，推广网上预约、网上办理等便民高效政务服务方式。

【导读与释义】

本条是《促进条例》关于要求市辖区内各行政机关和其他国家机关应当规范并提供文明政务服务的规定。

一、行政机关权限设置背景对政务服务的影响

由于我国行政机关权限设置比较广泛，行政服务办理程序也有相应的工作规章制度，人民群众可能会误认为行政机关办事不力、不公。这也是地方各级党委和政府在实际调研中总结、聚焦出企业和群众反映出来的"办事难、程序慢、要求繁多、多头来回跑"等问题的主要原因之一。此外，行政机关之间权限相互独立，内部公共行政服务信息不能完全共通、共享，一些行政机关工作人员和其他国家机关工作人员在提供公共行政服务时缺乏耐心、体现出不文明的行政服务提供方式等行政机关内部因素也是其中群众所反映问题的诱因。十八大以来，根据党中央的决策和部署，地方各级党委和政府认真贯彻落实相关政策及部署，切实践行以人民为中心的发展思想及为人民服务的行政服务宗旨，针对性地关注人民群众普遍反映的行政机关办事问题，扎实推进党和国家要求简政放权、放和管相结合、不断优化服务改革等深化改革措施。习近平总书记在十九大报告中指出：全党要深刻领会新时代中国特色社会主思想的精神实质和丰富内涵，在各项工作中全面准确贯彻落实。坚持以人民为中心。人民是历史的创造者，是决定党和国家前途命运的根本力量。必须坚持人民主体地位，坚持立党为公、执政为民，践行全心全意为人民服务的根本宗旨，把党的群众路线贯彻到治国理政全部活动之中，把人民对美好生活的向往作为奋斗目标，依靠人民创造历史伟业。这是构成新时代坚持和发展中国特色社会主义的基本方略的其中一个方面，同时结合十九届二中、十九届三中全会的会议精神，以习近平新时代中国特色社会主义思想为指导，加大转变政府职能和简政放权力度。为此，中共中央办公厅、国务院办公厅印发了《关于深入推进审批服务便民化的指导意见》（以下简称《便民意见》），旨在围绕直接面向企业和群众、依申请办理的行政审批和公共服务事项，推动审批服务理念、制度、作风全方位深层次变革，着力打造"宽进、快办、严管、便民、公开"的审批服务模式，为了最大限度减少企业和群众跑政府的次数，从而不断优化办事创业和营商环境，切实增强政府公信力和执行力，推动政府治理体系和治理能力现代化，建设人民满意的服务型政府。

二、推进文明政务服务基本原则及步骤

推进政务服务文明行为的落实首先要求行政机关坚持四个基本原则：①坚持以人民为中心。政务服务文明体现在政府把党的群众路线完完全全地贯彻到政府的行政审批服务工作便民化的全过程，实实在在地服务好、办好企业和人民群众依申请的事项，让人民群众切实成为政务服务文明行为改革的受益者。②坚持改革与法治辩证统一思维。在法治框架下不断推进改革，利用创新方式提供政务服务；在深化改革中不断完善法治，集中破除现实中政务服务体制机制的障碍和缺陷，力求在行之有效的体制机制基础之上稳中推进建立更加完善、科学规范的服务体系。③坚持放管结合。这是更好地推进简政放权和转变政府职能，建设宽进严管的服务型文明政府的要求之一。④坚持体制创新与"互联网+"融合促进。我国互联网和信息技术发展有目共睹，新时代建设中国特色社会主义道路更应当强化互联网思维，以互联网信息技术推动政府管理创新和服务机制创新，为人民群众提供更为便捷智能、明晰高效的政务服务。

因此，韶关市在当前我国坚持和建设新时代中国特色社会主义道路和国家建设现代化法治政府，坚持国家治理体系和治理能力现代化的总体目标的背景下制定《促进条例》无疑是具有重大法治意义的，同时也是坚持贯彻党中央和国家相关政策导向的具体体现。本市为能提供现代化法治要求的文明政务服务需要明确做到从根源上完善政务服务办事流程，简化办事程序，废除不必要的"手续""盖章"，务必实实在在为人民群众办好事，这样才能更好办事，使政府群众双方都对办事程序、结果满意。

各政府部门完善办事流程应当做到：

（1）建立便捷、精确的办事信息获取渠道，并重新制作办事指引，在对应的办公场所设置明显的提示标识。另外，可以通过受众较为广泛的方式提前公布相关的办事指引，如行政机关的政务微信公众号、新浪微博号、新闻头条号等信息化的互联网方式，积极向人民群众推广相关文明政务服务的工作指引。这是完善办事流程的第一步，也是关键的一步。做好相关工作指引，不仅能让人民群众更好地了解办事流程，提前做好充分准备，避免"多次跑"等问题；而且还能加强对政府行政工作的监督制约，市辖区内各级政府应当按照工作流程办好人民群众依申请事项，间接上就制约了政府工作人员作出不符合工作流程的行为。

（2）梳理公布政府权责清单和公共服务事项清单，并在此基础上订立一个工作标准，即以企业和群众办好"一件事"为标准，进一步提高政务服务效能。

（3）根据申请事项的性质加快办事效率。合法合规的事项应当在工作进程中被优先处理，需要更为严格的申请条件的减少处理"次数"，如《便民意见》的主要任务第1项指出：推动一般事项"不见面"、复杂事项"一次办"，符合法定受理条件、申报材料齐全的原则上一次办结；需要现场踏勘、技术审查、听证论证的，实行马上响应、联合办理和限时办结。

（4）推动政务服务工作窗口的合理设置和推广网上办理方式。我国各地政府普遍推进行政服务大厅的政务工作方式，多个行政部门在其中设置各自的办事窗口，但由于人民群众办理的事项多种多样，针对有些事项是大多数人民群众都会办理的可适当增加办理窗口，如税务、市场监督管理、住房公积金方面的事项；相反，针对人民群众办理热度相对来说没有那么高的事项则可适当减少办理窗口或设置归类化的"兼容窗口"，合理设置政务服务办理窗口可以对政务服务办事效率产生积极的影响。十八大以后，广东省人民政府办公厅为了融合广东省各地方政府网上提供政务服务，设立政务网站"广东省网上办事大厅"，为企业和人民群众办事、咨询、投诉等提供了一种"足不出户"的便捷途径，越来越多的政府部门将其工作接入这个网上政务平台，大大方便了人民群众的办事需要。为深入贯彻党的十九大精神，落实党中央和国务院"互联网+政务服务"重大战略以及广东省"数字政府"改革建设部署，按照国务院推进全国一体化在线政务服务平台建设总体要求，将原"广东省网上办事大厅"升级改造为"广东政务服务网"，并于2018年9月20日正式上线。根据介绍，"广东政务服务网"以便利民生服务、营造高水平营商环境为目标，全面集成省、市、县、镇、村五级政务服务事项，同时还提供各类高频"便民利企"主题服务，有力支撑全省网上政务服务"一网通办"。截至2020年10月，该政务服务平台已有177个省级部门、1016个市级部门、4675个区（县）级部门进驻，持续为企业、公民提供便捷高效的政务服务。本市辖区内各政府部门为促进提供文明政务服务，应当将相关政务工作尽快接入"广东政务服务网"，已经接入的应当继续完善网上平台的政务服务提供工作。继续推动实施网上预约政务服务方式，人民群众通过预先在网上预约政务需求，减少不必要的现场排队等待时间，体验到更为高效的政务服务；若不熟悉网上政务的人民群众也可直接到对应行政机关办公场所办理事项，有了网上预约的"线上"分流，"线下"也可以调配出办理事项等待时间相对较少从而办事效率提高的结果。

目前，根据网上政务平台的实施情况，绝大部分事项人民群众都可以通过网上政务平台办理，通过个人或法人身份验证后的对应账号即可申请提交政务服务需求，如网上咨询行政事项、网上申诉和投诉、网上办理业务等，推动文明建设政务服务并将最终实现"线下"和"线上"两条线并重、两条线相结合。扎实推进网上办理和网上咨询：①积极推进公共服务事项网上办理。推动实体政务大厅向网上办事大厅延伸，凡具备网上办理条件的事项，都要通过各级政务服务平台，推广实行网上受理、网上办理、网上反馈，实现办理进度和办理结果网上实时查询；暂不具备网上办理条件的事项，要通过各级政务服务平台，采取多种方式提供全程在线咨询服务，及时解答申请人疑问。②逐步实现公共服务多样化。逐步构建实体政务大厅、网上办事大厅、自助终端、移动客户端等多种形式相结合、相统一的公共服务平台，为群众提供方便快捷的多样化服务。各地各部门根据实际，探索 24 小时自助终端服务，逐步推广移动手机客户端 APP 应用，利用手机客户端方便快捷办理日常生产生活中的公共服务事项。加快实现"互联网+公共服务"，形成现代化、信息化、便捷化的公共服务模式。

（5）推进政务服务"跨省通办"。近年来，党中央、国务院陆续出台一系列审批事项便民措施和文件，要求建立"互联网+政务"的一体化政务服务平台，目前该项目已取得显著成果，为企业、人民群众办理事项提供了便捷畅通的途径。但是，国内各地政府建立的政务服务平台信息不对称，群众若需要异地办事仍会面临不少困难，"多地跑"现象依然存在。为此，应继续推进政务服务改革，接入"跨省通办"，实施服务供给侧改革。《国务院办公厅关于加快推进政务服务"跨省通办"的指导意见》(国办发〔2020〕35号)对政务服务"跨省通办"制度作出了具体规定,并附加"全国高频政务服务'跨省通办'事项清单"明确工作责任。推进政务服务"跨省通办",是转变政府职能、提升政务服务能力的重要途径,是畅通国民经济循环、促进要素自由流动的重要支撑。[1]

文明政务服务应当是全覆盖、细致化、公开化、公平性、便捷性兼具的政务服务。随着社会的高速发展和人民群众思维观念的不断提升,相比传统到现场办理事项更具优势的智能化、数字化的网上平台办理事项将有可能成为主要的政务服务提供方式。

---

〔1〕 参见《国务院办公厅关于加快推进政务服务"跨省通办"的指导意见》(国办发〔2020〕35号)。

第十条　【公共服务文明行为】

公共服务机构应当制定服务标准，明示办事程序，公开服务承诺，落实便民措施，提供文明优质服务。

【导读与释义】

本条是《促进条例》关于要求市辖区内各公共服务机构应当完善并提供文明公共服务的规定。

一、公共服务的含义

首先，明确公共服务并非《促进条例》第9条规定的政务服务，简单来说，二者之间存在比较明显的区别：①服务主体性质不同。政务服务的作出主体是国家行政机关及其部门和其他国家工作部门，基于法律授权范围内作出对应的行政行为，其行为具有职权性；而公共服务的作出主体主要是各级政府工作部门以及有关的国有企事业单位，指定性、强制性中介服务机构，基于行政授权或行政委托向社会群众提供公共服务行为，更加强调其服务性质。②服务对象不同。政务服务主要向具有相对性的个人或企业提供，办理事项往往是单向性、个体性的，对某一个人或企业的同一事项服务结果不会面向社会其他人，也不会影响其他人的权利义务；而公共服务主要是公共服务机构应当向社会全体成员提供的普遍化、均等化的公共服务行为。③服务提供的前提条件不同。政务服务因其是个人或企业需要办理自身事项，应当由其自行向具有办理权限的行政机关或国家工作部门提出申请，即政务服务依申请提供，是被动形式的服务提供方式；公共服务则不需要特定人提出申请，直接由公共服务机构主动向社会全体成员提供，是主动形式的服务提供方式。

对于什么是公共服务，人们有不同的理解。可以说公共服务的内涵是一个不断发展演变的概念，因为公共服务既可以作为一种实践意义上的公共服务，也可以作为一种理论和价值意义上的公共服务。在市场经济早期阶段，英国古典经济学家亚当·斯密提出了著名的"看不见的手"理论。在这一理论中，他认为政府提供公共服务职能主要集中在三个领域：国防安全、行政司法和公共基础设施建设，具体包括道路、桥梁、运河、港口等。亚当·斯密所指的公共服务主要指物质的公共产品，是狭义的公共服务概念。20世纪20、30年代，随着资本主义社会经济危机的出现，以凯恩斯为代表的一些经济学家认为资本主义社会经济危机的根源是有效需求的不足，这是"看不见的手"无法解决的，因此必须依靠政府这只"看得见的手"进行平衡，必须靠政府的财政政策、货币政策、就业政策来促进社会的繁荣和发展，这些宏观政策加上亚当·斯密的公共工程概念就构成了广义的公共服务职能，这一思想长期以来一直是主导西方国家公共服务的指导思想。此后，萨谬尔·森把广义的公共服务归结为三个方面：一是政府的效率职能，主要是提供各种狭义的公共产品和劳务，满足人们生产和生活的共同需要，增进资源配置和使用的宏观经济效率；二是政府的平等职能，主要是解决"一个富人的猫喝到的牛奶，也许正是一个穷人的孩子维持健康所必需的"这类现象；三是政府的稳定职能，能保持宏观经济运行的稳定。但是真正明确提出公共服务概念的是法国公法学者莱昂·狄冀。他认为，那些掌握着权力的人并不能利用公共权力来为自己谋求某种主观权利，而是应该利用手中的权力来组织公共服务，并有义务保障和支配公共服务的顺利进行。所以，他把公共服务定义为："任何因其与社会团结的实现与促进不可分割、而必须由政府来加以规范和控制的活动，就是一项公共服务，只要它具有除非通过政府干预，否则便不能得到保障的特征。"

综上，公共服务是指由政府或公共组织或经过公共授权的组织提供的具有共同消费性质的公共物品和服务。在此，公共服务同样具有了公共物品的特性：一是非排他性。一旦这种公共服务存在，人人可以享用，如便利的交通，使所有乘客都能得到方便快捷的服务。二是非竞争性。就是一个人的消费和收益，不会影响其他人的消费和收益。但在现实生活中，纯粹的公共服务相对较少，大量存在的是"准公共服务"。这就要求政府在生产和供给上采取更加灵活的方式和手段。主要包括以下几种类型：①维护性公共服务，是指确保统治秩序、市场秩序、国家安全的公共服务。包括权利保护的公共服务、维护市场秩序的公共服务、维护社会秩序的公共服务、国防公共服务等。②经济性公共服务，是指政府为促进经济发展而提供的公共服务。可以分为公用事业的公共生产、生产者的公共补贴、公共基础设施建设、环境保护公共服务等。③社会性公共服务，是指政府为促进社会公正与和谐而为全社会提供的平等的公共服务。包括教育公共服务、公共医疗卫生公共服务、社会保障公共服务、就业公共服务等。[1]在传统的公共服务管理模式中，政府是公共服务供给的唯一主体，政府在公共服务管理中扮演着"全能政府"和"慈父"的角色。由于现代公民社会的兴起和公共服务需求的多元化，公共服务管理中的"公私合作伙伴"关系及多元治理模式便应运而生。[2]因此，又有以珍妮特·V.登哈特和罗伯特·B.登哈特为代表人物的学者提出新公共服务理论，为政府管理提出了一个全新的管理模式和管理理念。该理论指出，公共行政是以服务为宗旨的，政府或政府官员的首要任务是帮助公民明确表达并实现公共利益，而不是试图去控制或驾驭社会，即"服务而非掌舵"。[3]新公共服务是一种以公民为服务对象，强调政府公共管理的多元主体和多元参与，以尊重公民权，实现公共利益为目标，

---

[1]　党秀云主编：《民族地区公共服务体系创新研究》，人民出版社 2009 年版。

[2]　党秀云、辛斐："新时期民族地区公共服务管理面临的问题与战略选择"，载《中央民族大学学报（哲学社会科学版）》2010 年第 6 期。

[3]　党秀云、周晓丽："论服务型政府理念下民族自治地区公共服务的有效供给"，载《长春市委党校学报》2007 年第 4 期。

进行社会协调运作的综合治理模式，这一理论的提出为我国现阶段公共服务型政府的建立提供了强有力的支持。具体地说，建立在民主社会公民权理论、社区、公民社会模型和组织人本主义及组织对话理论基础之上的新公共服务理论主要包括七个方面的基本观点。[1]简言之：一是政府的职能是服务，而不是"掌舵"；二是服务公民，而不是顾客；三是公共利益是目标而非副产品；四是重视公民权胜过重视企业家精神；五是在思想上要具有战略性，在行动上要具有民主性；六是承认责任并不简单；七是重视人而不只是重视效率。

二、公共服务体系的发展

近年来，特别是习近平总书记在党的十九大报告中指出，中国特色社会主义进入新时代，并指出社会主要矛盾已经由人民日益增长的物质文化需要同落后的社会生产力之间的矛盾转化为人民日益增长的美好生活需要和不平衡不充分的发展之间的矛盾。时代是表述特定社会历史的范畴，不同社会形态、不同历史时期、不同发展阶段，形成不同内涵的时代。社会主要矛盾是划分时代的基本依据，在社会发展进程中起着主导、支配和决定作用，贯通于时代的各个领域、各个层面。我国社会主要矛盾的变化，表明原有的社会主要矛盾已经被新的社会主要矛盾所替代，标志着中国特色社会主义进入了新时代。新的社会主要矛盾是新时代的重要内涵和基本特征。目前，我国稳定解决了十几亿人的温饱问题，全面建成了小康社会，人民对美好生活的需要日益广泛，不仅对物质文化生活提出了更高要求，而且在民主、法治、公平、正义、安全、环境等方面的要求也日益增长。同时，我国社会生产力水平总体上显著提高，社会生产能力在很多方面进入世界前列，更加突出的问题是发展不平衡不充分，这已经成为满足人民日益增长的美好生活需要的主

---

〔1〕 党秀云、周晓丽："论服务型政府理念下民族自治地区公共服务的有效供给"，载《长春市委党校学报》2007年第4期。

要制约因素。[1]在国家综合实力和经济总量得到稳步提升的历史社会阶段，人民群众对国家、社会、生活等各方面提出了更高的要求。若政府部门作为国家的管理者不能提升自己，积极转变政府职能，为人民群众提供更加全面、均等的公共服务，则可能在一定程度上间接影响国家整体的发展进步。因为落后的公共服务水平无法充分激发社会内需，社会财富积累容易流向能够创造需求的地方。

"十二五"以来，我国已初步构建起覆盖全民的国家基本公共服务制度体系，各级各方面的基本公共服务都得到了落实和提升。义务教育均衡发展深入推进，公共就业创业服务和职业培训被不断强化，进一步健全覆盖城乡的社会保障体系，社会服务保障体系继续完善，现代公共文化服务体系建设积极推进。因此，国务院根据"十三五"规划集中力量解决我国在提供公共服务过程中所存在的主要的不均等问题，于2017年1月23日提出"十三五"推进基本公共服务均等化规划，也构成了本市实施《促进条例》本条规定的上位法依据之一。2021年至2025年是我国"十四五"规划期间，也是我国全面开启社会主义现代化国家建设新征程的第一个五年规划。"十四五"规划的主要目标之一是社会文明程度得到新提高，社会主义核心价值观深入人心，人民思想道德素质、科学文化素质和身心健康素质得到明显提高。目前应当首先分析基本公共服务存在的突出问题，以公共服务"补短板强弱项提质量"为方向，健全地方基本公共服务制度，加强公共服务的投入和保障，提高公共服务的共建、共享水平。基本公共服务是由政府主导、保障全体公民生存和发展基本需要、与经济社会发展水平相适应的公共服务。基本公共服务均等化是指全体公民都能公平可及地获得大致均等的基本公共服务，其核心是促进机会均等，重点是保障人民群众得到基本公共服务的机会，提高基本公共服务均等化水平，而不是简单地平均化。享有基本公共服务是公民

---

〔1〕　参见"社会主要矛盾的变化"，载 http://theory.people.com.cn/n1/2018/0822/c413700-30244011.html，2020年11月5日访问。

的基本权利，保障人人享有基本公共服务是政府的重要职责。推进基本公共服务均等化，是全面建成小康社会的应有之义，对于促进社会公平正义、增进人民福祉、增强全体人民在共建共享发展中的获得感、实现中华民族伟大复兴的中国梦，都具有十分重要的意义。

三、推进文明公共服务工作的核心

本市在实施《促进条例》第10条规定的文明公共服务时需要把握几个核心"公开服务承诺""精简办事程序""提供便民措施"，并当做好以下工作：

（1）全面梳理和公开公共服务事项目录。根据法律法规规章和部门"三定"的规定，结合权力清单和责任清单、中介服务事项目录以及规范行政审批行为等有关工作，对公共服务事项进行全面梳理。公共服务事项梳理内容主要为两个方面：一是与公民、法人和其他组织创业创新领域有关的服务事项，包括工商注册登记、税务政策宣传、涉企收费、政策资金支持、法律和信息咨询、知识产权保护、职业技能培训、奖励优惠等综合服务事项；二是与公民日常生产生活密切相关的公共服务事项，包括人口户籍管理、不动产登记、客货车辆管理、农机管理、公共教育、公务员招考、事业单位招聘、劳动就业、社会保障、社会救助、社会救济、婚姻登记、卫生和计划生育、基本住房保障、公共文化体育、特殊群体基本公共服务、公共交通、公共能源、公共安全、扶贫脱贫等事项。其中包括已经公布的行政许可、行政给付、行政确认和其他行政职权等权力清单和责任清单中涉及的公共服务事项。积极、主动、及时公开公共服务事项目录和服务指南，其中包括各公共服务事项受理主体、受理条件、申请材料、办理流程、办结时限等基本工作程序，以及公共服务承诺和办理标准，做到"有承诺，必履行；有标准，必达到"。

（2）根据规定坚决摒除各类不合理的证明及繁琐手续，进一步精简申报材料。凡是没有法律法规规章依据的证明和盖章以及认定、认证、评定、考核、年检、公证等环节，原则上一律取消。需由其他部门提供证明材料，办事部门可通过与其他部门信息共享获取有关信息的，不得再要求申请人提供证明材料。上一个环节已经收取的申报材料，下一个环节不得再要求申请人重复提交。申报材料为本部门或本系统发放的证照或批准文件，受理部门可按照规定要求申请人提供批准文件名称、文号、编码等基本信息进行查询验证，不得再要求申请人提交证照或批准文件的原件或复印件。

（3）大力推进办事流程简化优化和服务方式创新。推行"一个窗口"受理。变"多头受理"为"一口受理"，实行"一窗受理、内部流转、限时办结、一口出件"的服务流程，为群众提供项目齐全、标准统一、便捷高效的公共服务。广泛推广和应用微信服务号告知查询，将事项名称、申报材料、办理流程、办理时限和受理窗口、地址、交通方式、咨询电话等服务信息推向群众的手机终端。

（4）加快推进部门间信息共享和业务协同。通过现代化互联网信息技术手段加强跨部门、跨区域、跨行业间的公共服务事项的信息互通共享、校验核对。最大限度地避免人民群众"多头跑"出证明，"来回跑"交材料。加快推进协同办理。依托"互联网+"，通过各级政务服务平台，促进办事部门公共服务相互衔接，变"群众奔波"为"信息跑腿"，变"群众来回跑"为"部门协同办"，从源头上避免各类"奇葩证明""循环证明"等现象，为群众提供更加人性化的服务。根据涉及部门协同事务的情况，建立部门协同办理机制。各地各部门要推出一两项涉及群众办事创业且群众反映强烈的公共服务事项，创新部门服务，推进跨部门协同办理，逐步实现"前台一家受理、后台分别处理、最后限时办结反馈"的"一条龙"服务模式。

第十一条 【国家机关工作人员文明行为】

国家机关工作人员应当模范遵守宪法和法律法规，践行社会主义核心价值观，遵循公序良俗及其他文明行为规范，积极参与社会公德、职业道德和家庭美德建设，树立全心全意为人民服务的宗旨意识，在文明行为促进活动中发挥引领示范作用。

【导读与释义】

本条是《促进条例》关于要求市辖区内国家机关工作人员应当树立模范作用、践行文明行为的规定。

一、国家机关工作人员首先应当遵守宪法和法律法规

国家机关工作人员应当模范遵守宪法和法律法规是本条规定的"核心"和"前提条件"。国家机关工作人员代表国家机关执行具体的决定和行为，换言之，国家机关工作人员的个人行为无疑代表了国家及国家机关的形象。因而，国家机关工作人员更应当遵守宪法和法律法规，树立模范作用，严格规范自身行为。正所谓"无规矩难成方圆"，文明行为同样需要各种规则的指引和规范，宪法和法律法规就是最基本的法律层面规范。如《宪法》第二章"公民的基本权利和义务"第33条规定："凡具有中华人民共和国国籍的人都是中华人民共和国公民。中华人民共和国公民在法律面前一律平等。国家尊重和保障人权。任何公民享有宪法和法律规定的权利，同时必须履行宪法和法律规定的义务。"根据对该宪法条文的理解，公民是指具有某国国籍并根据该国宪法和法律享受权利、承担义务的自然人。国际上普遍的做法是，将取得国籍作为取得本国公民资格的法律条件。公民的概念在我国的使用有一个发展变化的过程。1949 年《中国人民政治协商会议共同纲领》使用的是"人民"和"国民"两个概念。1953 年的《选举法》开始使用"公民"作为享有选举权和被选举权的主体。1954 年《宪法》正式使用"公民"作为基本权利和义务的主体。1975 年《宪法》和 1978 年《宪法》沿用了这一称谓。1982 年《宪法》也使用了这一称谓。根据本条的规定，凡具有中华人民共和国国籍的人都是中华人民共和国公民。所以，取得中国国籍是成为中国公民的充分条件。公民与人民的区别是，人民是一个政治概念，而公民是一个法律概念。人民是国家权力的所有者，而公民是法律上权利和义务的主体。公民的范围比人民的范围要广泛，一切具有中华人民共和国国籍的人都是公民，他享有法律上的权利，承担法律规定的义务。而人民的范围是指全体社会主义劳动者，拥护社会主义的爱国者和拥护祖国统一的爱国者。此外，该条宪法条文还确立了"法律面前人人平等的原则"。对于法律面前人人平等原则的理解可以从以下几个方面进行：

（1）法律面前人人平等是适用法律上的平等而不是立法上的平等。在中华人民共和国境内，所有公民都平等地享有宪法和法律规定的权利；所有公民都平等地履行宪法和法律规定的义务；国家司法机关和行政机关在适用法律时，对所有公民的合法权益都平等地予以保护，对所有公民违法和犯罪的行为，都平等地追究法律责任；任何公民个人或者组织都不得享有超越宪法和法律的特权。

（2）法律面前人人平等是一项宪法原则而不是具体权利。平等不仅是一种权利原则，还是一种义务原则，要求全体公民或者特定范围的公民共同遵守和履行一项义务。法律法规所规范的公民权利也必须体现出该宪法权利原则，即公民权利和义务需要具有平等性。

（3）法律面前人人平等既包括机会平等，也包括实质平等。作为一项重要的宪法原则，平等包括实质平等和机会平等两个方面。现代宪法在平等观念上的一个重要变化，就是在继续肯定机会平等的基础上，对实质平等的追求作出适当的肯定，这主要体现在宪法对公民的社会经济权利作出保障性规定。宪法作为我国最高法律效力的规范，法律和法规都是宪法规范的具体表现，所以法律法规也不得触犯或违反宪法的规定。

如上所述，不管是国家机关工作人员还是人民群众，只要属于中华人民共和国公民，其行为都应当首先遵守我国宪法和法律法规的规定，这是我国宪法规定的公民基本权利和义务，也是法律具有平等性原则的体现。国家机关工作人员的工作行为是否合法在很大程度上就决定了其行为是否属于文明行为。但另一方面我们也必须清楚知道，文明行为除了需要遵守宪法和法律法规之外，更多的是个人道德和社会公德双重作用的影响，也就是说，国家机关工作人员遵守宪法和法律法规，按照其规定作出对应的行为表现，至少能得出该行为表现符合法律程序的要求，不存在过错的结论；但不必然可以证明该行为表现就是文明行为，符合法律的行为并不意味着就符合高尚道德要求的行为。同时法是人类社会特有的一种社会现象，所以对法的研究最终不可能不追寻到人的本性。但能作为法律基础的人的本性只是道德性，道德的最高境界是正义，它是一种理想的人际关系和社会制度，在其中人人受到尊重和关爱，人人各尽其能，各得其所。必须借助于法律这样的公共权力使一个社会中人们的行为保持道德性的一种制度安排。因此，道德性是法律的人性基础，是制定和实施法律的出发点和归宿点。[1]现代社会制定一部法律，立法者不应只关注"冷冰冰"的法律条款之间的合法性、逻辑性、体系性；也应当关注法律中应当出现的"人性光辉"，即在合乎法律规范的同时关注道德要求，将某些道德价值融入法律条文之中，只有符合道德的法律才能被信仰，而这样的法律也才是真正的法律。因此，《促进条例》的立

---

〔1〕 严存生："道德性：法律的人性之维——兼论法与道德的关系"，载《法律科学（西北政法学院学报）》2007年第1期。

法目的在于促进韶关市文明行为的提倡和践行，并为此规定各方面的文明规定，实际上也是一部偏向于融入道德元素的法规。

二、国家机关工作人员应当学习理解党中央决定、国家政策

国家机关工作人员必须学习理解中共中央办公厅、国务院办公厅印发的《关于进一步把社会主义核心价值观融入法治建设的指导意见》，特别是提供政务服务和公共服务工作的工作人员，应当践行社会主义核心价值观，这是本条规定的"关键"。该意见指出："社会主义核心价值观是社会主义法治建设的灵魂。把社会主义核心价值观融入法治建设，是坚持依法治国和以德治国相结合的必然要求，是加强社会主义核心价值观建设的重要途径。党的十八大以来，在以习近平同志为核心的党中央坚强领导下，各地区各部门积极运用法治思维和法治方式，推动以富强、民主、文明、和谐，自由、平等、公正、法治，爱国、敬业、诚信、友善为主要内容的社会主义核心价值观建设，各方面工作呈现向上向好的发展态势。同时也要看到，与推进国家治理体系和治理能力现代化建设的要求相比，把社会主义核心价值观融入法治建设还存在不小差距。……"由于我国社会环境比较复杂，人民群众的需求也具有较强的多样性，国家机关工作人员在把握和适用国家法律法规时难免存在纰漏和瑕疵。在此情形之下，让其在运用法治思维的同时引入德治思维在一定程度上是比较困难的，需要一个循序渐进的过程。在十八大报告起草过程中，经过反复征求意见，综合各方面认识，十八大报告用"富强、民主、文明、和谐，自由、平等、公正、法治，爱国、敬业、诚信、友善"这12个词语精辟表达了社会主义核心价值观，把涉及国家、社会、公民的价值要求融贯为一体，把社会主义本质要求、中华优秀传统文化、世界文明有益成果凝练为一体，集中体现了社会主义核心价值体系的根本性质、基本特征和实践要求。十八大以后，习近平总书记提出了良法善治的新理念，指出法律是治国之重器，良法是善治之前提，以良法促进发展、保

障善治。把社会主义核心价值观融入法治建设,以道德理念锤炼良法,以美德义行催生善治,正是实现良法善治的重要举措。国家机关工作人员应当扎实践行社会主义核心价值观,并将其融入实践工作中,只有真正理解并运用社会主义核心价值观,才能真正体现出该条文规定的国家机关工作人员文明行为模范作用。

三、国家机关工作人员应当遵守的其他文明行为规范

本条还要求国家机关工作人员遵循公序良俗及其他文明行为规范,公序良俗原则是我国《民法典》明确确立的原则之一。公序良俗概念起源于罗马法。按照罗马法学家的观点,所谓公序即国家的安全、人民的根本利益;所谓良俗,是指人民的一般道德准则。传承了罗马法的《法国民法典》第 6 条规定:"任何人均不得以特别约定违反涉及公共秩序和善良风俗的法律。"法国民法把公序良俗作为对契约自由的限制。公共秩序是一种公共利益,善良风俗是指社会道德。违反公序良俗而无效的合同主要包括:违反性道德的合同、赌博合同、限制人身自由、违背家庭伦理道德等合同。《德国民法典》第 138 条确认了善良风俗概念,但并没有采纳公共秩序概念。在德国法中,善良风俗是对私法自治的一种限制。1901 年德国最高法院判决,关于是否违反善良风俗,由法官"按照正当且公平的一切人的道义感"规则来判断。日本民法采纳了公序良俗概念,并重点运用该原则对法律行为进行调整。我国在编纂《民法典》之前,法律并未明确采用公序良俗概念。比如,《民法通则》第 7 条规定:"民事活动应当尊重社会公德,不得损害社会公共利益,扰乱社会经济秩序。"《合同法》第 7 条要求当事人订立履行合同时应当"尊重社会公德,不得扰乱社会经济秩序,损害社会公共利益"。《民法典》编纂第一阶段在《民法总则》中正式引入公序良俗概念。《民法典》在第 8 条、第 10 条、第 143 条、第 153 条、第 979 条、第 1012 条、第 1015 条、第 1026 条总计 8 个条款规定了公序良俗。在我国民法语境下,公序良俗中的公

共秩序，强调的是国家和社会层面的价值理念，善良风俗突出的则是民间的道德观念，是社会主义核心价值观在民法典中的规范表达。公序良俗的核心价值是强调民事法律行为需要遵守社会公共道德，倡导优良社会风尚，抑制伤风败俗行为，建立和谐稳定社会秩序。[1]但是公序良俗原则目前仍然比较笼统，法律上的概念也比较模糊，适用的界限也不明确，因而国家机关工作人员遵循公序良俗依赖于对法律规范的理解及其实务工作经验的不断积累。

截至目前，全国各地都陆续出台了有关文明行为促进活动促进的《条例》或者《办法》，其内容绝大部分都规定了国家机关工作人员等公务人员应当发挥表率或先锋作用，但大多没有明确规定国家机关工作人员在文明行为促进活动中发挥引领示范作用应当采取哪些措施，而本市的《促进条例》第11条则明确规定了国家机关工作人员在遵守宪法和法律法规的基础上，践行社会主义核心价值观，在遵循公序良俗和其他文明行为规范的同时积极参与社会公德、职业道德和家庭美德建设。与社会主义核心价值观的方向是一致的，都是从国家、社会、个人层面规定了具体内容，三者又相辅相成、统一为一个有机整体，指导着国家机关工作人员如何为促进文明而作出具有引领示范作用的文明行为。国家机关全体工作人员，必须全心全意为人民服务，在履行职责的公务活动中，要模范遵守下列行为规范：①政治行为规范。包括坚持以马克思列宁主义、毛泽东思想、邓小平理论、"三个代表"重要思想、科学发展观、习近平新时代中国特色社会主义思想；坚持和发展中国特色社会主义；遵守宪法和法律、法规；做到有令必行，有禁必止。②业务行为规范。国家机关工作人员应当工作认真负责，严格按程序办事，注重调查研究，密切联系群众，自觉接受群众监督，为基层、为群众多办实事。③廉政行为规范。廉洁是从政的基本条件，每个工作人员必须遵守财经法纪，廉洁奉公。④职业道德规范。坚持合理的工作方式，在公务活动场所，

---

〔1〕　郭锋："中国民法典的价值理念及其规范表达"，载《法律适用》2020年第13期。

要注意文明礼貌和风度,树立新风尚。⑤其他文明规范。国家机关工作人员应当遵守和践行的文明行为规范多种多样,不能一一列举。总而言之,国家机关工作人员应当坚持做到合法、公正、符合公序良俗和社会主义核心价值观的文明行为。

第十二条　【公共秩序文明行为】

公民在公共场所应当言行举止文明，自觉遵守下列文明行为规范：

（一）上下楼梯靠右侧通行，乘坐电梯先出后进；

（二）等候服务时依次排队；

（三）接打电话时轻言细语；

（四）不以语言、侮辱性动作挑衅他人；

（五）参加展览会、博览会和观看文艺演出、体育比赛等活动时，注重礼仪，用语文明，服从管理，维护场地整洁；

（六）参加健身、广场舞、演唱会等群众性文体活动时，尊重他人合法权益，做到不扰民；

（七）遇有公共突发事件时听从应急指挥；

（八）其他公共秩序文明行为。

【导读与释义】

本条是《促进条例》关于规范公民在公共场所中应当做到的文明行为的规定。

一、人类公共社会"天然"形成的秩序性

社会性是人之所以作为人的本质属性之一，这是人类与自然界其他无意识动物相区别的属性。我们人类聚居在某一空间范围内，看似都是相互独立的个体，但客观存在肉眼不可见的各种"联系"，形成相对来说比较具有组织性、自律性的社会体系。而且不管是什么形式的社会，其根基都在于是否建立并维护着某种社会秩序，通常这种秩序都带有安定、管理、公平等特征，建立稳定的社会秩序是社会管理者的管理目标和治理目标。人类社会必然存在某种秩序，安定的社会秩序同样是法律的立法目的和价值追求。英国社会学家科恩将"秩序"的主要意义和规定性概括为：第一，"秩序"与社会生活中存在一定的限制、禁止、控制有关；第二，它表明在社会生活中存在着一种相互性，即每个人的行为不是偶然的和杂乱的，而是相互回答或补充他人行为的；第三，它在社会生活中捕捉预言的和重复的因素，即人们只有在他们知道彼此期待的情况下，才能在社会上进行活动；第四，它能够表示社会生活各组成部分的某种一致性和不矛盾性；第五，它表示社会生活的某种稳定性，即在某种程度上长期保持它的形式。[1]马斯洛认为秩序的核心是安全："在我们的社会中，成年人一般都倾向于安全的、有序的、可预见的、合法的、有组织的世界；这个世界是他所能依赖的，而且在他所倾向的这个世界上，出乎意料的、难以控制的、混乱的以及其他诸如此类的危险事情都不会发生。"[2]美国法学家 E. 博登海默认为秩序概念"意指在自然进程和社会进程中都存在着某种程度的一致性、连续性和确定性"。[3]马克思指出，秩序是一定的物质的、精神的生产方式和生活方式的社会固定形式，因而是它们相对摆脱了单纯偶然性和任意性的形式。[4]因此，为了避免社会出现无序、混乱的状态，由此产生损害人类社会的后果，我们必须要建立一个良好合理的社会秩序。

　　社会秩序也称"公共秩序"。为维护社会公共生活所必需的秩序，由法律，行政法规，国家机关、企业事业单位和社会团体的规章制度等确定，主要包括社会管理秩序、生产秩序、工作秩序、交通秩序和公共场所秩序等。遵守公共秩序是中国公民的基本义务之一。公共秩序关系到

---

〔1〕 P. S. Cohen, *The Modern Social Theory*, London, 1968, pp. 18~19.

〔2〕 H. Maslow, *Motivation and Personality*, 2d ed., 1970, New York, p. 40.

〔3〕 〔美〕E. 博登海默：《法理学：法律哲学与法律方法》，邓正来译，中国政法大学出版社 1999 年版，第 219 页。

〔4〕 《马克思恩格斯全集》（第 25 卷），人民出版社 2006 年版，第 894 页。

人们的生活质量，也关系到社会的文明程度。韶关市《促进条例》本条主要规定的是公民在社会公共场所中应当自觉遵守的文明行为规范。对于公共秩序，我国宪法和法律也作了许多明确的规定。例如，《宪法》第53条规定："中华人民共和国公民必须遵守宪法和法律，保守国家秘密，爱护公共财产，遵守劳动纪律，遵守公共秩序，尊重社会公德。"公共秩序需要全体社会成员共同遵守和维护，社会成员之间独立享有法律创造的社会秩序和法律权利；同时也应当履行相应的维护社会秩序和不影响其他社会成员的法律义务。简言之，一个人在社会中行使权利并作出某种行为时，不得扰乱或者妨害社会公共秩序，也不能影响其他人行使他们的权利。否则，扰乱、妨害公共秩序的行为可能违反《治安管理处罚法》和其他法律法规的规定，属应当给予治安行政处罚的行为。《治安管理处罚法》第三章"违反治安管理的行为和处罚"明确规定了"扰乱公共秩序的行为和处罚"和"妨害公共安全的行为和处罚"的具体内容。此外，扰乱、妨害公共秩序行为产生严重损害后果，致使国家、社会或其他人利益遭受严重侵害的，则可能触犯《刑法》第六章"妨害社会管理秩序罪"第一节"扰乱公共秩序罪"中的犯罪行为法律规定，如第291条关于聚众扰乱公共场所秩序、交通秩序罪的规定："聚众扰乱车站、码头、民用航空站、商场、公园、影剧院、展览会、运动场或者其他公共场所秩序，聚众堵塞交通或者破坏交通秩序，抗拒、阻碍国家治安管理工作人员依法执行职务，情节严重的，对首要分子，处五年以下有期徒刑、拘役或者管制。"公共秩序文明行为是建立在以合理目的和方式行使的公共秩序行为基础之上的更文明的行为表现，在规范公民公共秩序文明行为时要求社会全体公民将遵守宪法和法律作为基本前提条件，即讨论公民的公共秩序行为是否文明的前提是该行为是否合法，只有具备合法的基本前提才能进一步评价更高级的文明行为表现。

二、公民应当遵守的公共秩序文明行为规范

人民群众是社会生活的主体，社会一切活动都是围绕"人"而展开的。"人作为社会的成员，其言行举止都是社会互动的文化符号，身体的一举一动都不再是个人的行为，而是一种表达对他人的礼仪，影响人伦关系的社会行为和文化符号。"[1]个体内在品德的缺失势必会显露在外在行动上，由于公共领域的公共性与开放性，个人的言行举止不可避免地对他人和社会产生影响。如衣着过度暴露违背了礼仪文化所要求的明礼自尊，容易给未成年人的身心发展造成不良影响；在公共场合大声喧哗、对公共环境不爱护，乘车不排队、随意插队等现象，缺乏最基本的礼仪之规范。建构良好公共秩序需要群体行动力，而不仅仅是单个人的自觉和主动。[2]文明的公共秩序更应如此，需要社会群体行动力和个人的自觉主动的文明行为表现。公民的公共秩序文明行为主要体现在个人行为在公共场所中是否维护良好的社会公共秩序。本条采用了穷尽列举式的规定列举了一些公民在公共场合中应当遵守的文明规范，主要包括了以下几个方面：

（1）文明出行公共秩序。本条第（一）（二）项规定属于该范围，要求公民在出行或出行等候过程中按照一定秩序进行。如楼梯、扶手电梯在人们日常生活中是不可或缺的。按照国际通常规则，上下楼梯、扶手电梯者应靠右行走，左边留出一点空间通常能够作为"紧急通道"，在紧急情形下可以发挥关键作用。例如，杭州地铁就在其搭乘地铁《安全指南》第 1 条中规定：靠右走。每个人都有可能遭遇急事，需要争分夺秒赶路，所以，出入车站时，走楼梯请靠右行走、乘坐扶梯请靠右站立，空出左半部分，留给那些赶路的人。杭州的"斑马线让行"闻名全国，让"靠右走"成为一种习惯，这不仅兼顾了出行安全和效率，也是文明

---

[1] 参见尹晨辉、李慧勤："中国的礼文化与公共文明"，载《人民论坛》2011 年第 14 期。
[2] 参见傅琼、汤嫒："礼仪文化与公共秩序的建构"，载《长白学刊》2020 年第 1 期。

行为的体现。另一方面，我国人口基数大，整体国民文明素质参差不齐，培养文明行为习惯是一个缓慢的过程。因此，在出行的时候往往会造成人群聚集、道路拥堵等情形，尤其是在大城市人口密集或出行热门的地方，出行将会出现一系列不方便现象。乘坐公共交通工具时需要排队，接受就餐、娱乐等服务时需要排队，在公共场合中，人人都是相对平等的主体，等候服务时依次排队不仅体现了个人素质，也是社会文明的具体表现。

（2）文明说话方式公共秩序。本条第（三）（四）项规定属于该范围。行为核心是公民在公共场合中应注意文明的说话方式，不应当过度影响或挑衅他人。手机、电话作为一种便利的通信工具，在工作中使用得非常频繁。从接打电话的礼仪和细节中，人们很容易判断出一个人的人品和性格。在公共场所中接打电话时应该控制音量，注意态度，这能体现良好的个人素质和职业素养，也是优秀工作者的必备特质。基本的通话礼仪应当在通话中注意控制音量。在集体办公室里接打电话时音量过大，会影响同事们工作，也让对方听起来觉得"心浮气躁"；在较为安静的场所接打电话时声音过大，会让周围的人感到刺耳、不舒服，有扰民之嫌；谈论私密话题时声音过大，会让周围的人感到困扰，一来影响自己的外在形象，二来对保护自己的隐私不利。同样道理，通话时声音太小，与对方进行沟通就会出现困难，并让人感觉你有"问题"、缺乏诚实度。通话过程中音量应以对方能听清楚而不至于吵到周围的人为宜。通话过程中不要突然放大音量，也不要突然压低声音。

语言是我们人与人之间的交流工具，表达方式的不妥当也能演化成为暴力甚至犯罪工具，给他人和社会公共秩序造成损害。侮辱或者诽谤他人都是损害他人人格和名誉的行为，人格和名誉是公民的基本权利，《宪法》第 38 条规定："中华人民共和国公民的人格尊严不受侵犯。禁止用任何方法对公民进行侮辱、诽谤和诬告陷害。"如《治安管理处罚法》第 42 条就规定了对于"公然侮辱他人或者捏造事实诽谤他人"的行为可以作出行政处罚，处 5 日以下拘留或者 500 元以下罚款；情节较重的，处 5 日以上 10 日以下拘留，可以并处 500 元以下罚款。《刑法》第 246 条第 1 款关于"侮辱罪"和"诽谤罪"的规定："以暴力或者其他方法公然侮辱他人或者捏造事实诽谤他人，情节严重的，处三年以下有期徒刑、拘役、管制或者剥夺政治权利。"侮辱罪，是指以暴力或者其他方法公然侮辱他人，情节严重的行为。侮辱的方法可以是暴力，也可以是暴力以外的其他方法。"其他方法"，是指以语言、文字等暴力以外的方法侮辱他人，如当众嘲笑、辱骂，贴传单或者漫画等来侮辱他人。"公然"侮辱他人，是指当众或者利用能够使多人听到或看到的方式，对他人进行侮辱。侮辱他人的行为，必须是公然进行的。"他人"，在这里是指特定的人，即侮辱他人的行为必须是明确地针对某特定的人实施的。诽谤罪，是指故意捏造事实，公然损害他人人格和名誉，情节严重的行为。"捏造事实"，就是无中生有，凭空制造虚假的事实。诽谤除捏造事实外还要将该捏造的事实进行散播，散播包括使用口头方法和书面方法。说话方式的不同往往能带来不同的行为后果，公民在公共场合中应当时刻遵守说话方式的文明公共秩序，保持善意，相互理解，不宜为了逞口舌之快而铸成大错。

（3）文明参与公众活动公共秩序。本条第（五）（六）（七）项规定属于该范围，参加公共活动时，注重个人礼仪，语言用语文明，服从主办方或管理方的管理，自觉维护公共场所清洁卫生和公共秩序。在日常生活中，我们每个人不经意的一次乱扔垃圾，看起来或许无伤大雅，不足为罪，实际上都暴露了我们文明素质中的"小"，把每个人文明素质中的"小"集中起来，就会成为国民文明素质的大问题，乃至成为社会发展的大隐患。虽然我们不可能立即从根本上改变国民整体素质，直接达到相对高度的社会文明，但是至少我们可以从自我做起，做好每一件小事，参加公众活动时体现文明的自我，从个人到集体，部分到整体，社会公共秩序文明才能得到长足的提升和发展。

（4）文明公共秩序行为兜底条款。文明公共秩序行为规范在现实中存在很多表现形式，受制于客观条件和立法者的主观因素，法律条文不可能将各行为规范一一列举，只能利用兜底条款将可能出现的同类型行为规范囊括在内，这也是基本的立法技术之一。

第十三条 【公共环境文明行为】

公民应当爱护公共环境，自觉遵守下列文明行为规范：

（一）不大声喧哗、争吵、谩骂；

（二）不采摘花草、践踏公共绿地、花圃等；

（三）不占用公共场所，不损坏公用设施，不躺卧公共座椅；

（四）不在办公楼道、电梯等公共场所内吸烟；

（五）不违规摆设摊点、占道经营；

（六）其他公共环境文明行为。

【导读与释义】

本条是《促进条例》关于规范公民在公共环境中应当做到的爱护环境及设备设施文明行为的规定。

一、保护公共环境是我国生态文明建设的内在要求之一

爱护、保护公共环境是每个公民都应当做到的力所能及的事情，以文明规范自己，做好公共环境文明，也是保护我们自己的家园，体现出生态文明建设的要求。推动公众依法有序参与环境保护，是党和国家的明确要求，也是加快转变经济社会发展方式和全面深化改革的客观需求。党的十八大报告明确指出，"保障人民知情权、参与权、表达权、监督权，是权力正确运行的重要保证"。《环境保护法》在总则中明确规定了"公众参与"原则，并对"信息公开和公众参与"进行了专章规定。中共中央、国务院《关于加快推进生态文明建设的意见》提出要"鼓励公众积极参与。完善公众参与制度，及时准确披露各类环境信息，扩大公开范围，保障公众知情权，维护公众环境权益"。为贯彻落实党和国家对环境保护公众参与的具体要求，满足公众对良好生态环境的期待和参与环境保护事务的热情，生态环境部将切实保障公民、法人和其他组织获取环境信息、参与和监督环境保护的权利，畅通参与渠道，规范引导公众依法、有序、理性参与，促进环境保护公众参与更加健康地发展。

2013年9月7日，习近平总书记在哈萨克斯坦纳扎尔巴耶夫大学回答学生问题时指出："我们既要绿水青山，也要金山银山。宁要绿水青山，不要金山银山，而且绿水青山就是金山银山。我们绝不能以牺牲生态环境为代价换取经济的一时发展。我们提出了建设生态文明、建设美丽中国的战略任务，给子孙留下天蓝、地绿、水净的美好家园。"习近平总书记提出该"双山理论"给中国生态文明建设指明了方向，发展经济不应以牺牲环境利益为前提，绿水青山和金山银山绝不是对立的，关键在人，关键在思路。保护生态环境就是保护生产力，改善生态环境就是发展生产力。让绿水青山充分发挥经济社会效益，不是要把它破坏了，而是要把它保护得更好。清洁优美、和谐温馨的城市公共环境，不仅展现漂亮市容，也反映综合实力，更是一座城市文明素养的体现。爱护公共环境，需要我们每个人身体力行。如果人人都能做到对待公共环境如对待私人场所一样，保持物品整齐有序，保持环境干净卫生，保证自己心存爱护，那么公共环境就会变得更好。既然每位公民都生活在公共环境里，那么就是公共环境的一分子，我们有欣赏美景的权利，更有维护美景的义务。有人认为，保护环境、防治污染，应该是政府和企业的事情，公民个人对环境的影响有限，不该也不能把环保的重任扛上肩。持有这种观点的人并不少，有些人一边指责企业不环保、政府不负责，一边却做着与环保相悖的事情。实际上，公众个人的生活方式对环境的影响远比想象的要重要得多。有统计数据显示，现在北京市每天产生的生活垃圾是1.8万吨，相当于1.8万辆小汽车，这些生活垃圾如果处理不当，将会对水、土壤等造成严重污染。全国人大常委会法工委时任副主任信春鹰说："如果环境保护不从每个人做起，是没有出路的。"[1]因此，公共环境保护文明需要社会每一位成员共同维护，每一位公民都不应当作出有损公共环境保护的不文明行为。

严重损害生态环境的行为还有可能违反环境保护相关法律甚至触犯刑事法律。近几年，随着《环境保护法》和《民事诉讼法》的修改，最高人民法院发布《最高人民法院关于审理环境民事公益诉讼案件适用法律若干问题的解释》，"公益诉讼"制度得以确立，从法律制度层面确定公诉机关、环境保护公益团体可以对损害环境的个人和企业提出损害赔偿诉讼。回头看近几年最高人民法院的工作报告，盘点登上报告的环境资源案例：2014年，江苏省高级人民法院审结泰州市环保联合会提起的环境民事公益诉讼案，判处6家企业赔偿环境修复费用1.6亿元；2015年，福建省高级人民法院审结新环保法施行后首例环境民事公益诉讼案件；2016年，山东省德州市中级人民法院审结全国首例大气污染公益诉讼案件，判令被告赔偿2198万余元用于环境修复；2017年，宁夏回族自治区中卫市中级人民法院审结腾格里沙漠环境污染公益诉讼系列案，督促8家企业投入5.69亿元修复受损生态环境。连续四年，均有具有重大影响的公益诉讼典型案例，可见公益诉讼已经成为司法机关为绿色发展提供司法保障的有力手段。腾格里沙漠系列公益诉讼案、首例"毒跑道"公益诉讼案以及江苏省政府提起环境公益诉讼案入选了2017年度人民法院"十大民事行政案件"；首例"毒跑道"公益诉讼案还入围2017年推动法治进程十大案件。这些案件体现了人民法院维护人民群众共同利益、推动生态环境司法保护进程、落实绿色发展理念的初心，彰显了司法机关贯彻实施《民事诉讼法》《行政诉讼法》《环境保护法》以及对破坏生态环境的人与行为绝不手软的决心！

---

[1] 参见"全民环保：从自觉自愿到法律义务"，载 http://www.npc.gov.cn/zgrdw/npc/xinwen/2014-05/07/content_ 1862316. htm，2020年11月3日访问。

二、公民应当遵守的保护公共环境文明行为规范

从《促进条例》该条规定来看，主要不是规范公民因污染、破坏公共环境导致的行政违法或刑事违法责任，而主要是规范公民在一般的社会公共环境下遵守相应的文明行为规范，行为性质相对来说比较轻微，都是随时可以做或者可以完成的日常生活中的"小事"，但"小事"不能就可以认为其没有做好的必要，对公共环境影响不大。实际上在日常生活中，社会物质比较丰富，人们对于生活的幸福度和满意度往往在更加细微的地方才能得到质的提升。本条以否定列举形式列举公民在公共环境保护中应当避免的不文明行为，主要从以下几个方面分析：

（1）噪声污染不文明行为。噪声被公认为是一种环境污染，它被认为是仅次于大气污染和水污染的第三大公害。噪声污染是指所产生的环境噪声超过国家规定的环境噪声排放标准，并干扰他人正常工作、学习、生活的现象。日常生活中的噪声强度虽然不会致人或动物于死地，却能危害人的健康。世界各国都很重视噪声问题，把噪声污染列为主要的环境污染公害之一。例如，生活中比较常见的发生噪声的情形有：商铺、沿街店面叫卖吆喝的音响；公园、广场跳舞人群伴奏歌曲的音响；道路堵塞汽车的喇叭响声；大型公共活动的外放声音等公共环境中数不胜数的噪声污染，对周边群众的生活直接造成干扰，影响城市人文居住环境，一定程度上损害着城市的品质。《环境噪声污染防治法》第44条第1款规定："禁止在商业经营活动中使用高音广播喇叭或者采用其他发出高噪声的方法招揽顾客。"违反这一规定的，"由公安机关责令改正，可以并处罚款"。《治安管理处罚法》对于违反社会生活噪声污染防治的法律规定制造噪声干扰他人生活的行为，也作出了明确的处罚规定。城市噪音污染保护已成为城市管理一大公害，虽然不断进行整治，但依然收效甚微。根本原因是噪声污染的根源在于我们人类本身，我们每一位社会成员生活在公共环境中没有遵守文明规范，制造出各种噪声，仅仅依靠处

罚是无法杜绝此现象的，还是需要我们从改善自身做起，从根源出发。《促进条例》该条第（一）项就规定公民在公共环境中不大声喧哗、争吵、谩骂，人人都可以做到，关乎个人素质和社会文明。

（2）破坏绿化、公共设施物品不文明行为。《促进条例》该条规定第（二）（三）项要求公民应当做到不采摘花草、践踏公共绿地、花圃等规定就是要求人们不能破坏绿化；不占用公共场所，不损坏公用设施，不躺卧公共座椅则要求人民不能破坏公共物品。城市绿化在防灾减灾方面具有很大作用：一是起到防震避难场所的作用。城市里高楼林立，人口密集，一旦出现地震、火灾之类灾害，必须有就近可疏散的防灾场所。城市绿化中的大型绿地和公园就是防震避灾的场所。二是防火作用。有些树木叶厚、皮厚，含水特别多，一旦发生火灾，可以隔离、阻挡火势蔓延。此外，城市绿化还具有降低水患，吸收放射性物质的作用。城市绿化能够营造出优美的自然景观和人文景观，使市民在潜移默化中受到影响和教育。大力加强富含人文、地域特点的城市绿化建设，使公园、游园、广场、绿地充满丰富多样、高品位的文化内涵，将使整座城市的格调和档次得以提升。公民是否遵守保护绿化文明行为规范就如同"破窗效应"，没有人率先打破玻璃，旁边的玻璃也不会有人打破。若公民都遵守公共环境保护文明行为规范，做到不破坏城市绿化绿植，没有第一人率先打破保护局势，那么绿化绿植也不会遭到践踏、破坏。国务院《城市绿化条例》（2017 年修订）以及各地方政府都出台了对应的地方城市绿化条例用来专门规定城市绿化有关事项。《城市绿化条例》第 20 条规定，任何单位和个人都不得损坏城市树木花草和绿化设施。城市绿化行政管理部门或授权部门可以对此类破坏绿化的违法行为责令停止侵害以及依法给予罚款。情节严重的还应当依据《治安管理处罚法》有关规定进行处罚，构成犯罪的，应当依法追究刑事责任。另一方面，公共设施属于公共资源，公民一般均可无偿使用，但应当遵守合理适度的原则，做到不占用、不浪费、不破坏。公共设施是指由政府或其他社会组织提供的、给社会公众使用或享用的公共建筑或设备，按照具体的项目特点可分为教育、医疗卫生、文化娱乐、交通、体育、社会福利与保障、行政管理与社区服务、邮政电信和商业金融服务等。从社会学角度讲，公共设施是满足人们公共需求（如便利、安全、参与）和公共空间选择的设施，如公共行政设施、公共信息设施、公共卫生设施、公共体育设施、公共文化设施、公共交通设施等。爱护、合理使用公共设施、物品，节约公共资源的行为能够很好地体现现代社会公民的文明行为风貌。

（3）室内空气污染不文明行为。主要是考察到我国烟民数量众多，存在较多的室内外吸烟现象，容易影响空气环境中其他人的呼吸感受。在室内公众场所吸烟的行为十分不文明，缺乏基本礼仪，也是不尊重其他人的行为表现；吸烟者乱扔烟蒂的行为还会导致公共环境卫生问题，若烟蒂未熄灭还可能引起火灾等公共安全问题，造成严重的社会危害后果。吸烟会造成环境空气污染，是因为产生的香烟烟雾污染以及二手烟危害。若在室内吸烟，且不通风的情况下，烟雾中污染物会在室内累积，产生室内空气污染，可导致人们呼吸道受损。"公共场所室内吸烟等于谋害他人健康"的观念深入人心。提倡"公共场所无烟化"便具有十分重要意义。对此，人们早已达成共识，呼吸清新空气是公民的一种权利，是保障健康的正当需求。因此，《促进条例》要求公民不在办公楼道、电梯等公共场所内吸烟，公共室内场所不吸烟是现代社会文明的表现之一，国内各城市均有相应的明确规定，禁止公民在公共场所吸烟；需要吸烟的公民应当遵守该文明规范，自觉做到禁止吸烟场所不吸烟，吸烟就到指定的吸烟区。

（4）影响市容市貌不文明行为。据调查，影响市容市貌的行为主要有违规摆设摊点和占道经营，深究其原因主要有：①市场建设滞后于市民生活需求。城市规划、小区建设方案不合理，在市民居住区内没有规划市场，或规划的市场距离较远，便民性较差，为乱摆摊点、占道经营现象提供了生存空间。②低价廉价商品供求群体庞大。摆摊经营廉价商品的成本低、门槛低，无业人员容易借此谋生；很多消费者习惯从乱摆乱卖的摊点购买低价商品，便宜便利更受人们欢迎，也表现了基层人民生活的基本需求。③城管工作缺乏良好的舆论环境。摆设摊点占道经营的人员多为下岗人员、失业人员、老人等弱势群体，做小买卖或是其维持生计的重要途径。城管执法在情与理之间左右为难，极易陷入不良舆论漩涡，在别有用心的媒体的诱导下，给政府的形象造成了不良影响，增加了城管执法难度。④城管执法缺少常态性机制。对乱摆摊点、占道经营等现象的整治多采取短期的集中整治，整治活动结束后，再无后续的巩固措施。这种缺少常态性的管理机制，促使了群众与城管"打游击"，因而形成了"整治开始—停止摆摊—整治结束—继续摆摊"的模式，致城区乱摆摊点、占道经营现象屡禁不止。⑤占道经营者相关法律、法规意识淡薄。大多数占道经营者对城市管理、市容市貌、环境卫生秩序等方面的有关法律、法规、规章了解甚少，文化较低、素质较差。执法人员对其进行法制宣传教育时，不配合执法工作，甚至无视工作人员的说服劝导。要解决此类问题除了不断提升公民自身素质之外，还应当配合其他法律制度和行政管理措施，如合理规划、引导专门的经营摊点，但其中核心仍然是公民应当自觉遵守公共环境保护文明规范，担当起爱护公共环境的义务。

（5）兜底性条款。属于列举式规范的立法技术之一。

第十四条　【公共卫生文明行为】

公民应当维护公共卫生，自觉遵守下列文明行为规范：

（一）在公共场所咳嗽、打喷嚏时遮掩口鼻，患有呼吸道传染性疾病的外出时应当佩戴口罩；

（二）文明如厕，维护公共厕所的清洁卫生；

（三）遛狗时应当使用牵引绳，给犬只佩戴嘴套，主动避让行人，并即时清理其排泄物；

（四）其他公共卫生文明行为。

【导读与释义】

本条是《促进条例》关于公民为维护公共卫生应当自觉遵守公共卫生文明行为规范的规定。

一、公共卫生体系及公共卫生场所的含义

公共卫生是一个庞大而复杂的社会体系，是一国或地区的公民维持良好的社会生活环境所必须做好的公共卫生健康事业，主要包括有关国家机关对传染病的防控、治疗；卫生、食品和药品安全、公共环境的监督与管理；宣传普及公共卫生安全知识等。狭义上的公共卫生主要考察其中属于公共卫生范畴的内容，如主张行政管理机关应当制定相关法律法规政策指引来防治疾病，保障公民人身健康，向公民提供公共卫生医疗服务等。广义上对于公共卫生的定义："公共卫生是社会公众共同的卫生。它是以生物、心理、社会医学模式为指导，面向社会与群体，综合应用法律、行政、预防医学技术、宣传教育等手段，动员社会共同参与

消除和控制威胁人类生存环境质量和生命质量的危险因素，改善卫生状况，提高全民健康水平的社会卫生活动。"[1]时任国务院副总理兼卫生部部长吴仪在 2003 年"非典"暴发后的一次全国卫生工作会议上的讲话中指出："公共卫生建设是一项社会系统工程。按照一般定义，公共卫生就是组织社会共同努力，改善环境卫生条件，预防控制传染病和其他疾病流行，培育良好卫生习惯和文明生活方式，提供医疗卫生服务，达到预防疾病，促进人民身体健康的目的。"狭义理解与广义理解之间最明显的区别是广义上的"公共卫生"需要多方社会主体的参与，强调社会公共力量的配合与进入，共同维护公共卫生，使之达到一个良好的水平。因而，韶关市《促进条例》本条关于公民的公共卫生文明行为的规定主要从广义上的"公共卫生"出发，继续扩大公民的"知情权"和"参与权"，积极宣传公共卫生方面的基本知识，有利于引导公民自觉遵守相关公共卫生文明行为规范。

对本条规定的"公共场所"应当作限缩性解释，因为"公共场所"的指向范围过于宽泛，公民个人所有或专有使用的较为封闭的场所之外的均属公共场所，主要包括公共建筑设施、公共道路、公共环境等。具体而言，有电影院、KTV、酒吧等公共娱乐场所，医院、学校、行政服务事业单位、超市等公共服务场所。其通常面向全社会公民开放。但类似于开放式的公共道路、休闲广场等公共场所相对来说不属于封闭空间，所以更多的是对公共秩序具有一定的要求。因此，本条规定的"公共场所"应主要为一类具有多种服务功能的公共建筑设施，是公众活动的场所，具有环境相对封闭、地点相对固定、服务内容多样、人群相对密集且流动性大、设备和物品重复使用的特点，因而容易受到污染，造成疾病传播，所以增强卫生管理和意识尤为重要。为此，我国早在 20 世纪 80 年代就开始布局公共卫生方面的立法规制，如 1989 年我国《传染病防治

---

[1] 参见吴崇其主编：《中国卫生法学》（第 3 版），中国协和医科大学出版社 2011 年版，第 2 页。

法》的颁布实施。在此之后，我国陆续制定和颁布了《红十字会法》《母婴保健法》《食品安全法》等公共卫生法律。国务院发布或批准的法规有 30 余条，包括《公共场所卫生管理条例》《血液制品管理条例》《传染病防治法实施办法》《学校卫生工作条例》《突发公共卫生事件应急条例》等；国家卫生计生委员会（原卫生部）颁布的 400 多个规章和 2000 余个卫生标准，内容涉及食品、灾害医疗救援、核事故医学应急、食物中毒、职业危害事故的预防等。这使我国公共卫生立法初具规模，为我国公共卫生法制建设奠定了坚实的基础。[1]但我们必须知道，理论层面的立法永远不可能实时切近客观现实需求，尤其是公共卫生立法规制，现实世界中的环境变化、病毒细菌演化、人类医学科学研究都在时刻变化，而立法规范基于其自身的稳定性无法实时去规制更新的公共卫生法律规范。再者，公共卫生文明更多的是要依赖政府、社会团体、公民等主体的多方参与，政府提供防控、治疗公共医疗服务，社会团体支持、帮助公共医疗工作进行，公民则需要服从管理、接受治疗、自觉遵守公共卫生文明行为规范。

可以说，我国公共卫生发展的关键是社会公民的公共卫生文明意识。为稳步推进我国公共卫生事业的良性发展，首先就应当提升社会公民的公共卫生意识，从个人自觉做起。政府部门应当向社会公民积极主动地推广普及生态环境保护意识、卫生知识，倡导人与自然和谐相处的生态价值观，提高公民的卫生意识，在全社会形成一个人与自然环境和谐、人人爱护卫生环境、人人自觉形成良好公共卫生习惯的社会氛围。卫生环境是人类以更高的生存质量生活在地球上的基础，是经济和社会发展的基本条件，正如习近平总书记常常提起的"绿水青山就是金山银山"，不能为了金山银山丢弃绿水青山的观点一样。不论是个人还是社会团体，在公共场所不注意公共卫生都容易引发严重的公共安全事件或自然

---

〔1〕 参见王坤等："我国公共卫生体系建设发展历程、现状、问题与策略"，载《中国公共卫生》2019 年第 7 期。

灾害事件。

二、公共卫生问题

公共卫生问题可能是不明传染病的主要传染源之一。传染病,即传染性疾病,是指由病原体引起的,能在人与人、动物与动物或人与动物之间相互传染的疾病。传染病不同于一般的疾病,不仅会给患者本人的生命健康带来危害,而且能在人群中相互传播,引起暴发流行,给社会造成巨大危害。为此,各国都对传染病实施了严格的控制和管理。我国为传染病防治专门立法,并制定了相关的卫生法规。根据国家法律法规规定,有 35 种传染性疾病被列入监测管理,如流行性感冒、病毒性肝炎、细菌性痢疾、流行性脑炎、结核病、急性出血性结膜炎、鼠疫、霍乱、艾滋病、传染性非典型肺炎等。2019 年 12 月 27 日,湖北省武汉市监测发现不明原因肺炎病例,在随后很短的时间内,武汉地区出现了局部社区传播和聚集性病例,其他地区开始出现武汉关联确诊病例,中国全面展开疫情防控。2020 年 1 月 5 日,武汉市卫生健康委在官方网站发布《关于不明原因的病毒性肺炎情况通报》,共发现 59 例不明原因的病毒性肺炎病例,根据实验室检测结果,排除流感、禽流感、腺病毒、传染性非典型性肺炎和中东呼吸综合征等呼吸道病原。习近平总书记于 2020 年 6 月 2 日在专家学者座谈会上的讲话中指出,这次新型冠状病毒肺炎疫情是 1918 年大流感以来全球最严重的传染病大流行,是第二次世界大战结束以来最严重的全球公共卫生突发事件,其复杂性、艰巨性前所未有,对全球经济社会发展的冲击前所未有。人类健康是社会文明进步的基础,而公共卫生则会对人类健康产生深远的影响。在人类社会的发展长河中,传染病始终是重大威胁。一部人类文明史可以说是人类同瘟疫的斗争史。天花、鼠疫、出血热等重大疾病都造成了骇人听闻的致死人数和巨大的破坏。进入 21 世纪,随着人类活动范围扩大、跨境流动频繁,病原体快速扩散到全球的条件不断发展,新发传染病平均每年出现 1 种，严重威胁人类健康。以冠状病毒为例，21 世纪以来已经发生过 3 次大的流行：2003 年发生的 SARS 事件（严重急性呼吸综合征）、2012 年发生的 MERS 事件（中东呼吸综合征）、2019 年发生的新型冠状病毒肺炎疫情。这次新型冠状病毒肺炎疫情的传播速度、感染范围、防控难度都远远超过前两次。〔1〕根据相关权威意见，新型冠状病毒肺炎疫情最开始是由什么原因引起的，目前还不完全清楚，只是怀疑与食用某些野生动物有关，因为在某些野生动物身上找到了与新型冠状病毒非常相近的病毒。而这正属于公共卫生文明规范的要求之一，培养健康文明的饮食习惯，不食用野生动物。新型冠状病毒肺炎疫情暴发之后，各地纷纷将其纳入法律规制之中，禁止养殖、食用某些被认为容易携带病毒的野生动物。

因此，注重和维护公共卫生不仅体现了社会和个人的文明程度，而且也会对整个人类社会生活环境的健康与稳定产生十分有利的作用和影响。搞好公共卫生，良好的卫生习惯和卫生条件在一定程度上遏制了细菌、病毒的繁殖和传播，也避免了为不知名的新细菌的演化提供生长环境。这样，我们整个人类社会赖以生存的公共环境也将更加健康、安全。

三、地方公共卫生文明基本要求

地方政府应当主动、积极地根据当地社会实际情况制定相应的公共卫生文明规范，韶关市《促进条例》在关于公共卫生文明行为的规范方面主要从公共卫生疾病传播、文明工程和形象出发，具体如下：

（1）防止疾病传播、培养公共卫生社交礼仪。流行性感冒、传染性疾病能够在人与人之间快速传播的很大一部分原因是患者不注重公共卫生礼仪，导致病毒扩散。据英国《每日邮报》2015 年 11 月 24 日报道，麻省理工学院的研究人员的最新研究表明，咳嗽和打喷嚏传播病毒的能

---

〔1〕 习近平："构建起强大的公共卫生体系 为维护人民健康提供有力保障"，载《求知》2020 年第 10 期。

力远超过人们的想象，咳嗽和打喷嚏可以使病毒在空气中快速飞行，在空气不流通的场所内其他人很容易受到这些带有病毒的飞沫的影响。研究人员通过慢动作视频，指出携带病毒的飞沫的感染力比我们认为的巨大得多。如在商场、超市、教室、电影院等人群密集的公共场所，吸入被病菌污染的空气容易感染继而引发呼吸道疾病。有医学专家认为，正确的"咳嗽礼仪"是预防呼吸道传染病的有效方法。所谓"咳嗽礼仪"不是说这是一种法律强制人们遵守的行为规范或礼仪要求，实际上，它属于个人文明素质行为的范畴。当人们在公共场所，尤其是在空气相对不流通的地方咳嗽、打喷嚏的，最好以正确的方式尽量阻挡因咳嗽、打喷嚏产生的大量飞沫，防止可能携带病毒的飞沫通过空气快速在人群中传播。注意"咳嗽礼仪"，既能很好地体现个人素质，也是对他人的健康负责，是公共卫生文明行为规范的基本要求。如果公民有咳嗽、打喷嚏的症状，那么其在日常生活中可以做到：①在公共场所咳嗽、打喷嚏时可用纸巾或手帕遮掩口鼻并注意适当低头避开他人，特别是不能面向他人正脸。这样做主要是为了避免飞沫喷溅传播病毒。其次，在公共场所咳嗽、打喷嚏等行为有时虽然难以控制，但还是会影响公共场所内的其他人，注意飞沫喷溅避开他人也是对其他人最基本的尊重。但不能采取错误的飞沫阻挡动作，如用手直接捂住口鼻，这不仅不能很好阻挡飞沫飞溅，导致病菌残留在手上，而且还会导致更加严重的后果，用手直接捂住口鼻会将随气流喷出的细菌和病毒反压回去，进入耳道损害耳膜，严重的还会引发中耳炎、脑膜炎。②在传染病疫情流行期间，患有感冒或呼吸道疾病的人都应尽量不要外出，减少与他人的接触，如果需要外出应当佩戴口罩。鉴于多数呼吸道传染病病毒以飞沫传播为主，正确佩戴医用外科口罩也是一个重要的防护方法。公民在佩戴口罩时应当正确区分正反面，要让口罩上鼻夹紧贴鼻梁两侧，还要把口罩褶皱部分轻拉至下巴部位，保证鼻子和嘴巴能够被口罩完全罩起来，这样可以有效地预防以飞沫传播为主的病毒性感染。同时，被感染的患者也应该佩戴口罩，防止将病毒传染给其他人。

（2）公共卫生文明工程和形象。根据《思科移动流量年度增长报告2019》和联合国报告的相关数据。目前，在全球的 70 亿人中有将近 50 亿已经使用上了手机。但直到 2017 年，仍有 6 亿左右的人在露天的环境下如厕。即便是在 2020 年，厕所数量的紧缺依旧是个亟须解决的问题。显然，公共厕所是对一个国家民生水平的最直观展示，也是一座城市现代化发展的体现之一。甚至可以说，在这个有限的狭小空间里，包含着人们的基本尊严。国内除了商场的公共厕所因建设水平和投资程度较高而受到中肯的评价之外，其他例如火车站、公园、旅游景点等地方的公共厕所受到的更多是负面评价。被集中反映的问题包括"环境脏、难以下脚""男女厕位比例不公""公共厕所的隐私安全无法保障""使用者素质不高"等，现实情况也大多如此。公共厕所的使用情况、清洁程度、设备设施的完好性程度最能体现一个城市（甚至一个国家）的基层文明水平。本市《促进条例》中的该条规定要求公民在公共厕所应当文明如厕，维护公共厕所的清洁卫生。公民应当爱护公共厕所，不随地大小便、扔垃圾、吐痰，维护公共厕所的整洁，不卫生的公共厕所会滋生、存留各种病毒细菌，只有依靠公民和社会的共同努力，才能从根源上截断危险源。在生活多样性方面，公民生活水平的提高使公民对文化的需求更高，层次更多，饲养宠物也变成了一种生活潮流。近年来，饲养宠物狗成了部分公民的爱好，但各地方仍缺乏对应的养犬法律规范。缺乏统一的养犬指南，不文明养犬行为层出不穷，此类现象也推动了各地方相继出台专门规范养犬、猫类动物的法律规范。宠物狗、猫是人类忠实的朋友。但不容忽视的是，饲养狗、猫等宠物也带来了一些社会问题。公民如何在享受宠物带来的慰藉的同时担负起应有的责任和义务，如何顾及宠物犬只给邻里和社会带来的影响成了衡量养犬者自身素质的一把"标尺"。管理好自己的宠物同时也是公民应当遵守的公共卫生文明行为规范的要求之一，因为人被猫、狗咬伤、抓伤之后不注意及时注射疫苗可能导致狂犬病毒等严重致死病例发生，对公共卫生安全造成不良影响。因此，公民养狗应当做到：①及时给犬只注射疫苗；遛狗时应当主动使用牵引绳，禁止无牵引绳进行遛狗；给犬只佩戴专用嘴套，防止狗扑咬、咬伤他人或其他动物；遛狗时应当主动避让行人，避免行人挑衅狗或狗滋扰行人；即时清理狗的排泄物，维护公共卫生环境。②禁止将犬只携带到相对禁止犬只进入的场所，避免犬只发生不可控的情形。③禁止饲养法律禁止的危险犬只、犬种，及时为饲养犬只办理养犬登记，做到一户养一犬等文明行为规范。公共卫生文明工程和形象体现了人与动物之间的关系，人和人饲养的动物在公共场所均应注意公共卫生问题，只有切实做好相关卫生措施，城市公共卫生文明才能稳步提升。

（3）兜底性条款。属于列举式规范的立法技术之一。

第十五条 【网络文明行为】

公民应当自觉维护网络安全和网络秩序，文明上网，遵守下列文明行为规范：

（一）拒绝网络暴力、网络霸凌，不浏览、传播内容不健康的视听资料和信息；

（二）不得利用网络侵害他人名誉、隐私、知识产权等合法权益；

（三）不发帖谩骂、攻击他人；

（四）不造谣，不信谣，不传谣；

（五）其他网络文明行为。

【导读与释义】

本条是《促进条例》关于公民应当自觉遵守网络文明行为规范，文明上网的规定。

一、网络并非"法外之地"，公民使用网络应当遵守宪法和法律

互联网信息技术的日新月异让每一位社会公民都能很容易地接入互联网世界，通过网络媒介工具（如手机、电脑等）浏览网络信息，享受触手可及的网络服务。相比于传统的现实世界，网络空间具有无形性、虚拟性等特征，每个人的身份都是数字化的表示，没有了现实中各种客观条件的限制，只需要输入一定的信息即可立即传达至网络空间，网络上的其他人也可同步浏览、评论、分享。人们传达信息的方式发生了本质上的变革。根据马克思的辩证唯物主义我们可以得知，认识事物要用一分为二的方法，既要看到其好的一方面，又要认识到其不好的一方面，

抓住主要矛盾及其主要方面。诚然，网络技术给我们人类世界创造了一个前所未有的网络虚拟空间，人们几乎可以无限制地在网络上作出任何网络空间行为；网络技术发展至今已十分繁荣发达，除了一些传统行为必须在现实世界作出之外，网络空间能做的事情越来越多。人们可以利用网络进行工作、上课、购物、交友，网络的便捷大大提升了人们的生活质量和文化满足；但另一方面，一部分人开始利用网络进行违法犯罪行为，高效、稳定的网络手段同样为其提供了更加恶劣的犯罪方式，通过网络在网络空间发布、传播犯罪信息，是一种新型的犯罪，是传统犯罪发展到特定阶段的产物。近年来，信息网络犯罪案件频发不穷。这类犯罪案件在将来可能会不断增加。据调查，检察机关审查起诉的网络犯罪主要集中于 12 个罪名，即诈骗、盗窃、开设赌场、侵犯公民个人信息、传播淫秽物品、非法经营、金融诈骗、生产销售有毒有害食品药品、非法吸收公众存款、贩卖毒品、非法买卖枪支弹药、组织领导传销活动等，这其中最主要的是利用网络实施诈骗。

对于《促进条例》中本条的规定需要准确理解"网络空间"是否可以被解释为"公共场所"。本条规定的内容主要是倡导公民遵守网络文明行为规范，这些行为规范通常会对社会公共秩序产生一定的影响，严重的还可能构成行政违法行为，甚至构成刑事犯罪行为。2013 年 9 月 6 日，最高人民法院、最高人民检察院发布的《关于办理利用信息网络实施诽谤等刑事案件适用法律若干问题的解释》（以下简称《网络诽谤解释》）第 5 条第 2 款规定，编造虚假信息，或者明知是编造的虚假信息，在信息网络上散布，或者组织、指使人员在信息网络上散布，起哄闹事，造成公共秩序严重混乱的，依照《刑法》第 293 条第 1 款第（四）项的规定，以寻衅滋事罪定罪处罚。自从该规定颁布以来，理论上一直有不同的看法。有的持肯定意见，认为网络空间可以被看成是公共场所。[1]但也有人持否定意见，如清华大学刑法学教授张明楷就认为："倘若将网络空间

---

〔1〕 参见曲新久："一个较为科学合理的刑法解释"，载《法治日报》2013 年 9 月 12 日。

认定为公共场所，那么，一本杂志、一份报纸也是公共场所，因为不特定的人都可以在杂志、报纸上发表言论；一个留言牌也是公共场所，因为不特定的人也可以在上面留言。"〔1〕刑法学界将上述《网络诽谤解释》的规定产生如此争议主要原因归结为担忧我国司法机关可能对"寻衅滋事罪"进行一些不合理的扩张解释，扩大该犯罪的适用范围，从而损害公民的法律权利。此外，扩张解释会导致刑法的不同条文之间互相矛盾，导致刑法在适用上出现不准确，甚至是侵犯人权的恶劣结果。1789 年法国《人权公民权利宣言》第 4 条规定："自由在于能够做不损害他人的任何事。因此，每个人行使自然权利的仅有限制，乃是那些保证社会其他成员享受同样权利之限制。只有法律才能规定这些限制。"刑法的目的确实是保证每个人生活在一个不受外界暴力压迫的环境下，在和他人自由交流的过程中自由选择自己的生活方式。刑法的作用不是压迫自由，而是保护自由。但"法律只能禁止对社会有害的行为"的另一层解读也就是"法律在必要时可以对社会有危害的行为予以禁止"。国家有必要权衡个人自由与公共利益，并以此确定相关法律的边界。事实上，任何国家的首要职能都是保卫公共安全，打击对社会有害的犯罪活动。〔2〕

　　毋庸置疑的是，虽然网络空间在客观上看不见、摸不着，也没有实体限制，但是其却依赖于各种物理设备，如各用户之间的客户端及网络提供商的服务器等实际存在的物体，网络发生变化、发送信息、实现功能都依赖于线下某个人的行为操作，其并不会不经人类操作而自动作出行为。这可以进一步推导出网络行为是人的行为，网络空间作为一个虚拟的存在是不会主动作出行为的，网络只是人作出行为的一种手段。因而，人们可以通过网络空间进行犯罪，甚至可以说，在信息时代，网络更有可能成为某些新型网络犯罪的作案工具。针对"寻衅滋事罪"，最高人民法院、最高人民检察院发布的《关于办理寻衅滋事刑事案件适用法

　　〔1〕　参见张明楷："简评近年来的刑事司法解释"，载《清华法学》2014 年第 1 期。
　　〔2〕　参见卢勤忠、钟菁："网络公共场所的教义学分析"，载《法学》2018 年第 12 期。

律若干问题的解释》第 5 条规定："在车站、码头、机场、医院、商场、公园、影剧院、展览会、运动场或者其他公共场所起哄闹事，应当根据公共场所的性质、公共活动的重要程度、公共场所的人数、起哄闹事的时间、公共场所受影响的范围与程度等因素，综合判断是否'造成公共场所秩序严重混乱'。"根据法律的体系解释方法，网络空间可以被认为是上述规定的"其他公共场所"的现实公共场所向网络空间的延伸，利用网络及在网络上作出符合"寻衅滋事罪"行为构成，造成公共场所秩序严重混乱的行为，即有可能触犯该刑法规定。同样，《治安管理处罚法》第 3 章第 1 节关于"扰乱公共秩序的行为和处罚"的第 23 条第(二)项也有类似的规定："（二）扰乱车站、港口、码头、机场、商场、公园、展览馆或者其他公共场所秩序的。"虽然我国立法机关并没有明确规定网络公共场所是否属于上述规定的"其他公共场所"，但是将网络公共场所纳入其调整范围并不违反法律原则，仅存在表达上的一些瑕疵。在网络犯罪案件和网络违法行为剧增的今天，这也是准确适用法律的时代要求。

综上所述，网络是否能被作为一些犯罪的实施条件（如上述的"寻衅滋事罪"）在学术界可能存在一些争议，但网络可以作为一种犯罪手段或者犯罪场所的观点基本能够得到法律和学术界的权威承认。一些人为博取关注、牟取不正当利益，不惜在网上微博、论坛、微信群、微信朋友圈造谣，刻意散播虚假信息。尤其是在新型冠状病毒肺炎疫情公共卫生事件应急期间，有很多扰乱社会公共秩序的造谣行为，这种行为不仅违反了互联网的相关规定，严重的还会构成违法犯罪。网络空间虽然是一个虚拟的世界，人们可以在里面做很多现实中无法做到的事情，但是我们必须认识到，网络空间的行为活动仍然需要受到现实社会法律规范的制约。网络并非法外之地，公民在享受网络带来乐趣的同时必须要遵守相关法律法规，树立遵纪守法的上网观念，进而培养良好的文明上网习惯，依法上网是现代网络生活的常识，也是文明上网的基本前提条件。

二、公民守护网络文明应当谨言慎行，理性思考

众所周知，网络是一个虚拟空间，人本身是不能进入网络空间的，当前的网络信息技术主要实现的功能是可以让人们通过一些网络设备，将自己想要发表、分享、传播的媒体信息发送到网络上，如言论、图片、多媒体视频等信息。网络上的其他用户可以同步浏览其发送的信息，同时受到发送者发送信息所传达的意思、思想的影响。举个例子，网络就像人人都可以在里面编辑、阅读、出借、评论的同一本"书"，而且所有这些功能都可以在同一时间发生、实现，人们可以发表任何语言评论，作出任何他想做的行为，所有的信息表达都代表着某个人的思想。从这一层面理解，就如同清华大学刑法学教授张明楷所认同的观点：网络公共环境不属于公共场所，它就像一本"书"或"报纸"，是表达言论且人体无法实际进入的地方。但在现实生活中，网络虚拟环境与客观现实世界的联系已十分密切，两者虽然永远都不可能变为一体，但是两者之间的信息资讯是共通的、互相联系的。现实中发生的事情可以成为网络空间的信息来源，例如网络新闻报道、社会事件等；而网络空间的信息也可以影响现实社会的运行，例如网上工作、网上权威发布会，政府通过发布权威信息对社会管理事项进行指引等。网络空间即便不属于法律规范中所称的严格意义的"公共场所"，也能够具备足够理由进一步说明网络空间是现实社会"公共场所"向网络方向的延伸。从这一层面理解，我们可以将网络公共环境纳入"公共场所"的范围之内。网络空间也是存在于另一维度的人类社会，运用好网络空间对现实社会"有百益无一害"。相反，运用不好或运用其实施不法行为则对现实社会"有百害而无一益"。中国互联网络信息中心（CNNIC）于 2020 年 4 月 28 日发布的第45 次《中国互联网络发展状况统计报告》显示：截至 2020 年 3 月，中国网民规模为 9.04 亿人，较 2018 年底新增网民 7508 万人，其中手机网民

规模达 8.97 亿人，互联网普及率达 64.5%。几乎每个人都可以通过移动网络成为信息的接受者，同时也可以成为议题的设置者和发言者。庞大的网民、庞杂的声音汇聚成一个错综复杂的舆论场。"人人都有麦克风、时时刻刻都发言"的自媒体、微信息时代已经到来，原有的网络生态被彻底打破。以往我们常用虚拟世界来区别网络与现实的不同，而现在网络与现实的界限变得模糊；以往我们用"网上冒烟网下燃"来说明一个网络热点话题会发酵成为社会热点事件，而现在其燃点已经变得更低。网上一个不负责任的谣言，很容易成为引发社会恐慌的爆点。[1]

我们每一位公民作为社会的成员，为维护良好的公共秩序应当首先做到遵纪守法，不遵守社会规则的人不会得到任何好处，严重的还会受到惩罚规则的制裁。网络公共环境同样要遵守一定的规则，如国家宪法和法律法规以及政府管理的各种规章制度，否则，网络公共环境很可能会变得混乱不堪、乌烟瘴气，滋长各种违法有害的网络信息，影响社会的发展与稳定，稍有不慎还可能导致社会从内部开始变坏，进而影响社会和国家安全。我们国家的网络建设进步巨大，网民规模属世界之最，这就给国家管理者提出了信息时代管理的巨大难题。公民在网络上作出什么样的行为通常没有固定的规律，管理层面难以实际控制，而且，公民在网络上的所言所止可以在瞬间完成，但其可能造成的后果影响却不可估量，需要等实际结果发生后才能知道，公民个人网络行为与行为监管之间存在一个无法逾越的时空滞后性。因此，网络文明更需要的是每一位公民在上网时谨言慎行，培养理性思考的良好习惯，要相信国家权威部门及权威发布，不要被某些"歪风邪气"带离社会正轨还不自知。具体而言，我们需要做到以下文明上网行为规范：

（1）坚决拒绝网络暴力和网络霸凌行为，主动做到不浏览、传播内容不健康的视听资料和信息，做到自律上网。相比于传统的现实冲突暴

---

〔1〕 参见"认清网络谣言的巨大危害"，载 http://theory. people. com. cn/n/2013/0826/c368343-22693223. html，2020 年 10 月 29 日访问。

力，网络暴力大大降低了施暴的条件，只要是接入网络的人，皆可以通过评论、留言等方式施暴，是软暴力的一种。同时，网络暴力的感染性更强，传播性更广，危害性也更大，更容易煽动其他人的负面情绪，造成不良的跟风现象。

互联网是欺凌的独特来源。例如，网民来自四面八方，交流也没有地理限制。换句话说，人们可能受到各自线下社区之外的欺凌。网络欺凌通常以一种极其公开的方式，打击受欺凌者的尊严，而网络交流参与者点赞、评论和分享欺凌内容的行为，也会产生推波助澜的作用。有时，网络欺凌者根本就不认识被欺凌者；在很多情况下，欺凌信息都以匿名形式发送，因此确认网上欺凌更为困难。如果没有管理机构干预，很难找到欺凌的始作俑者。所以，匿名欺凌会大大打击受欺凌者的信心，降低他们的安全感，使受欺凌者变得偏执多疑。通常，相比于来自熟人的欺凌，匿名欺凌造成的负面影响要大得多。[1]网络暴力和网络霸凌是一种无形的伤害，对被欺凌者来说更甚于有形的肢体伤害，无数网络匿名的欺凌者在素不相识且未曾谋面的情况下对其作出网络暴力行为，被欺凌者会感受到巨大的心理落差，感觉所有人都在针对他自己。实施网络暴力或网络霸凌也许很容易，但这并不是什么轻而易举地帮助他人的行为，不经意间的恶意评论或恶语相向对欺凌者来说可能微不足道，但我们仍然应当保留最基本的理性思考，尊重他人，拒绝网络暴力和网络霸凌。

另外，公民上网时还应当做到不浏览和传播内容不健康的视听资料和信息。网络信息时代的到来带来的最大变化就是为人们提供了数量巨大的信息量，但另一方面，巨大的信息量也会给人们造成困扰。大量信息并不都能保证其内容和结论的正确性。可以说，网络上充斥着大量错误的信息，人们若不注意分析辨别，则可能被这些错误信息所误导。同时，由于无数的信息来源、信息混合"加工"，人们很难分辨信息的真假

---

〔1〕　参见〔美〕利亚姆·哈克特：《网络欺凌及其对人权的影响》，联合国纪事文章。

或对信息是否真实疲于应对，网络技术让编造、捏造谎言和假象更加容易，相比于以往单纯的语言文字信息更有"说服力"。现如今，AI技术的出现让假图片、假视频的出现不再是难事，甚至能够达到以假乱真的效果。所以，法律行为规范需要予以明确指引，公民上网时需做到"清者自清，不辩自明"，主动拒绝接受不健康、不正规的信息来源及相关的有害信息，网络传播方式的变革为有害信息的传播提供了更为隐蔽且高速的方式，网络上不乏毒品犯罪、传销犯罪、黄色淫秽物品以及诈骗犯罪等不良有害违法信息，公民需坚定依法上网的立场，遇到违法犯罪网络信息应主动做到不浏览、不转发并向有关主管部门举报或提供相关违法犯罪线索。公民应当相信官方权威发布的信息，国家是保护公民的强大后盾，这在我国体现得更为明显，因为我国走的是以中国共产党领导的社会主义道路，建设和发展中国特色社会主义就必须以人民为中心，这是我国党政工作的基本原则之一。国家主管机关向社会发布公告或者信息必然会坚持绝对的权威性、公开性、客观性，信息来源和准确性都足以令人信服，最简单的方法是在网络搜索引擎搜索关键字"权威发布"，即可浏览国家发布的权威信息。相信权威网络信息也是公民文明上网的行为规范表现，我们应当以权威信息为准，避免不法分子混淆视听，误导群众。

（2）公民在上网时不得利用网络作出侵害他人名誉、隐私、知识产权等合法权益的行为。名誉权是一个人的重要权利之一，也可以说是一个人作为"人"的脸面，如果"面子"不好看，就会影响他人对自己的印象及判断。正因为如此，每个人对事关自己形象的这张名片都是非常重视的，除了锻造自己提升外在的名誉形象之外，也要严防他人对自己名誉权的侵害。《民法总则》第110条明确规定了自然人、法人、非法人组织享有名誉权。《民法通则》第101条规定："公民、法人享有名誉权，公民的人格尊严受法律保护，禁止用侮辱、诽谤等方式损害公民、法人的名誉。"如有公民认为他人作出侵害其名誉权的行为，可要求其停止侵害、消除影响、赔礼道歉、赔偿损失。《民法典》第 1024 条第 1 款也沿袭了这一规定："民事主体享有名誉权，任何组织或者个人不得以侮辱、诽谤等方式侵害他人的名誉权。"同时《民法典》第 1028 条规定："民事主体有证据证明报刊、网络等媒体报道的内容失实，侵害其名誉权的，有权请求该媒体及时采取更正或者删除等必要措施。"进一步规范了媒体报道信息的真实性，尤其是如今的网络信息时代造就了新型网络媒体、自媒体的兴起，公民利用网络就可以成为媒体人之一，发布相关媒体信息，但若不对这些主体加以规范，网络侵犯名誉权、隐私权等不道德、不合法行为将会层出不穷。《民法典》作为中华人民共和国第一部民法典，其制定出台具有里程碑式的意义，标志着我国民事法律规范进入了新时代的轨道，承接过去，面向未来。包括公民、法人等在内的民事主体的名誉权、隐私权、知识产权等合法权利将会受到更加广泛和具体的法律保护，不文明网络行为也会逐渐受到更多的规范和调整。

（3）公民在上网时应当做到不发帖谩骂、攻击他人；面对网络谣言时不造谣、不信谣、不传谣。此规定是韶关市《促进条例》的创新型规定，在地方性法规的制定中当属首例。"不发帖谩骂、攻击他人"实际上可以被纳入本条第（二）项规定的调整范围之内，之所以单独作为一项规定，说明其是本市政府通过认真调研，结合各地立法经验及地方执法情况、地方客观特色情形得出的科学结论。随着论坛、微博、微信等网络平台的兴起，网络侵权行为案件数量剧增。根据有关媒体报道，近年来，在北京市第一中级人民法院审理的侵犯人格权的案件中，其中 75% 是利用网络实施的。《扬州晚报》于 2016 年 12 月 27 日发表过一篇报道：吴某因曾经与严某发生过纠纷，被严某在当地的网络论坛上发帖谩骂。气愤之下，吴某将发帖人和网站告上法院。后来，江苏省常州市钟楼区人民法院判决确认发帖人严某构成名誉侵权，要求其在网站上公开赔礼道歉、消除影响、恢复名誉，这便是一例典型的发帖谩骂他人的反面案例。由于互联网具有多层次、开放性等特点，公民在网络上发表相关言论后，很容易被不知情的人围观、评论和传播，传播速度之快及后果影响之大都是不可预知的。相比于网络，在现实生活中作出的行为影响力极其有限，因而在网络上公民更应谨慎地规范自我言行。

因互联网的兴起，网络造谣变得愈加普遍，网络谣言问题处理不好很有可能引发社会的不稳定情形。通常，网络谣言有以下危害：①网络谣言会无限加剧社会恐慌情绪，给社会管理增加不稳定因素。"秦火火"和"立二拆四"案件当属于此。该二人创立尔玛公司，而后通过网络策划传播各种社会热点事件，在"7·23"甬温特大铁路事故发生后，"秦火火"在网上编造了中国政府花2亿元天价赔偿外籍旅客的谣言，仅2小时就有上万条微博转载，挑动了民众对政府的不满情绪，使政府的善后处置陷入被动。2011年3月，日本发生地震核泄漏事故后，网民"渔翁"在QQ群上发消息称中国食盐将受核污染，后经大量转发扩散，中国部分地区开始疯狂抢购食盐，市场秩序一片混乱……〔1〕②网络谣言引发信任危机。网络谣言善于将社会矛盾放大、转化为现实危害，引发人们对社会和国家的担忧，动摇国家管理的根基，引发一系列的公共信任危机。③网络谣言损害国家及中国共产党的形象。中国共产党和社会主义都是人民和历史的正确选择，也是符合我国发展的唯一道路。在西方敌对势力的教唆与指使下，一些别有用心者经常将网络谣言的矛头指向党和政府，恶意捏造事实，产生巨大的眼球效应。这不仅会损害他人合法权益，污染网络生态，更会影响社会稳定，损害国家形象。

编造虚假的险情、疫情、灾情、警情，在信息网络或者其他媒体上传播，或者明知是上述虚假信息，故意在信息网络或者其他媒体上传播，严重扰乱社会秩序的行为，依据《治安管理处罚法》第25条的规定依法予以处理；构成犯罪的，依《刑法》第291条之一"编造、故意传播虚假信息罪"的规定作出刑事处罚。

---

〔1〕 参见"认清网络谣言的巨大危害"，载 http://theory.people.com.cn/n/2013/0826/c368343-22693223.html，2020年10月29日访问。

治理网络谣言首先要做到有法可依。完善相应法律法规，做好各项制度建设，落实平台主体责任。实际上，近年来，为加大网络谣言的整治力度，国家已经采取了多项措施。2017 年 6 月 1 日，《网络安全法》正式实施，对"网络实名制"作出明确规定。其中第 12 条第 1 款规定："国家保护公民、法人和其他组织依法使用网络的权利，促进网络接入普及，提升网络服务水平，为社会提供安全、便利的网络服务，保障网络信息依法有序自由流动。"国家要求网络信息合法有序，相继出台的《互联网群组信息服务管理规定》《互联网跟帖评论服务管理规定》《互联网直播服务管理规定》等规范性文件也对网络谣言等乱象对症下药。2018 年 8 月，由中共中央网络安全和信息化委员会办公室违法和不良信息举报中心主办的中国互联网联合辟谣平台上线，为广大群众提供了辨识谣言、举报谣言的权威平台。有专家建议，可以创建大型共享谣言素材数据库，开展联合辟谣，就用户平台资质审核、内容监管等问题达成共识，制定相关行业社群规则。以微信为例，其陆续推出辟谣中心、辟谣助手小程序。[1]韶关市《促进条例》的该规定从信息时代出发满足现实社会对文明网络行为的客观需求，在立法层面无疑具有一定的前瞻性和长期性。但我们也应当知道，公民个体具有唯一性，不代表其使用的网络主体具有唯一性，一个人可能拥有多个不同的网络身份。制定相应的网络文明行为规范想要取得良好的实施效果，需要多方主体的共同努力，引导大家培养文明自律的网络行为，促进网络空间日益清朗。

（4）其他网络文明行为。

---

[1] 参见"网络谣言必须被严打"，载 http://m.xinhuanet.com/comments/2019-07/10/c_1124732669.htm，2020 年 11 月 9 日访问。

第十六条 【健康生活方式】

公民应当践行低碳、环保、绿色的生活方式，文明健康生活，自觉遵守下列文明行为规范：

（一）节约粮食、水、电、煤、燃油、天然气和其他公共资源；

（二）文明用餐，不酗酒不劝酒，使用公筷公勺，采用分餐的健康卫生饮食方式；

（三）摒弃滥食野生动物的行为，不非法食用、买卖野生动物及其制品；

（四）节俭办理婚嫁喜庆事宜，拒绝奢华和浪费；

（五）文明简约殡葬、祭祀，不随意焚烧、抛撒、处置祭祀物品；

（六）按照规定分类投放垃圾，主动减少日常生活废弃物对环境造成的污染；

（七）自觉抵制黄、赌、毒、封建迷信等行为；

（八）其他健康文明生活行为。

【导读与释义】

本条是《促进条例》关于公民应当践行文明健康生活方式的文明行为规范的规定。

一、文明生活行为方式的立法背景

本条规定在一定程度上体现出了中华民族的传统美德。纵观中华民族五千年的悠长历史，我们可以发现，中华民族自古以来就是一个坚韧不拔、勤劳善良、勤俭节约的团结民族。人类在社会发展到奴隶制、封建制阶段时，已基本能够通过劳动创造出满足自身使用的公共资源，如大量种植、生产粮食，驯服、养殖其他动物，甚至制造出自然中不会形成的工具。在那个生产技术水平及社会文明水平不高的社会时代，公共资源就代表了权力来源——尤其是粮食。毫不夸张地说，谁能让人们能够吃上饱饭，谁就可以建立一个"国家"，粮食安全就是国家根基。人类社会从古至今的各种社会活动都是为了争夺公共资源，包括争夺土地、粮食、水资源等。因为人作为自然界的组成之一，必然有其自然需求，最基本的自然需求即人的生理需求，人自身都需要满足解饥、御寒、睡眠等所需的食物、衣服、住所等方面的需求。如果连最基本的生理需求都无法满足，其他任何事情都将变得毫无意义，更不用说要求人变得文明了。中国第一个封建王朝——秦朝的建立，离不开历经接近 200 年的励精图治、适时变革，在富国强民层面最主要的措施是重视国家农业发展，以国家力量限制其他行业发展，为的就是保障国家粮食安全，人们不会为了粮食而引发战争，国家根基也能得到稳固。公元前 356 年，秦孝公任命商鞅为左庶长，在秦国国内开始第一次变法，其中一项变法内容是"重农抑商，奖励耕织，特别奖励垦荒；规定生产粮食和布帛多的，可免除本人劳役和赋税，以农业为'本业'，以商业为'末业'，并且限制商人经营的范围，重征商税"。商鞅通过重视农业发展和以国家力量激励人们生产粮食资源的方式使秦国从偏隅一方的小国向东进强国转变，为其奠定了坚实的物质条件基础。在秦朝之后的两千多年里，中华大地经历了很多个统一王朝，国家当权者管理社会的方式也多种多样，但几乎无一例外地沿袭了秦朝对农业发展的基本原则。进一步说明，粮食能够在很大程度上影响国家安全，甚至可以起到决定性作用。在现代，社会生产技术已经达到了相当高的水平，人类可以运用农业科学研究和农业生产技术大规模、大批量地生产粮食，相对富足的粮食储备让现代社会的人们不会再为粮食发愁，人们甚至可以品尝到世界各地的美食，粮食需求层次得到了质的提升。粮食作为一种基本的公共资源，对保障国家安全具有不可替代的关键作用。

我国粮食从20世纪80年代开始基本能达到自给自足，21世纪以后国家粮食年年都能保持丰收。然而，我国是一个拥有14亿人口的大国，粮食消费量非常巨大。中国共产党在此保持了一贯的危机意识，一直重视保障我国粮食安全。"食为政首，粮安天下"，粮食安全始终是习近平总书记高度重视、时刻关心的问题。习近平总书记一直提倡"厉行节约、反对浪费"的社会风尚，多次强调要制止餐饮浪费行为。今年全球新型冠状病毒肺炎疫情所带来的影响为我们敲响了警钟，要对粮食安全这一问题始终怀有危机意识。[1]早在2013年1月，习近平总书记就作出了重要指示，要求反对浪费资源、厉行节约，尽快完善相关制度措施，遏制公款消费的各种违法违规违纪的行为和现象。中共中央、国务院于2013年11月18日发布《党政机关厉行节约反对浪费条例》，进一步弘扬艰苦奋斗、勤俭节约的优良作风，推进党政机关厉行节约反对浪费，建设节约型机关。要求国家党政机关以身作则，率先规范铺张浪费行为，树立节约资源的生活作风。除了粮食之外，水资源、电力资源、煤炭资源、石油资源等公共资源都应当节约使用，国家也专门出台了相应的法律规定。针对节约城市用水，国务院曾发布《城市节约用水管理规定》和《城市供水条例》，目的是加强城市节约用水管理，保护和合理利用水资源；针对节约电力资源，《电力法》和《电力供应与使用条例》均规定了国家对电力供应和使用实行安全用电、节约用电、计划用电的管理原则。我国为节约现代社会发展所必需的能源制定了《节约能源法》。该类能源主要是指煤炭、石油、天然气、生物质能和电力、热力以及其他直接或者通过加工、转换而取得有用能源的各种资源，本法是为了推动全社会节约能源，提高能源利用效率，保护和改善环境，促进经济社会全面协调可持续发展。节约资源是我国的基本国策。《宪法》第14条第2

---

〔1〕参见"浪费可耻节约为荣，习近平关切'小米粒'里的'大民生'"，载http://theory.people.com.cn/n1/2020/0813/c40531-31821446.html，2020年11月10日访问。

款规定："国家厉行节约，反对浪费。"《民法典》在总则部分第9条也规定："民事主体从事民事活动，应当有利于节约资源、保护生态环境。"这被称为是民法典基本原则之一的"绿色原则"。通过"北大法宝"法律检索系统检索以"节约"为内容的现行有效的法律规范共有法律236部、行政法规952部、司法解释128部、部门规章6860部，现行法律体系中关于节约原则的规定几乎囊括了国家、公民、法人、非法人组织的方方面面。可以说，这个全面的节约型法律体系构成了文明生活方式行为规范的"核心"法律来源和立法背景。

二、文明生活方式值得培养、值得提倡

如前所述，我国是一个历史悠久、民族文化源远流长的国家，文化的范畴极为广泛，包括社会公民的各种精神生活、艺术创造、风俗习惯等。文化经由每个时代的人们传承下来，其中仍有值得我们现代社会人们学习和传承的精华，儒家文化中的"仁、义、礼、智、信"值得我们继续发扬传承；同样，事物都有两面性，传统文化中也有一些封建残留的、落后野蛮的文化糟粕。建设现代文明社会要求我们在继承优秀传统文化的同时摒弃不符合时代发展和社会要求的文化糟粕，不走历史虚无主义道路，将时代精神融入优秀传统文化，对待中华民族文化既要一脉相承，又要推陈出新。文明社会的体现之一就是社会中人们具备丰富的精神生活，这是相对于物质基础来说的，当拥有了一定程度的物质基础后，人们的需求层次将变得更为复杂，单纯的物质供应无法很好地满足人们的精神需求。只有大力发展文化，丰富人们的精神生活，不断提升人们的精神境界，当人们开始自觉接受优秀文化的洗礼和熏陶时，培养文明的生活方式以及促进建设文明社会才会是顺理成章的事情，这正是本市《促进条例》的立法目的和价值追求。文明生活方式值得培养、值得提倡，文明生活方式不仅可以提升人们的生活质量，而且能够丰富人们的文化涵养，成为新时代中国特色社会主义文明的拥护者和践

行者。

（1）公民应当节约粮食、能源和其他公共资源。粮食作为人类生存所需要的能量来源，能够满足人类自身生存的需要；在现代社会里，能源和其他公共资源能够满足社会生产的需要，从而驱动社会各方面的正常运转。2018年，中国科学院地理科学与资源研究所和世界自然基金会联合发布的《中国城市餐饮食物浪费报告》披露，中国餐饮业人均食物浪费量为每人每餐93克，浪费率为11.7%，大型聚会浪费达38%，学生盒饭有1/3被扔掉。初步测算，2015年中国城市餐饮业仅餐桌食物浪费量就在1700万吨至1800万吨之间，相当于3000万至5000万人一年的食物量。[1]餐饮食物浪费量级触目惊心，人们在浪费粮食时绝不会想到浪费的总量会如此之多。粮食的种植和生产本身需要耗费大量的土地、水、微量元素营养等自然资源，粮食作物在生长过程中还需要人们付出大量的劳动及施加肥料，粮食制作成品也需消耗煤、天然气等各种能源。仅仅粮食这一类产品本身就包含了各种资源的投入，若粮食被无故浪费，则相当于将生产该粮食所消耗之资源全部浪费。粮食消费是否科学、合理，食物营养结构是否完善，关乎社会文明，也关乎国家粮食安全。公民应当改变不良的粮食消费习惯，杜绝浪费粮食，自觉遵守节约粮食的文明行为规范。

在此之前，由于社会生产科学技术、理论知识等客观条件的制约，人类社会的发展与进步都需要消耗大量的自然资源和各类公共资源，是以牺牲环境资源和破坏环境来换取社会发展的粗放型发展方式。现代中国无法单纯依靠国内资源来支撑传统工业文明的持续增长，国内资源人均占有量均低于世界平均水平，资源利用水平仍然不高，还处于资源初级利用阶段，环境资源难以支持高污染、高消耗、低效益的发展方式，资源浪费同样相当严重。同时，资源浪费还带来了一系列附加问题，目前世界范围内突出的环境问题主要有全球气候变化、水污染、生物物种

---

[1] 参见《中国城市餐饮食物浪费报告》（2018年）第9页。

灭绝、电子垃圾、酸雨污染、土地沙漠化等。文明的社会发展途径应当是建设资源节约型、环境友好型社会，地球的资源并不是取之不尽、用之不竭的，资源能源需在节约的前提下优化利用，才能推进文明资源型社会的建立。我们要倡导节俭、文明的生活方式，形成"节约光荣，浪费可耻"的良好社会风尚，不断提高公众的资源忧患意识和节约意识。

（2）公民应当践行健康文明的饮食方式。培养文明的用餐习惯，饮酒要适当，不劝人饮酒，更不应在用餐过程中做出其他出格行为；为了保障公共饮食安全，应当使用公筷公勺，采用分餐这一健康、卫生的饮食方式。摒弃滥食野生动物的行为，不非法食用、买卖野生动物及其制品。《促进条例》本条规定的第（二）（三）项主要关注公民的用餐文明行为和健康的饮食习惯，目的是通过健康、文明的饮食来保障公民自身的健康。用餐不注意卫生，容易导致某些通过消化道、呼吸道传播的传染性疾病不断传播。如肠道传染病病原菌通过不同途径依附在食物上，健康的人食用或饮用这些带有病原菌的食物或水，感染肠道传染病患者的排泄物仍然会带有这些病原菌，病原菌传播会不断循环、扩大范围。由这一途径传播的病原微生物有很多，细菌主要有痢疾志贺氏菌、沙门氏菌、病原性大肠杆菌、副溶血弧菌等，会引起腹泻或食物中毒；病毒有甲型肝炎病毒、柯萨奇病毒等，会引起甲型肝炎、病毒性心肌炎等严重危害人类健康的传染性疾病。文明用餐，倡导使用"一菜一公筷、一汤一公勺"，既文明又健康，能够尽量防止细菌、病毒通过食物在人群中交叉感染。公民应当更加爱惜、尊重生命，拒绝食用野生动物，不要以为"野味"就有特殊的食用价值，这是毫无科学依据的，不管是出于食用价值还是好奇心都不应该食用野生动物。众所周知，野外环境十分复杂，许多野生动物身上都携带着多种病毒、寄生虫，就算经过高温熟食烹饪，也无法保证完全消灭病毒、细菌。不知名的细菌、病毒一旦通过食物进入人体，很可能会给我们的身体造成难以预料的伤害。正因为如此，新型冠状肺炎病毒疫情发生后，国家大力倡导全社会成员自觉革除滥食野生动物的陋习，养成科学、健康、文明的生活方式。国家立法机关也在积极推动相关立法规范的制定和完善。

（3）公民应当提倡文明、健康的风俗习惯。中华文化博大精深、源远流长，从人的出生至死亡的每一个人生阶段和节日各地都可能存在不一样的风俗习惯，这些都与中华文化具有密切联系。对于能够体现人文情怀和宗法情感联系等合理需求的风俗习惯，我们应给予一定的尊重。如红白喜事只要方式得当，就应当尊重群众需求。但其中不乏"攀比""铺张浪费"等不正之风，少数地方出现了"天价彩礼""贷巨款大摆宴席""豪华厚葬""高价人情礼金"等不文明社会现象。移风易俗是建设文明社会必须要求做好的工作，但这不能"一刀切"，需结合社会现实需要和客观条件以及人民群众的感情需求等因素进行考虑，要在全社会倡导树立婚丧嫁娶新风、孝悌和睦家风和文明和谐乡风，要建立新时代新观念。无论哪个国家和民族，对红白事都有其不同的理解和观念，必要的仪式不仅代表了人们的情感联络，还体现了人们之间的和睦与尊重，因而红白喜事是人民群众的客观现实需求，关键是以什么样的方式进行红白喜事。在中国农业农村部举行的《关于进一步推进移风易俗建设文明乡风的指导意见》新闻发布会上，中央文明办一局局长张志勇就指出："《意见》也进一步提出明确要求，地方各级党委和政府有关部门应该主动担当、积极作为，选准撬动的突破口和着力点，大力挖掘和倡导优良的家规、家训、家风，包括一些地方家谱当中一直提倡的勤劳节俭的好理念，逐步将婚事新办、丧事简办、孝老敬老等清风正气融入群众生活，使文明新风在广大农村落地生根。"婚事是喜庆之事，但婚事也可以新办，出于传统又新于传统，节俭办理婚嫁喜庆事宜，避免攀比之风，拒绝奢华和浪费。殡葬、祭祀关乎家族传承、亲情流传，但逝者已矣，应当文明简约地进行相关事宜。《大气污染防治法》第 83 条第 1 款规定："国家鼓励和倡导文明、绿色祭祀。"公民在祭祀过程中应当自觉做到不随意焚烧、抛撒、处置祭祀物品，倡导文明、高尚的家风。

（4）公民应当践行文明的生活方式。随着我国生活垃圾产生量的迅速增长，环境隐患日益突出，这已经成为制约新型城镇化发展的重要因素。因此，垃圾分类势在必行。2017年，国家发展和改革委员会、住房和城乡建设部联合制定出台《生活垃圾分类制度实施方案》，遵循"减量化、资源化、无害化"的原则，实施生活垃圾分类，以有效地改善城乡环境，促进资源回收利用，加快"两型社会"建设，提高新型城镇化质量和生态文明建设水平。《固体废物污染环境防治法》也明确规定，国家推行生活垃圾分类制度。2016年12月，习近平总书记主持召开中央财经领导小组会议研究普遍推行垃圾分类制度。他强调，实行垃圾分类，关系到广大人民群众的生活环境，关系到节约使用资源，也是社会文明水平的一个重要体现。[1]公民应当按照正确的垃圾分类方式投放生活垃圾，对应分类的生活垃圾可以加快资源回收和利用的效率，同时能够减少日常生活废弃物对环境造成的污染。

公民应当坚持正确的人生观，洁身自好，坚决不做违法犯罪的事情，自觉抵制涉黄、涉赌、涉毒违法犯罪行为。黄、赌、毒都会对人造成极大危害，不利于身心健康，更会导致经济损失，无数被害者倾家荡产、妻离子散。培养社会文明新风尚，首先就应当树立正确的价值观、人生观、世界观，培养高尚的道德情操，自觉抵制黄、赌、毒和封建迷信行为，遵循健康、快乐的文明生活方式。

---

〔1〕 参见"习近平：培养垃圾分类的好习惯 为改善生活环境作努力 为绿色发展可持续发展作贡献"，载 http://www.gov.cn/xinwen/2019-06/03/content_5397086.htm，2020年11月3日访问。

第十七条 【文明出行行为】

公民应当文明出行，自觉遵守下列文明行为规范：

（一）乘坐公共交通车辆时，不得将宠物带上车，不在车内抛杂物，不大声交谈、播放视频音频等；

（二）在公共交通车辆上主动给老、弱、病、残、孕、怀抱婴儿者等乘客让座，不霸占座位；

（三）驾驶车辆不得互相追逐竞驶；

（四）驾驶车辆慢速通过人行横道，友善礼让行人；

（五）驾驶车辆慢速通过积水路段；

（六）电动摩托车、电动自行车骑乘人员应当佩戴头盔；

（七）车辆停放有序，服从管理；

（八）行人应当走斑马线，穿行道路时不使用手机、嬉戏等；

（九）其他出行文明行为。

【导读与释义】

本条是《促进条例》关于公民应当遵守文明出行方式的文明行为规范的规定。

一、文明出行需要立法保障

（一）交通违法是导致交通事故的主要原因

据公安部统计：截至 2020 年 6 月，全国机动车保有量达 3.6 亿辆。其中汽车 2.7 亿辆；机动车驾驶人 4.4 亿人，其中汽车驾驶人 4 亿人。现在人们生活富裕了，购买一辆机动车并非难事，加上日常生活出行或通勤需要，几乎每个家庭都拥有一辆以上的各式机动车。全国机动车保有量的快速增加给交通管理带来了很大的压力，主要问题是交通事故的不断增加，而导致交通事故的主要原因是驾驶人违反交通法律法规等规则。据统计，由驾驶人交通违法（如驾驶人疏忽过失、疲劳驾驶、违规超车不让行、违规占用车道、酒后或饮酒驾驶）造成的死亡人数，占交通事故死亡总数的半数以上。机动车作为一种人为制造的机器，其本身可能出现故障问题，导致交通事故发生，但这种事故概率在当前机动车定期保养保修的商业环境和国家强制年检的情况下已经可以降到非常低的程度。因而交通事故是否发生的关键还是驾驶人。驾驶人操作不当或不按规则操作很有可能导致问题发生，尤其是在当前我国机动车保有量急剧增加的背景下，驾驶人交通规则意识不强、交通安全意识淡薄导致出现交通事故的概率大大增加，这也是不文明出行的行为表现之一。文明出行首先应当以安全出行为最终目的，这就需要国家立法给予法律层面的强制性保障，通过制定和完善相关交通法规来调整机动车驾驶人的道路驾驶行为，只有规范统一和遵守交通法规的交通行为才能有效地保障交通安全。

近年来，我国道路交通持续快速发展，机动化进程不断加快，道路交通事故多发、易发，造成大量人员伤亡。据统计，我国交通事故死亡人数中当场死亡的占 20.8%，未当场死亡但在救护人员到达之前死亡的占 27.2%，抢救无效死亡的占 52%，事故伤员死亡率和死伤比较高，有相当比例的交通事故伤员因被贻误救治时机而死亡。[1]机动车行驶速度一般较快，行驶动能较大，若发生碰撞可能导致不可预料的严重后果。不断出现的交通事故和递增的伤亡人数让人类付出了惨痛代价，世界各国都必然会制定一系列成体系的交通法规和交通规则，以便保障公民的出行安全及出行效率。我国也不例外，《道路交通安全法》《道路交通安

---

〔1〕 参见《公安部办公厅、国家卫生健康委办公厅关于健全完善道路交通事故警医联动救援救治长效机制的通知》（公交管〔2020〕161号）。

全法实施条例》是我国主要的交通法规，其中规范机动车和机动车驾驶人的规定可以说都是无数交通违法者用十分沉重的代价换来的。其既是规范，也是"沉默式"的警示。《道路交通安全法》第22条和《道路交通安全法实施条例》第104条均对机动车驾驶人作出了"过度疲劳影响安全驾驶的，不得驾驶机动车"的强制性规定。驾驶人疲劳时会出现视线模糊、动作呆板、精力不集中、反应迟钝、思考不周全、精神涣散等现象。驾驶人处于轻微疲劳时，会出现换挡不及时、不准确的现象；驾驶人处于中度疲劳时，会出现操作动作呆滞，有时甚至会忘记操作的现象；驾驶人处于重度疲劳时，可能还会下意识地操作或出现短时间睡眠现象，严重时还会失去对车辆的控制能力。疲劳驾驶会导致驾驶人判断能力下降、反应迟钝、增加操作失误，如果仍勉强驾驶车辆，则可能导致交通事故的发生。在重大交通伤亡事故中，"疲劳驾驶"是出现得比较频繁的主观因素。例如，"沪昆高速7·19客货车相撞事故"。2014年，沪昆高速湖南境内段的两车相撞事故共造成5台车辆烧毁，54人死亡、6人受伤，直接经济损失5300余万元。事故原因经过调查，系驾驶人疲劳驾驶及非法运载危险物品。随后，检察机关介入沪昆高速湖南邵阳段"7·19"特大道路交通危险化学品燃烧事故调查，依法以涉嫌玩忽职守犯罪对11名国家机关工作人员立案侦查，并采取强制措施。《道路交通安全法》第48条第1款还规定："机动车载物应当符合核定的载质量，严禁超载；……"一些载货机动车非法改装及有关部门的监管缺失使不少人顶风作案，冒着生命危险超载运输，道路、高架桥等公共道路都有一定的承受能力，超载机动车会让公共道路承载更大的压力，容易导致事故发生。例如，2019年10月备受全国关注的"10·10无锡高架桥侧翻事故"。2019年10月晚，无锡境内跨桥出现桥面侧翻。桥下现场三辆小汽车被压（其中一辆无人），事故共造成3人死亡、2人受伤。事故调查初步结论可能为：货车严重超载；货车违规进入高架；交通管理部门监管缺失。据无锡市委宣传部发布的消息，事故调查全面展开，多人被采取强制措施。由上可以得知，交通违法行为是交通事故发生的主要原因，而且若因重大交通违法行为导致特别严重的后果还可能触犯刑法，机动车驾驶人及相关负有管理义务的责任人也会因疏于监督、管理而对事故后果承担相应的法律责任。

（二）立法应严格规范交通违法行为，保障交通出行文明

机动车需要在驾驶人严格按照操作规则、自身保持高度警觉性、意识性的状态下行驶。在 2011 年以前，我国酒后不文明驾驶机动车的行为非常普遍，喝醉酒后驾车、飙车和其他危险的驾驶行为造成重伤、死亡的惨案频繁出现。根据最高人民法院的统计，由酒后驾车和醉酒驾车造成的交通事故，仅在 2009 年 1 月到 8 月就发生了 3206 起，造成 1302 人死亡。但在当时，醉酒驾驶或其他一些危险驾驶行为在没有实际造成严重后果或者严重危害社会公共安全的情况下，通常不会被认定为是刑事犯罪行为，这是因为当时的刑事法律并没有将醉酒后驾驶行为纳入其调整范围。再加之酒精具有令人上瘾的作用，将醉酒后驾驶机动车行为当作一般行政违法行为处理，行政处罚过后行为人几乎都会再犯。虽然更严厉的处罚措施不一定会大幅降低违法行为的数量，但是缺乏约束程度更高、处罚措施更严厉的规定，则会使严重程度较轻的前行为导致程度更严重的后行为发生，由于前行为不属于犯罪，刑法单纯评价后行为可能会导致适用法律不准确或法律适用效果不好的问题。为适应社会发展和人民群众的需求，第十一届全国人民代表大会常务委员会第十九次会议于 2011 年 2 月 25 日通过《刑法修正案（八）》，在《刑法》第 133 条的"危险驾驶罪"后增加一条，作为第 133 条之一，在道路上驾驶机动车追逐竞驶，情节恶劣的，或者在道路上醉酒驾驶机动车的，处拘役，并处罚金。这是我国《刑法》首次将醉酒后驾驶机动车的行为纳入其调整范围，即俗话说的"酒驾入刑"。机动车驾驶人在饮酒后，按照法律规定被认定为醉酒状态驾驶机动车的，即使没有实际造成危害后果和其他危害社会公共利益，也能直接构成"危险驾驶罪"，应当依法予以刑事处

罚并承担相应的刑事责任。而根据公安部标准规范文件《车辆驾驶人员血液、呼气酒精含量阈值与检验》（GB 19522-2010）的规定，车辆驾驶人员饮酒后或者醉酒后驾车，血液中的酒精含量阈值为：20≤饮酒后驾驶<80（毫克/100毫升），80≤醉酒后驾驶（毫克/100毫升）。即机动车驾驶人血液酒精含量大于或等于20毫克且不超过80毫克每百毫升的，属于饮酒后驾驶，虽然尚未达到"危险驾驶罪"的入罪标准，但是依然属于行政违法行为而应当受到行政处罚；大于或等于80毫克每百毫升的，属于醉酒后驾驶，按照《刑法》第133条之一"危险驾驶罪"的规定进行评价。通过制定明确的法律规定和相应的检测标准，针对醉酒驾驶行为做到有法可依，才能对这类违法犯罪行为进行更加有效的管理，更加有效地保障社会出行文明。

二、公民文明出行的行为规范

公共交通法律规定通常是为了维护公共交通安全和通行规范、效率，而文明出行行为规范更多的是体现公民的个人素质及社会出行环境的文明化程度。若以"良法善治"为前提，缺乏约束性作用的法律规范就不能很好地管理社会。同样，法律本身需要作出合理、科学的行为规范，如此才能让"良法"和"善治"相得益彰、互相促进，达到"良法善治"的功能目的。近年来，我国各地都十分重视建设社会文明，一些公民作出的不文明行为不仅缺乏个人素质，还会影响社会中其他遵守文明行为规范的人。因此，公民在出行时应当遵守公共出行秩序、文明出行习惯等行为规范。具体而言有以下两个方面。

（一）公共出行秩序

公民乘坐公共交通车辆时，不将宠物带上车。在空间相对比较封闭、空气不流通的公共交通工具内，宠物容易因这种陌生的环境而产生不安、狂躁情绪。一来管理宠物比较困难，二来会给其他人造成许多困扰，故而世界上的绝大多数国家都有明文规定：非经一定程序申请一般都不允许携带宠物进入公共交通工具。例如，在宠物搭乘飞机的问题上，目前我国的航空公司只有海南航空发布公告称正在试行"客舱运输宠物"，但对办理程序和航班线路都有严格的限制。其他大部分航空公司对此均只接受宠物托运的方式，即人和宠物分离运输的方式；且航空公司通常会与乘客协议约定除航空公司原因外，在运输过程中若出现宠物患病、受伤和死亡的，航空公司不承担责任。公民乘机前未经申请及提交相应的小动物疫苗注射证明、动物检疫合格证明，航空公司可以拒绝运输其宠物。城市公交、地铁系统同样也是如此，为保障运输安全和公告出行文明秩序，均明确规定禁止携带宠物乘车，特种领域的动物除外。如《北京市轨道交通乘客守则》第14条第（二）项规定："（二）禁止携带活禽、猫、狗（警犬、导盲犬除外）等宠物以及其它可能影响轨道交通运营或其他乘客乘车的动物乘车。"《上海市轨道交通乘客守则》第9条第（九）项规定："凡进站、乘车的，禁止下列行为：……（九）携带活禽以及猫、狗（导盲犬、军警犬除外）等动物。"《深圳市城市轨道交通乘客守则》第2条规定："乘客不得携带动物乘车，除盲人乘车时携带的导盲犬及执行任务的军警犬外的其他活体动物。"公民乘坐公共交通车辆时应当保持个人卫生清洁，不在车内抛撒杂物，破坏公共乘车卫生环境。《城市公共汽车和电车客运管理规定》第38条规定，乘客应当遵守乘车规则，文明乘车，不得在车辆内或者场站内饮酒、吸烟、乞讨或者乱扔废弃物，否则可拒绝为其提供乘车服务。保持良好的公共车辆卫生环境对于保障公共车辆安全运营具有积极的促进作用。公民在乘车过程中应当做到不大声交谈和以外放形式播放视频音频，避免嘈杂的声音影响公民的乘车感受。

公民在公共交通车辆上应当主动给老、弱、病、残、孕、怀抱婴儿者等乘客让座，不霸占座位。《民法典》第815条规定，旅客应当按照有效客票记载的时间、班次和座位号乘坐，自觉遵守客运合同义务。2018年就有一起高铁"霸座"事件引爆国人关注，某孙姓男子先坐在另一位女乘客的座位上，后女乘客要求其让座，孙某拒不让座且拒绝与列车乘务员沟通。该事件引发了网友热议，网友纷纷谴责孙某的不文明行为，孙某也受到了治安罚款 200 元及在一定期限内限制购买车票的处罚。而后，网络上爆出了许多相关"霸座""车闹""机闹"等不文明出行行为，这些行为扰乱了公共出行秩序，影响了其他人的出行体验。公安部在 2019 年的工作会议上要求各地公安机关严打"机闹""车闹""霸座"等违法行为，维护良好的出行秩序，制定完善相应的法律规定，让违法者承担代价，不让守法者"心寒"。

（二）驾驶文明规范

（1）机动车驾驶文明行为规范。公民驾驶车辆时应当规范行驶车辆，不与他人互相追逐竞驶、争先抢快，"宁慢三分，莫争一秒"。机动车驾驶速度能给人带来新鲜感、刺激感，尤其是一些性能型的机动车。一些争强好胜的人在驾驶机动车过程中喜欢挑衅他人参与追逐竞驶，这是十分危险的行为，严重影响了公共道路交通安全。我国《刑法》第 133 条之"危险驾驶罪"规定的"追逐竞驶"犯罪构成要素，一般是指行为人出于竞技、追求刺激、斗气或者其他动机，二人或二人以上分别驾驶机动车，违反道路交通安全规定，在道路上快速追赶行驶的行为。公民驾驶机动车应当遵守我国公共交通法律、规章，按照规定车辆行驶速度驾驶，自觉做到不超速；通过人行横道时应注意观察路口，减速慢行，并友善礼让行人；遇到积水路段时应先观察清楚路况，降低车速慢行通过，避免积水飞溅到其他人。

（2）非机动车驾驶文明行为规范。公民驾驶电动摩托车、电动自行车等非机动车时要及时保障车况良好。坚决购买使用新国标的电动摩托车、自行车，按照新国标的标准要求：整车车重不超过 55KG，最高时速不超过 25 公里/小时，电池电压规格不超过 48V。除此以外，《电动自行车安全技术规范》（GB17761－2018）对电动自行车的很多细节都做了要求，比如涉水性能、跌落抗震性能、阻燃性能等。据统计，在摩托车、电动自行车驾乘人员发生的死亡事故中，约有 80% 为颅脑损伤致死，正确佩戴安全头盔能够将交通事故死亡风险降低 60% 至 70%。公安部提倡文明出行，"一盔一带，安全常在"。[1] 电动摩托车、电动自行车骑乘人员应当佩戴头盔，做好骑车防护措施。

（3）行人出行文明行为规范。行人应当遵守交通规则，不闯红灯，在马路上不追逐奔跑，过马路时走斑马线；在穿行道路的过程中注意行走路况，保持注意力，自觉做到不使用手机、不嬉戏打闹等避免危险发生的行为规范。

---

〔1〕 参见"公安部交管局部署'一盔一带'安全守护行动"，载 http://www.gov.cn/xinwen/2020-04/21/content_ 5504613. htm，2020 年 10 月 30 日访问。

第十八条 【文明就医行为】

公民应当文明就医，自觉遵守下列文明行为：

（一）尊重医学规律，遵守就医秩序和医疗场所有关规章制度，配合医护工作者工作，不得危害医护工作者人身安全，不得损害医护工作者合法权益；

（二）不得在医疗机构焚烧祭祀用品、搭建灵堂、摆放花圈挽幛以及法律法规规定的其他扰乱医疗机构正常秩序的行为；

（三）其他文明就医行为。

【导读与释义】

本条是《促进条例》关于公民应当遵守文明就医行为规范的规定。

一、医院、医生与公民之间的关系

首先，医院作为一个面向社会公开提供医疗服务的特殊公共场所，为规范提供医疗服务和公民就医公共秩序，通常会对外公布相关的就医规定，如医院导航路线指引，医院内车辆停放规范，挂号就诊、缴费取药等就医指南。公民就医时遵守医院的规定是公民文明就医的基本要求。医院的综合表现能够很好地代表一个城市或一个国家的文明程度。医院可以帮助病患进行相对专业的身体检查评估，治疗、恢复病患的生命安全和身体健康。通常情况下没人愿意去医院，不用去医院说明个人的身体状况健康、良好，但公民若需要到医院看病或陪护，更需要保持良好的心态，互相理解、互相帮助。医院中的病患大都生命和健康受损，残酷的现实更能考验人性，在此时保持理性和礼貌，遵守规定，正是人类文明的体现。现实中也有不少病患或家属因着急就医，不遵守医院的规章制度，破坏公共就医秩序，对医院和社会都造成了不良的影响，甚至是更严重的后果。我国的医患关系一直较为紧张，这是综合因素造成的，主要取决于医院、医生及患者、家属之间的关系如何达到平衡、和谐的状态。

《医疗纠纷预防和处理条例》第9条第1款规定："医疗机构及其医务人员在诊疗活动中应当以患者为中心，加强人文关怀，严格遵守医疗卫生法律、法规、规章和诊疗相关规范、常规，恪守职业道德。"医患矛盾通常表现为：医生作为医护人员严格遵守或者不遵守规章守则，不能很好地处理病患、家属的请托，尤其是不合理的请托，令病患、家属对其产生怀疑、不安等不满情绪；医院作为医疗机构在对其医护人员内部或外部的管理上如果存在缺陷则会加重医护人员与病患、家属之间的矛盾；病患、家属基于各种合理或不合理的需求请托于医院和医生但没有得到满足，一部分公民的不满情绪便会演化成恶劣性质的外在行为表现，如暴力抗医、暴力伤医、扰乱医院秩序等。良好的医患关系应当是相互信任、相互理解、相互尊重、相互支持的。医院和医护人员掌握现代化医疗科学知识，普通就医的病患及家属很有可能因为"信息鸿沟"而不能很好地理解医院和医生采用的医疗方式，这就需要医院方面及时对外公开医疗服务承诺、药物手术价格等信息。通过建立健全医患沟通机制，向患者或家属耐心解释、说明，积极引导病患遵守医嘱。医护人员应当为医患提供相应质量的公平的医疗服务。医院一方面要合理监督管理其医护人员，杜绝一切违规操作；另一方面要主动、及时地公开信息和引导就医。病患、家属应当遵守医院规定和医护人员的医嘱，三方主体关系是相辅相成的，缺少其中任意一环都会破坏其平衡关系，演化成恶劣结果。

二、公民就医时应履行相应的义务和遵守文明就医行为规范

公民在就医时通常会强化其权利意识，潜移默化地弱化其需要承担

的"义务"。但从法理上分析，权利和义务本身就是同时存在的两个方面，没有不需要履行义务的权利，也不存在履行了义务却没有对应的权利。公民在医院就医时享受了医院为其提供的医疗服务，享受了被治疗康复的权利，其同时也需要承担相应的，如遵守医院规章制度和支付医疗费用等义务。具体而言，公民需要履行的义务主要有以下几个方面：

(1) 接受、服从管理的义务。医院是救死扶伤的特殊场所，必然会有一些特殊的规定，如就诊、住院制度，探视制度，陪护制度，手术制度，交费制度，出院制度等。对于患者来说，遵守这些规定，既是自身健康的需要，又是必须要履行的义务。一般来说，患者去医院就诊或住院，大部分均能认真履行自己的义务，按医院的规章制度办事，很好地配合医院的工作，受到广大医务人员的尊敬。但是，也有少数患者不按医院规章制度办事，造成了很不好的影响，有的还导致了严重后果，使其家庭蒙受不幸。[1]如某医院一名急性心肌梗死临床治愈患者即将出院，心情激动，回家心切，在既未向医院请假也未与家人联系的情况下，就私自换上便衣，趁医务人员未在意，跨出了医院大门，不幸倒在了回家的路上，再也没有起来。[2]再如，2020年年初爆发的新型冠状病毒肺炎疫情，各地医院为有效遏制医院内交叉感染现象，被迫临时关闭一些普通门诊项目，被暂停的科室主要是口腔科、眼科以及耳鼻喉科。关闭普通门诊项目必然会给前来就医的公民造成困扰，但这也是处于疫情特殊时期的无奈之举，医院需要集中医疗力量支撑发热门诊的开通和治疗，同时也是为了避免发生院内感染的情况。公民就医时应当接受、服从医院的管理和安排，同时也要接受、服从国家防控疫情工作部门的管理，避免自身感染和扩大传播新型冠状病毒肺炎。正是由于全国上下一心，共同抗疫，新型冠状病毒肺炎疫情才能在短短几个月的时间内被控制下来，新增病例降至个位数甚至是零新增。公民阻碍、拒不配合疫情管控工

---

〔1〕 参见夏良伟："浅谈患者义务与文明就医"，载《中国医院》2008年第2期。

〔2〕 参见王亚平：《医患权益与保护》，人民军医出版社2003年版，第16页。

作的，可能导致违法。根据《治安管理处罚法》第 50 条第 1 款第（一）项的规定，对拒不执行人民政府在紧急状态情况下依法发布的决定、命令的，处警告或者 200 元以下罚款；情节严重的，处 5 日以上 10 日以下拘留，可以并处 500 元以下罚款。导致更加严重的后果发生或严重损害社会公共利益后果的，还有可能构成犯罪。

（2）告知、配合的义务。患者来医院就诊，绝大多数都需要医务人员的帮助，患者应当遵守医疗秩序和医疗机构的有关规定，如实提供与病情有关的信息，配合医务人员开展诊疗活动。因此，患者要尽可能地提供病史，告诉医生治疗后的情况（包括药物的副作用），不说假话，不要隐瞒有关信息，否则会影响疾病的治疗，不利于自身健康的恢复，也不利于医务人员履行职责。在现实生活中，许多患者均不习惯保存旧病历资料和检查结果，殊不知，这些都是健康的宝贵财富，对下次诊治有重要的参考价值。另外，现实中也有极少数患者，为了个人的目的，故意隐瞒或夸大病情，要求医务人员出示相应的病历证明，这当然是不可取的，也是不合法的，医生也不可能开具假的医学证明。[1]此外，公民就医不是医护人员单方面就能够完成的医疗活动，而是需要患者密切配合医护人员对其进行的诊疗行为，因而应遵从医生的指示和医嘱，不做不利于康复治疗的事项。

（3）支付费用、守法的义务。公民就医，医院为其提供医疗服务，实际上属于民事合同行为。公民在接受医疗服务之后就应当支付相应的医疗服务费用。根据《民法典》第 3 条和第 6 条的规定，民事主体的人身权利、财产权利和其他合法利益受法律保护；民事主体从事民事活动，应当遵循诚信原则，秉持诚实，恪守承诺。公民就医后向医院支付对应的医疗费用就是不侵犯医院合法财产利益以及诚实信用原则的体现。

近年来，不文明就医行为频繁发生，医患关系较为紧张，不文明就医行为不仅会给医院带来不良的影响，还会影响其他公民就医的权利。

---

〔1〕 参见夏良伟：“浅谈患者义务与文明就医”，载《中国医院》2008 年第 2 期。

不文明就医行为很容易因为矛盾的激化而演变成为带有暴力性质的"医闹"行为。因此，韶关市制定《促进条例》规定文明就医行为规范，医疗服务是社会所必需的公共服务，需要有刚性的条款约束公民的就医行为。具体而言，公民应当自觉遵守文明就医的行为规范：

（1）公民应当尊重医学规律，医学治疗也并不能够绝对保证最终的治疗效果。只要是医疗活动，都会存在一定的医疗风险，世界上不存在没有风险的医疗活动。因而，公民对治疗效果和医疗结果应当保持基本的理性，了解医疗风险后再决定是否接受治疗。严格遵守就医秩序和医疗场所的有关规章制度，文明、有序就医；尊重、配合医院和医护人员的工作，相信医生的专业判断和辛苦付出，对医疗风险要有理性的认识，不以任何理由伤害医护工作人员的人身健康及损害其合法利益。

（2）公民应当自觉抵制"医闹"行为，不在医疗机构场所内作出焚烧祭祀用品、搭建灵堂、摆放花圈挽幛以及法律法规规定的其他扰乱医疗机构正常秩序的行为。"医闹"，顾名思义，即某些患者及家属或其他不法分子利用医疗事故、医疗责任等理由在医疗机构内闹事，以谋求不法利益的行为。《医疗纠纷预防和处理条例》第 29 条规定："医患双方应当依法维护医疗秩序。任何单位和个人不得实施危害患者和医务人员人身安全、扰乱医疗秩序的行为。"2015 年 8 月 29 日，十二届全国人大常委会第十六次会议通过的《刑法修正案（九）》首次将破坏医疗秩序行为纳入聚众扰乱社会秩序罪，规定"聚众扰乱社会秩序，情节严重，致使工作、生产、营业和教学、科研、医疗无法进行，造成严重损失的，对首要分子，处三年以上七年以下有期徒刑"。至此，俗称的"医闹"行为正式入刑。但我们知道，仅仅依靠刑法约束是远远不够的，因为刑法不可能处罚所有的不文明就医行为，绝大部分不文明就医行为的社会危害性远不足以构成犯罪。文明做人、文明做事是对一个公民的基本要求。在医疗实践中则表现为文明行医和文明就医。无论男女老幼，职位高低，各行各业，人吃五谷杂粮，难免病痛染身，都有成为患者的可能，所以文明就医与我们每一个人都相关。文明就医是患者及其家属应该具有的一种特殊社会公德，它要求在实现患者生命权、健康权的同时，不得妨碍、连累社会群体健康和生命的生态平衡，不得把自己对各种可逆或不可逆的健康缺失、生命损害的愤怒，无故、蛮横地发泄到医院或医务人员身上。只有文明就医才能医患和谐，医患和谐才能医患双赢。[1]因此，文明就医行为才能更好地处理当前社会环境的紧张医患关系，法律应当保障医护人员的人身安全和其他合法利益；国家有关主管部门应当为公民提供便捷、有效的医疗反馈投诉渠道，切实解决公民对于医疗服务的相关问题；公民则应当了解、遵守医院规章制度和医疗风险，保持理性思考，自觉文明就医。

---

〔1〕　参见陈卫春："盼患者文明就医成常态"，载《健康报》2016 年 2 月 1 日。

第十九条 【文明旅游行为】

公民应当文明旅游，自觉遵守下列文明行为规范：

（一）遵守旅游文明行为指南和公约，尊重当地文化习俗和宗教信仰；

（二）服从景区景点管理，爱护旅游公共设施，不破坏、损毁文物古迹等文化旅游资源；

（三）爱护景区景点的环境卫生，保护生态环境，自觉将垃圾投入指定地点；

（四）其他旅游文明行为。

【导读与释义】

本条是《促进条例》关于公民应当遵守文明旅游行为规范的规定。

一、保护旅游环境具有重要意义和价值

"旅游"，字面意思是出行过程中或到某一目的地后进行游玩、休闲、娱乐等的综合活动。公民旅游的目的也是多种多样的，如组织团建活动、学习研究、放松休闲、观赏美景、丰富文化生活等。现代汽车、轮船、飞机等交通工具已经可以做到日行千里，甚至万里，出行速度的提升让社会公民可以短时间内到达任何其想去的目的地，出行、工作、旅游不再受制于出行速度。由此带来的是社会经济发展迅速，旅游业发展迅速，旅游景区也在不断开发推进；人们对出行旅游的需求不断增加，尤其是假期选择出行旅游的人越来越多，旅游的出行方式也存在多种选择，旅游能够放松自我、缓解心情获得愉悦生活之余还能促进社会经济发展。从这一角度出发，旅游具有满足人们物质文化生活需求和促进经济发展的意义。此外，旅游业的发展可以带动相关配套产业的发展，促进公共服务水平的发展。旅游业综合性较强、与相关产业关联度高、具有巨大拉动作用，包括"出行、游玩、住宿、饮食、购物、娱乐"六大产业要素，涉及近三十个产业部门，直接或者间接影响上百个不同的行业。旅游业是全球公认的"朝阳产业"，归属于第三产业、服务型行业，具有可持续性强、消耗能源低、发展潜力大等特征，对国家经济发展和产业结构的调整均有重要意义。旅游业的健康持续发展是社会文明进步的体现，因为其必须以特定的旅游资源作为发展基础。旅游资源包括自然形成结合人工创造和纯人工创造的特有旅游环境。目前大部分旅游景点都是在原有自然环境的基础之上进行旅游开发，为达到开展旅游业的目的增加必要的人员及配套设施设备，包括票务销售人员、园区安保、卫生方面的管理人员、园区公共设施、出行游玩娱乐的设备等。也有纯人工创造性质的旅游景区，如现代化的游乐园：长隆欢乐世界、迪士尼乐园等。但不管是哪种类型的旅游景区，都会专门打造令人愉悦、心旷神怡的旅游环境，通常是结合实际自然景观或地质特征来建设，尽量减少对原环境的影响和破坏，只有保留独有的自然特色和美好的景色才具有让人想旅游的前提动力。因而，旅游环境必须要得到专门的保护和日常的维护，韶关市著名的旅游景区——丹霞山景区，是广东省面积最大的风景区、以丹霞地貌景观为主的风景区和世界自然遗产地。自从1988年开发以来，丹霞山先后被列入和评为世界自然遗产、世界地质公园，国家级风景名胜区、国家级自然保护区，国家AAAAA级旅游景区、中国生物圈网络成员。可以说，丹霞山景区不仅仅具有旅游发展意义，还有地质研究等其他类型的重要意义，丹霞地貌容易受到人为破坏，对其给予必要的保护是最基本的要求。从这一角度出发，旅游环境具有科学研究、保存自然多样性的重要意义。

自古以来，我国就有许多文人雅客钟情于游山玩水、迷恋我国自然美景及大好河山的波澜壮阔，并因此有感而发，留下了许多流传至今的著名文章、诗词歌赋、山水画作等。例如国家 AAAAA 级旅游景区——黄鹤楼，"初唐八子"之一的著名诗人崔颢登上黄鹤楼之后有感题下著名的七言格律诗《黄鹤楼》，其中"昔人已乘黄鹤去，此地空余黄鹤楼。黄鹤一去不复返，白云千载空悠悠"更是道出了黄鹤楼的传奇伊始。如今仙去楼在，无际白云，悠悠千载，让人感慨连连。盛唐诗人李白在此送别好友时也留下了一首脍炙人口的诗《黄鹤楼送孟浩然之广陵》，李白在繁华雄伟的黄鹤楼下送别好友孟浩然，表达其真挚的友谊情感，结合黄鹤楼表现出无比的诗意。还有屹立于湖南省岳阳市西北的巴丘山下的岳阳楼，前瞰洞庭湖，远眺君山，自古有"洞庭天下水，岳阳天下楼"之美誉，与湖北武昌黄鹤楼、江西南昌滕王阁并称为"江南三大名楼"。北宋范仲淹曾经写下文章《岳阳楼记》，在其中揭示了"不以物喜，不以己悲"的仁人之心，也表达了自己"先天下之忧而忧，后天下之乐而乐"的爱国爱民情怀，借岳阳楼的美丽景色表达了超然脱俗的人生态度，更使岳阳楼著称于世。古代的交通技术不比现代社会发达，直至近现代为止的公共交通出行主要依赖车马、水船和步行，行驶速度很慢，对环境影响也不大，因而出门或游玩的人会有足够的时间去观赏、感受自然山水美景，甚至借此陶冶自身的高尚情操。仅仅是前述的黄鹤楼和岳阳楼就留下了许多相关的文学艺术作品，其中很多著名的诗词作品还被纳入了小学、中学的教科书。正是因为发达的现代交通工具使出行变得十分便捷，出行旅游也变成了人们日常生活的必要组成部分。从这一角度出发，旅游景点具有陶冶人文情怀、丰富精神文化生活的价值。

二、公民应当尊重和保护旅游环境，遵守文明旅游行为规范

旅游环境通常以地方特色民俗习惯、民族风俗、自然资源等为外在表现吸引游客前来旅游，游客在旅游景区游玩时应当尊重和保护其旅游环境，这是出行旅游的基本文明要求。旅游资源，尤其是依托自然资源、名胜古迹建立起来的旅游资源，很容易受到人为破坏，其再生恢复需要相当长的自然演化过程或人工修复时间，甚至有的自然资源和古建筑一经损坏即为永久性损坏，不能自行恢复，即便人为修复，也不能再现其本身最原始的一面，对社会及全人类来说都是一种不必要的损失。旅游资源一方面是基于供人观赏、学习、丰富文化生活等功能性目的的产物，另一方面是发展社会经济和相关产业的物质精神来源。旅游资源、旅游环境应当受到良好的保护，社会的每一位公民都应当约束好自身的旅游行为，出行旅游的目的绝不是实施不文明行为并受到限制或处罚，旅游主管部门制定规章制度的目的也并不是惩罚游客，而是出于保护旅游资源及环境的目的。《旅游法》第 13 条规定："旅游者在旅游活动中应当遵守社会公共秩序和社会公德，尊重当地的风俗习惯、文化传统和宗教信仰，爱护旅游资源，保护生态环境，遵守旅游文明行为规范。"可见，公民应当自觉遵守相应的文明旅游行为规范。

（1）遵守旅游文明行为指南和公约。早在 2006 年，文化和旅游部（原国家旅游局）就发布了《中国公民国内旅游文明行为公约》，分别从环境卫生、公共秩序、生态环境、文物古迹、公共设施、他人权利、旅游礼仪、健康娱乐等八个方面倡导旅游者文明旅游。旅游景区为了规范景区管理和发展、保护景区，一般都会对外公布游客守则及旅游规章制度，游客应当遵守对应的规章制度和规定。例如，北京市故宫博物院在其官方网页上明确公布了故宫博物院的导览规定，包括开放时间、票务服务、导览地图、交通路线、游览须知等，游客遵守其导览规定才能更清晰地了解旅游路线和方式，使自己的旅游出行效率更高、体验更好，同时避免做出不文明的旅游行为。

我国是一个多民族的统一国家，不少旅游景点也是当地少数民族生活的地区，公民在出行旅游时应当尊重当地的文化习俗和宗教信仰，尊重和保护宗教信仰自由也是中国共产党和中国政府对待宗教的基本政策。《宪法》规定每个公民既有信仰宗教的自由，也有不信仰宗教的自由；有信仰某一种宗教的自由，也有在同一宗教中信仰某个教派的自由；有过去不信教而现在信教的自由，也有过去信教而现在不信教的自由。国家和法律尊重少数民族的宗教信仰，因其信仰会衍生出独特的民族风俗习惯，所以公民在其地区内旅游应当尊重其风俗习惯，不做出破坏民族团结和民族情感的行为。《旅游法》第13条规定："旅游者在旅游活动中应当遵守社会公共秩序和社会公德，尊重当地的风俗习惯、文化传统和宗教信仰，爱护旅游资源，保护生态环境，遵守旅游文明行为规范。"该规定明确要求旅游者应清楚了解并尊重当地的风俗习惯、文化传统和宗教信仰，韶关市《促进条例》本条规定第1款实际上就是依据上述规定制定和体现的。"己所不欲，勿施于人"，当地人民有其自身的生活哲学和习惯，旅游者本应尊重而非故意违背，这是人类文明多样性的实际的、合理的存在。

（2）服从景区景点管理。公民在旅游时应当遵守法律法规，爱护旅游公共设施，保护文化旅游资源，不破坏、损毁文物古迹等不可再生、不可修复的旅游资源。2016年，国家文化和旅游部（原国家旅游局）修订形成了《国家旅游局关于旅游不文明行为记录管理暂行办法》（以下简称《办法》），目的是规范公民文明出游意识，推进旅游诚信建设工作，将中国游客在境内外旅游过程中发生的因违反境内外法律法规、公序良俗，造成严重社会不良影响的行为纳入"旅游不文明行为记录"，并可依法向社会公开记录信息。截至目前，文化和旅游部（原国家旅游局）公布了34批旅游不文明行为记录，将被记录在案的人员列入旅游"黑名单"，并实施一定的旅游惩罚措施，如限制其进入旅游景点游览。据中央广播电视总台中国之声《新闻晚高峰》栏目报道，2020年7月26日，外地游客擅自采摘南京玄武湖景区一株并蒂莲。后经调查，这名游客被纳入了南京市旅游不文明行为记录。这也是《南京市旅游不文明行为记录管理暂行办法》自实施以来，被"记录在案"的首例不文明行为。《办法》的出台和实施确实在很大程度上惩治了不文明旅游行为，但旅游资源已经遭到了实际破坏、损毁，真正保护好旅游资源需要公民约束好自身行为，服从景区景点的管理。

（3）保护景区景点环境卫生。旅游者应当爱护景区景点的环境清洁和卫生，不随意抛撒杂物、垃圾，自觉将垃圾投放到指定地点，保护旅游生态环境。我国西藏自治区地处高原，曾是人们想象中的洁净无瑕的"天山""天路"。但这些年来，随着游客的接踵而至，不文明的旅游行为给西藏景区造成了很大的破坏。据统计，仅 2019 年，西藏自治区就接待了约 4000 万游客。也是这一年，当地产生的垃圾达到 13.4 万吨，其中可回收垃圾占比超过 2/3。如果按一个塑料瓶重 18 克计算，仅 2019 年西藏就产生了 20.8 亿个塑料瓶垃圾。有不少垃圾还会进入雅鲁藏布江流域。雅鲁藏布江源头区域生态环境本就脆弱，这些垃圾无疑是其"不能承受之重"。[1] 当然，相比于高原，处于内地平原的韶关市运输成本远远低于西藏地区，管理人员相对比较充足，游客基本能够遵守规定和秩序，自觉将垃圾投放到专门地点。

---

〔1〕 参见"环保组织美丽公约开展引领者行动，探讨西藏旅游垃圾解决方案"，载 https://www. thepaper. cn/newsDetail_ forward_ 9160232，2020 年 11 月 20 日访问。

第二十条 【社区文明行为】

公民应当和睦友爱，自觉遵守下列社区文明行为规范：

（一）不在社区生活区域内饲养家禽、家畜；

（二）房屋装修按照规定时间文明施工，避免噪声、粉尘和污水等对社区环境和他人正常生活的影响；

（三）爱护社区公共环境，积极参与楼院、社区的绿化、美化活动；

（四）爱护和合理使用社区共用设施、设备，不侵占社区公共场所、不损坏社区治安、消防、文娱、通讯、强弱电等公共设施、设备；

（五）不违法搭建建筑物、构筑物和建造地下空间；

（六）自觉将车辆停放在规定的区域和车库内，不占用他人车位，不以设置障碍物等形式侵占公共停车位；

（七）其他社区文明行为。

【导读与释义】

本条是《促进条例》关于公民应当维护邻里和谐，遵守社区文明行为规范的规定。

一、社区文明对化解矛盾、提升生活质量具有促进作用

随着我国城镇化的不断推进，城市人口越来越多，城市商品房、开发区随之拔地而起。在城市生活要求社会公民合理、适当使用公共资源。公共资源是有其限度的，而人们占用、使用资源的欲望若不加以约束、限制，将会使城市管理陷入运行困境。国家统计局发布的报告显示：截至 2019 年末，我国常住人口城镇化率为 60.60%。这意味着，有近六成

的人在城镇居住。作为城市社会的基本单元，小区已成为市民生活的基本空间。城市人口来自全国不同地方，流动性更强，城市生活可以说不再是以前人口结构比较固定的"小社会"，除了本地、本国人口，还有很多外国籍公民来到我们的城市生活，形形色色的人组成了一个"大社会"。因此，不论是社区对人们还是人们对社区都提出了更高的要求，现代公共居住环境的改善需要每一位成员的付出和维护。对于有限的城市和社区公共资源，公民应当合理使用，维护和睦、友善的邻里关系，推动建立和谐的公共居住环境。城市生活居住环境相对封闭和独立，小区、社区等商品房住着风俗习惯不一的人。正所谓"远亲不如近邻"，处理好邻里关系对生活质量具有长足的影响。邻里之间相处应当文明在先，互相尊重、互相理解、互相帮助，共住同一社区切勿因小问题、小矛盾导致大问题、大矛盾，影响相互间美好、和谐的生活状态，因小失大。

　　小区、社区作为城市人口居住生活的基本单元，单元内不同楼层与户型结构又区分为不同的单位，即业主（房屋所有人）对其居住的单位套房享有所有权，可根据其意思自治来处分该单位套房，处分方式通常有买卖转让、出租、空置等；但是相对于业主享有所有权的单位套房以外的小区、社区，其作为社区业主整体的公共生活区域，社区公共权利和公共义务归属于社区全体成员，社区成员对共有部分享有共有和共同管理的权利，包括缴纳管理、维护公摊面积的费用，处分社区内共有物品等。在 2007 年我国《物权法》尚未出台之前，业主客观上对社区享有专有部分和共有部分的合成权利，但这实际上缺乏相关的法律依据，各级人民法院作为审判机关即便认可业主享有该权利，也只能通过相关法律文献和国外法律经验作出判断，司法审判工作容易陷入"僵局"，导致业主在有关民事权利的纠纷中难以维护自身的合法利益。在现代公共居住的社区中，业主享有的这种权利就是业主的建筑物区分所有权。在第二次世界大战后，随着工业发展和人口聚集，大多数欧美资本主义国家都普遍建立起该项法律制度来确立相应的法律权利。《物权法》第 70 条规定："业主对建筑物内的住宅、经营性用房等专有部分享有所有权，对专有部分以外的共有部分享有共有和共同管理的权利。"《物权法》的出台正式宣告我国从法律层面上明确规定了业主的建筑物区分所有权制度。2020 年全国人民代表大会通过的《民法典》第 271 条关于"建筑物区分所有权"的规定沿用了上述《物权法》的规定，业主的建筑物区分所有权得到了进一步的完善和发展。

我国《民法典》同时明确规定业主对建筑物专有部分以外的共有部分，享有权利，承担义务；不得以放弃权利为由不履行义务。其第 286 条规定："业主应当遵守法律、法规以及管理规约，相关行为应当符合节约资源、保护生态环境的要求。对于物业服务企业或者其他管理人执行政府依法实施的应急处置措施和其他管理措施，业主应当依法予以配合。业主大会或者业主委员会，对任意弃置垃圾、排放污染物或者噪声、违反规定饲养动物、违章搭建、侵占通道、拒付物业费等损害他人合法权益的行为，有权依照法律、法规以及管理规约，请求行为人停止侵害、排除妨碍、消除危险、恢复原状、赔偿损失。业主或者其他行为人拒不履行相关义务的，有关当事人可以向有关行政主管部门报告或者投诉，有关行政主管部门应当依法处理。"社区成员在社区居住过程中应当遵守法律法规和基本的社区公共道德、规约，良好的社区公共环境需要每一位社区成员自觉遵守相应的管理规则，爱护社区环境和公共设备设施，这是符合法律精神和现代文明社会的社区文明行为。社区文明行为虽然微不足道，但却能够创造出安全、和谐的公共居住社区，使邻里关系和睦、友爱，使生活质量得到显著提升，不用将有限的时间放在社区成员"扯皮耍赖"的小事上，这样才能够享受生活，而不是向生活妥协，这也是新时代幸福生活的最终要义！

二、公民应当遵守社区文明要求

根据《民法典》第 288 条的规定，相邻关系的基本原则是"不动产的相邻权利人应当按照有利生产、方便生活、团结互助、公平合理的原则，正确处理相邻关系"。广义上的相邻关系应当包括公共居住社区成员之间的相邻关系，处理好相邻关系问题实际上就是在践行社区文明行为规范和要求。在实践生活中，公共居住社区里的各成员、各业主基本上都是同一社区中的陌生人。虽然业主相互之间并不是十分密切或熟悉，但生活在"同一屋檐"下，在日常生活中必然会存在息息相关的联系。社区成员在公共社区所作出的个人行为会对其他人产生作用不一的影响，我们应当防范其消极影响，自觉遵守社区文明行为规范，践行社区文明要求。

（1）不在社区生活区域内饲养家禽、家畜。我国法律和地方法规对此均有明确规定，公共居住社区人口情况复杂、密集，一般没有建设专门的饲养家禽、家畜的场所，饲养家禽、家畜所带来的公共卫生问题不能解决，对整个社区的公共环境会产生不良的影响，也不能保证公共安全。《治安管理处罚法》第75条第1款规定："饲养动物，干扰他人正常生活的，处警告；警告后不改正的，或者放任动物恐吓他人的，处二百元以上五百元以下罚款。"《城市市容和环境卫生管理条例》第33条规定："按国家行政建制设立的市的市区内，禁止饲养鸡、鸭、鹅、兔、羊、猪等家畜家禽；因教学、科研以及其他特殊需要饲养的除外。"即便一些人保留了城市之外饲养家禽、家畜的生活习惯，也不能因此影响和有损公共居住社区的环境和公共安全，进一步说，城市区域内的公共居住社区禁止饲养家禽、家畜既是法律要求，也是文明要求。

（2）营造文明社区公共环境。同一小区内民的装饰喜好和生活要求不一样，为了让自己的房屋居住更符合个人要求，对房屋进行装修、维护、改造也是人之常情。因而，社区内民行使自己处分房屋的权利是自己的自由，装修、改造房屋过程中发出声响在所难免，关键在于房屋装修应当在规定的时间内文明施工。《环境噪声污染防治法》第47条规定："在已竣工交付使用的住宅楼进行室内装修活动，应当限制作业时间，并采取其他有效措施，以减轻、避免对周围居民造成环境噪声污染。"居住社区对于噪声污染更为敏感，公民在住宅区进行室内装修时应当遵循普遍意义之下的作息时间，尽量避开人们休息、吃饭的时间，避免噪声、粉尘和污水等对社区环境和他人正常生活造成影响。此外，爱护社区公共环境，不踩踏草地、不采摘花朵，保护社区内的绿色植被，积极参与楼院、社区的绿化和美化活动。目前大多数社区都自有或购买了对应的物业管理服务，社区内的绿化、绿植会由物业进行管理、维护，社区公民主动做到不损坏、破坏绿植就是保护社区绿化的一种方式。以上文明要求目的是让社区公民在听觉、视觉上都能感受到文明社区的舒适性和宜居性，营造出文明社区公共环境的良好氛围。

（3）爱护和合理使用社区公共资源。基于上述业主的建筑物区分所有权，社区公民对社区的公共部分享有权利，也要承担对应的义务，社区内公共资源的服务对象是社区全体成员。每一位社区成员都应当爱护和合理使用社区共用的设施、设备，如社区内的健身器材、公共娱乐设施等；做到不侵占社区公共场所、不损坏社区治安、消防、文娱、通信、强弱电等公共设施、设备。对于能够影响社区公共安全的治安、消防、通信设施、设备，国家法律也是命令禁止破坏的，当危险发生时，该类设施、设备能够起到关键的救助作用。

社区内的建筑物在建设前都经过了住房建设有关主管部门的规划审查、备案等必经的法律程序，即使业主对其专有部分享有所有权，也不能随意搭建建筑物、构筑物和建造地下空间。"违法建筑"不仅会改变原有建筑的结构和使用用途，而且会影响其他业主的合法利益，更严重的还有可能破坏原有建筑的安全性和稳定性。擅自增加建筑物、构筑物，更改建筑物用途等行为都属于房屋、物业管理法律中禁止的违法行为。在居住社区停车位建设方面，日益紧张的建筑面积无法很好地满足业主对停车位的要求，虽然法律上规定了建筑区划内，规划用于停放汽车的车位、车库应当首先满足业主的需要，但是该事项依然是业主和开发商沟通协商的结果。私人停车位是一种使用权利，社区公民不应当侵犯其他人的私有停车位使用权，自觉将车辆停放在规定的区域和车库内，不占用他人的车位。对于公共停车位更不能"占为己用"或以设置障碍物等形式进行侵占，以免方便了自己，伤害了他人，丢掉了素质和文明，若产生严重后果还可能导致违法、犯罪，得不偿失。

第二十一条 【乡村文明行为】

公民应当参与农村乡风文明建设，自觉遵守下列乡村文明行为规范：

（一）遵守村规民约，见贤思齐，移风易俗，摒弃陈规陋习；

（二）尊敬长辈，赡养、孝敬、关爱父母和老人；

（三）男女平等，尊重老人、妇女、儿童的合法权益；

（四）保持房屋周边卫生、整洁，不随意堆放垃圾、农家肥、土石、柴草等杂物；

（五）不在公路上晒粮或堆放物品；

（六）科学合理处置农用薄膜、农作物秸秆等农业生产废弃物；

（七）自觉保护古树、古民居、古村落等乡村人文和自然资源；

（八）其他乡村文明行为。

【导读与释义】

本条是《促进条例》关于公民应当树立和培养文明乡风，遵守农村文明行为规范的规定。

一、乡村文明是社会主义新农村的应有之义

农村曾是支持人民解放战争的坚实基地，依靠当时占据我国人口多数的农民进行革命工作，是成功建立新中国的基础之一。在解放战争之前，以毛泽东同志为代表的中国共产党人就清晰认识到农村农民的力量，在农村发展人民军队、建立革命根据地，发动农民起义，创立具有中国特色的"农村包围城市"的革命道路。历史证明了"星星之火，可以燎原"，党和国家一直以来都很重视农村、农民、农业的发展，即"三农"

问题。如何做好"三农"工作，关系着中国特色社会主义社会建设的未来走向。1978年冬天，安徽凤阳小岗村18位农民自主签订了"包产到户"的私下契约，率先在农村开始对农业生产方式进行改革，这也是改革开放的重要开始。

经过几十年的改革开放，我国农村经济社会发生了历史性巨变。早在第十个"五年规划"时党和国家就着手逐步取消农业税，2005年年末确定废止《农业税条例》，在中国沿袭了2600多年的"农业税"走进了"历史博物馆"。2005年10月11日，党的十六届五中全会通过《中共中央关于制定国民经济和社会发展第十一个五年规划的建议》，明确提出了建设社会主义新农村的重大历史任务，为做好当前和今后一个时期的"三农"工作指明了方向，重新提出了建设社会主义新农村的要求，即"生产发展、生活宽裕、乡风文明、村容整洁、管理民主"，乡风文明建设是推进社会主义新农村建设的前进方向之一。2017年，从党的十九大报告提出的关于"产业兴旺、生态宜居、乡风文明、治理有效、生活富裕"的总要求，到《中共中央国务院关于实施乡村振兴战略的意见》和《国家乡村振兴战略规划（2018—2022年）》的出台实施，乡风文明建设被不断推进。新时代对新农村的乡风文明建设要求没有改变，乡风文明一直是党对"三农"工作的基本要求。此外，新时代背景下的社会主义新农村应当是产业兴旺、生态宜居的，农村建设有其特色的产业，农民也有了经济来源；抓好农村生态环境保护，合理利用环境资源，居住环境宜人，目的是治理有效、生活富裕；农村问题经过乡风文明建设的不断推进可以得到有效治理，包括农村公共秩序、农民纠纷等，体现新农村的文明和谐；生活富裕要求物质生活和精神生活都"富裕"，农民不再贫困，精神文化生活也富足、有依托，并对乡风文明建设产生强烈的情感认同。本条规定体现了以上的论述内容，结合韶关市地方实际与要求，作出了相应的乡村文明行为规范。

二、公民应当遵守乡村文明行为规范

乡风文明是农村精神文明建设总体要求的集中体现。乡风、村风及家风的形成是一个长期的过程，乡风文明建设需要通过灵活多样的方法和手段进行宣传与引导，充分发挥其在凝聚人心、教化群众、淳化民风方面的重要功能。乡风文明所倡导的关于农村精神文明建设的行为规范、价值目标与精神动力等内容，经过参与主体的了解和认同之后，其参与乡风文明建设的积极性和主动性将得到进一步激发，规范化与合法化的个体行动由此产生，实现从"要我做"到"我要做"的动力模式的天然转换。[1]提高自身对农村的归属感、认同感，积极主动地参与新农村文明建设，尊重他人，保护农村生态环境和人文环境。

（1）遵守乡村文明公约，增进乡村情感认同。现在农村无法阻挡时代大趋势，农村公民为了谋求更好的发展，纷纷走出农村寻找工作、求学，农村自身无法完全满足这些需求，导致许多公民虽然在户籍身份上仍是归属于农村的"农民"，但实际上早已定居在城镇、城市。因而这部分公民可能对农村建设并不关心，产生农村建设与其并无密切的生活联系的错误想法。诚然，乡村不一定是经常生活的居住地，但却是乡村公民的"根源"之地，固定的风俗节日、民族习惯等依然需要公民回到乡村寻找情感依托，如回乡过年、清明节扫墓祭祖等，同时还存在一些落后的风俗习惯，改变这些需要进行乡村文明建设。为此，公民应当自觉遵守《新时代公民道德建设实施纲要》，遵守文明村规民约，将优秀的村风、乡风继承、发扬下去；见贤思齐，学习先进人物和时代文明精神；努力学习科学文化知识，改变落后的风俗习惯，移风易俗，倡导文明之风，摒弃陈规陋习，不再让这些因素阻碍社会主义新农村文明建设的发展。

乡村在一定程度上是公民的情感归宿，增进乡村情感认同对乡村文

明建设具有积极的促进作用。公民应当尊敬长辈，赡养、孝敬、关爱父母和老人，尊敬师长是中华民族的传统美德，在传统中华文化中，孝敬父母、尊老爱幼的思想一脉相承，早已融入中华民族最深的情感之中，中华民族自古就是一个团结统一、感情丰富的民族。近年来，乡村中出现了"过度啃老""拒绝赡养父母"等不文明现象，表明部分人缺乏情感认同，情感意识淡薄。男女生而平等，乡村仍然固守的"继承香火""养儿防老"等重男轻女思想早已不切实际，脱离了社会一般人的情感认同，终将会被时代所淘汰。老人、妇女、儿童作为相对弱势的群体，其合法权益需要受到其他人的尊重和保护，《宪法》《民法典》《妇女权益保障法》等均明确表示我国男女平等，妇女、儿童的合法权益受到法律的专门保护。

（2）维护乡村共同利益，保护乡村资源。在生活居住环境方面，居住环境能够体现出生活质量的水平，乡村房屋建设历史较早，以往都未经过现代化的规划和审批，是目前农村居住环境提升的制约因素之一。农村公民应当自觉维护乡村共同利益，保持房屋周边卫生、整洁，不随意堆放垃圾、农家肥、土石、柴草等杂物；更不应该在公路上晒粮或堆放物品，影响道路交通安全，我国公路法规禁止任何单位和个人非法占用公路、公路用地及公路设施。在农业生产方面，利用更加健康、无毒害的有机肥对农作物施肥，尽量减少对土地、环境资源的损害；科学、合理地处置农用薄膜、农作物秸秆等农业生产废弃物，农业废弃物在自然条件下大多不可降解，丢弃在土地里会对环境造成近乎永久性的污染。在乡村资源方面，乡村历史悠久，很多都存在中华历史文化的"瑰宝"。《城市绿化条例》第24条第1款规定："百年以上树龄的树木，稀有、珍贵树木，具有历史价值或者重要纪念意义的树木，均属古树名木。"古树、古民居、古村落等乡村特有的人文和自然资源有一定的历史研究和文化价值，受到国家法律保护。保护好、发展好乡村资源也是乡村公民责无旁贷的时代责任。

第三章　鼓励与支持

　　第三章"鼓励与支持"，是《促进条例》所规定的对文明行为促进工作的促进措施，包括鼓励措施、支持奖励措施两个方面的内容。本章内容大多为倡导性、鼓励性规定，即国家和法律对公民在法律允许范围内扬善惩恶的行为以及实践推广文明行为规范表示认同或鼓励、支持的态度。在实体层面更倾向于鼓励和支持个人、社会团体等社会成员根据规定自愿实施文明行为和为文明行为促进工作提供便利，通常属于道德义务而非法律义务，其规定本身不具有法律强制性。个人、社会团体未实施本章所规定的行为，并不影响其原有的权利和义务，也不会产生不利的法律后果。若个人、社会团体积极实施国家和法律所鼓励和支持的行为和措施，除了能够实现其社会价值、提升自我以外，还能够将此作为评选优秀、先进对象的关键因素，并获得相应的社会荣誉。本章规定更为重要的作用在于树立模范典型、文明先进主体，进而发挥其在文明行为促进工作中的示范引领作用，对社会文明发展起到积极的引导教化作用。

　　以善美促文明，在全社会提倡、支持和鼓励助人为乐、团结友爱、无私奉献的友善精神，有助于社会成员在义行善举中不断累积道德力量，将社会主义核心价值观内化于心、外化于行，积极参与慈善公益和关爱弱势、特殊群体，为实现中华民族伟大复兴的"中国梦"提供持久的精神力量。我们也应当知道，众志成城、团结一致的力量无穷大，志愿服务事业变得越来越重要，大力完善志愿服务及志愿者队伍是全面提升社会治理水平的重要举措，志愿组织和志愿者在社会援助、社会服务方面发光发热，显著提升了社会文明程度。国家和法律提倡推广好人好事就必须做好保障其合法权益的前提条件，从法律层面制定相关规定，让助人者受益，违法者受罚。因而，《促进条例》在本章专门规定了"紧急救护"和"见义勇为"的相关内容，鼓励和支持全社会学习和践行现场紧急救护和见义勇为，并且给予法律保障和表彰、奖励。社会需要敢于实行善行义举的人，其行为不仅帮助了他人，更多的是为国家和社会贡献了精神财富，给全社会传递出向往善美的积极意义。鼓励具备条件的单位和组织建立"风度书房"。"风度书房"是韶关市推广全民阅读的一张独具个性的"名片"，受到市民群众的广泛欢迎，同时也鼓励各单位建立志愿服务站点及开放本单位设施为有需要的人提供相应的文明服务。最后，《促进条例》规定鼓励企业事业单位、社会团体及其他组织结合自身实际，积极参与道德先进人物的评选活动，对本单位人员的文明行为进行表扬奖励，充分发挥先进典型、道德楷模的文明引领作用。

第二十二条 【慈善公益和关爱弱势及特殊群体】

鼓励和支持扶贫济困、扶老救孤、恤病助残、优抚赈灾、捐资助学等慈善公益活动，依法保护慈善公益活动当事人的合法权益。

全社会应当推进无障碍环境、老年宜居环境建设，依法保障残疾人、老年人等社会成员平等参与社会生活的权益。

市、县（市、区）的政务、机场、火车站、汽车客运站、景区等服务大厅和大型商场、医院等公共场所，应当设置母婴区（室、座），为孕妇以及携带婴幼儿的乘客提供绿色通道服务。

【导读与释义】

本条是《促进条例》关于鼓励和支持慈善公益和关爱弱势及特殊群体，在全社会规定相应保障措施的规定。

一、依法保障发展慈善和公益事业

慈善，是基于人道主义和同理心，为社会个体提供一定程度上的援助，帮助其摆脱困境或谋求社会生存和发展的权利。慈善事业是体现人类作为生存共同体之间相互扶持、相互帮助的人性温存的事业，是伴随现代社会文明发展进步而诞生的文明事业。公益，则是社会成员基于社会责任感、时代使命感等因素作出一些对社会和全社会成员都有益的活动和事项，慈善事业的发展促进了公益事业的发展，因而"慈善"和"公益"经常同时出现在人们的视野中。世界各国的法律都对慈善事业给予了相应的保障，我国也出台了一系列法律法规用来规范自然人、法人和其他组织开展慈善活动以及与慈善有关的活动，其合法利益受到法律保护。

改革开放以来，以慈善组织专业运作为特征的现代慈善事业在我国开始起步，并随着社会经济发展水平的提升而蓬勃兴起，取得了显著成效。同时，以慈善组织为代表的社会慈善力量不断发展壮大，社会产生了许多公益性质组织及基金会，大大增强了社会慈善意识。近年来，随着社会经济和互联网的发展，我国慈善事业虽然相比于其他发达国家起步晚，但实际已经进入高速发展阶段，在扶贫救灾、医疗救助、支持教育等公益事业领域起到积极作用。《中国社会组织报告》（2019 年）蓝皮书报告显示：截至 2019 年 4 月 8 日，全国共有慈善组织 5599 家，我国的慈善组织包含社会团体、民办非企业单位（社会服务机构）、基金会、红十字会四种类型。在慈善组织中最多的类型是基金会，截至 2019 年 4 月 8 日共有 4012 个，占全部基金会总数的 71.66%。党中央、国务院高度重视我国慈善事业的发展。党的十六届四中全会以来，中央对支持发展慈善事业作出了一系列重要决定，特别是党的十八届三中、四中、五中全会和中央扶贫开发工作会议，中央经济工作会议，支持慈善事业发挥扶贫济困的积极作用。2016 年 3 月 16 日，十二届全国人民代表大会第四次会议通过了《慈善法》，该法从实际出发，以专章的方式规定发展慈善事业的促进措施，适度降低慈善组织的设立门槛，还规范了慈善信托方面的有关规定。以法律形式加强对慈善组织及活动的监督和管理，进一步规范强化慈善组织信息公开，确保慈善运作公开透明，使慈善公益组织的公信力得到稳步提升。

以法律形式确立保护慈善组织、慈善公益活动当事人的合法权益，如《慈善法》规定慈善组织开展公开募捐的，应当先获得申请资格并经申请取得公开募捐资格，接受募捐时要尊重和保护募捐对象的知情权和合法利益。慈善组织接受慈善捐赠时，应当只接受当事人具有合法处分的合法财产。《慈善法》还规定了慈善活动的禁止事项。其第 40 条第 2 款规定："任何组织和个人不得利用慈善捐赠违反法律规定宣传烟草制品，不得利用慈善捐赠以任何方式宣传法律禁止宣传的产品和事项。"我国法律对慈善组织、慈善活动当事人、受益人、募捐对象、捐赠人均作出了相应的保障其合法权益的规定。在互联网背景下，科技公司利用网络开展慈善公益工作，如腾讯公司创办的腾讯公益项目，利用互联网的优势，扩大了社会公众的参与度；近年来众筹式的筹款互助平台，如水滴筹、爱心筹等，在不收取任何费用的条件下帮助展示大病患者的求助信息，利用互联网的方式推动社会爱心传播。虽然互联网式慈善公益活动有时也会遭到非议，但其顺应了时代的潮流和趋势，作为慈善活动当事人，其合法权益理应受到法律保护。

二、弘扬文明新风，关爱弱势及特殊群体

（1）在关爱特殊群体方面，社会文明表现在社会环境和公共服务的细节之处，如公共道路是否建设、配备无障碍通道和设备设施、城市区域合理距离之间是否配备符合标准的公共厕所、垃圾杂物投放箱等。无障碍指的是残疾人、小孩、老人等行动不便者，与社会其他成员一起出行、居住和工作等时，可安全、自主地使用设施、通行及获取服务等，能够正常地生活。[1]对于出行存在不便的残疾人、老人来说，无障碍的通行条件无疑是最为关键的，能够依靠社会公共无障碍标识和"绿色通道"安全出行是对其最基本的保障。《残疾人权利公约》将无障碍作为其关键性的根本性原则之一，其序言第（22）项就此明确宣示："确认无障碍的物质、社会、经济和文化环境、医疗卫生和教育以及信息和交流，对残疾人能够充分享有一切人权和基本自由至关重要。"我国《残疾人保障法》第52条关于"为残疾人平等参与社会生活创造无障碍环境"和《无障碍环境建设条例》第1条关于"保障残疾人等社会成员平等参与社会生活"的规定同样也表明了无障碍权利在残疾人权利体系中的基础性

---

[1] 参见赵春力："有关残疾人无障碍权益保障法律的完善与思考"，载《前沿》2012年第22期，第74页。

地位。目前，我国城市无障碍环境建设成效明显，具体表现为：初步形成了城市无障碍化的基本格局，信息交流无障碍取得了积极进展，残疾人无障碍服务网络初具规模。[1]截至 2018 年，全国省、地（市）、县共制定无障碍环境与管理的法规、规章等规范性文件 475 部，社会公共无障碍建设已形成比较完整的规范体系。经过多年的发展，社会公众的无障碍意识得到了普遍提高，社会无障碍环境取得了显著成就，表现在城市人行道路普遍铺设了专用盲道，公共场所出入口基本都配备了无障碍坡道、电梯，公共交通工具内设置了无障碍标识和专用座位，电脑、智能手机针对残障人士增加了相应的无障碍操作功能。然而，我国有约8500 万残疾人，各地社会经济发展水平程度不一，中国残疾人事业发展仍然不平衡、不充分，滞后于全国经济社会发展的总体水平。残疾人的生活状况与残疾人对美好生活的期待相比依然存在较大差距，在反对歧视残疾人方面还需要长期努力。残疾人是一个特殊的困难群体，需要全社会给予充分的尊重、关心和帮助。[2]此外，老年人在社会中通常也属于出行不便的弱势群体之一。因而本条规定全社会应当推进无障碍环境、老年宜居环境建设，依法保障残疾人、老年人等社会成员平等参与社会生活的权益。法律充分保障残疾人的平等权益，但我们也必须认识到，全面促进残疾人融合发展依然任重道远。

（2）在关爱弱势群体方面，[3]2020 年最新修订的《未成年人保护法》第 46 条规定："国家鼓励大型公共场所、公共交通工具、旅游景区景点等设置母婴室、婴儿护理台以及方便幼儿使用的坐便器、洗手台等卫生设施，为未成年人提供便利。"第 84 条第 1 款规定："各级人民政府

---

〔1〕 参见全国人大内务司法委员会、中国残疾人联合会编著：《〈中华人民共和国残疾人保障法〉立法后评估报告》，华夏出版社 2012 年版，第 195~198 页。

〔2〕 参见中华人民共和国国务院新闻办公室：《平等、参与、共享：新中国残疾人权益保障 70 年》白皮书，2019 年 7 月。

〔3〕 参见"中国城市母婴室白皮书"，载 https://www.yicai.com/news/100 1335 32. html，2020 年 11 月 27 日访问。

应当发展托育、学前教育事业，办好婴幼儿照护服务机构、幼儿园，支持社会力量依法兴办母婴室、婴幼儿照护服务机构、幼儿园。"《促进条例》本条规定体现了上述法律规定的要求，市、县（市、区）的政务、机场、火车站、汽车客运站、景区等服务大厅和大型商场、医院等公共场所应当设置母婴区（室、座），为孕妇以及携带婴幼儿的乘客提供绿色通道服务，充分关注母婴群体的社会保障服务。

第二十三条　【志愿服务】

鼓励和支持企业事业单位和社会组织利用本单位设施和场所设立志愿服务站点，为社会提供各种便利服务。

鼓励公民无偿献血和自愿捐献骨髓、角膜、器官、遗体。

【导读与释义】

本条是《促进条例》关于鼓励和支持志愿服务建设，公民无偿献血和自愿捐献人体组织帮助社会的规定。

一、鼓励和支持发展志愿服务

《促进条例》所称的志愿服务，依据我国有关法律的规定，是指志愿者、志愿服务组织和其他组织自愿、无偿向社会或者他人提供的公益服务。志愿服务是一种社会公益性服务行为，提供主体主要为志愿者和志愿服务组织，行政机关也可以参与志愿服务，其最主要的三个特征是自愿性、无偿性、公益性。所谓自愿性，即志愿者、志愿服务组织等志愿服务主体出于自身意愿，主动参与志愿活动，并付出一定的时间、知识、技能等。所谓无偿性，即志愿服务行为是不需要服务接收者或社会支付任何对价的行为，志愿服务的固定属性就是无偿性，否则不能称其为志愿服务。所谓公益性，即志愿服务行为的目的是践行社会公益，帮助社会成员或改善、解决社会公共问题，减少社会矛盾，以提升社会发展和生存质量为宗旨和原则，其本身是人文精神和文明进步的体现。发展志愿服务有几个显著的好处：在社会公共方面，志愿服务能够广泛调度社会公众力量，弥补行政公共服务和市场服务的短板，在大型公共活动、社区服务、公共服务等领域发挥着中流砥柱的作用；在志愿者方面，志愿者在参与志愿服务的实践过程中能够结识志同道合的朋友，增强社会责任感和服务意识，在提供志愿服务的同时可以锻炼自我、提升服务技能，还能陶冶自身生活情操、提升精神境界，获得身心满足感；在志愿服务组织方面，可促进志愿服务组织承担社会责任，提升公共服务水平，获得良好的社会公众评价或信誉。

自古以来，乐善好施、助人为乐一直是中华民族传统美德和文化根基。鼓励和支持志愿服务是弘扬中华民族传统美德、培育和践行社会主义核心价值观的内在要求。党和国家都是依赖广大人民群众才得以建立的，党的工作宗旨就是全心全意为人民服务，中华人民共和国成立以来，无数共产党人身先士卒，为了人民和社会不断艰苦奋斗、奉献自我。共产主义战士、最美奋斗者雷锋，将其一生都完整地奉献给了人民和社会，形成了以舍己为公、大公无私、不计报酬、勤劳刻苦、奉献为先等优秀精神为内涵的雷锋精神，雷锋精神被不断发展继承，并将流传至将来。雷锋所践行的服务行为也是当代所提倡的志愿服务行为。这种以奉献社会、互相关爱、互相帮助、共同进步为主要内容的志愿精神顺应时代发展潮流，是志愿服务活动坚实的精神动力和支撑。

近年来，志愿服务发展迅速，出现了各种志愿服务队伍。2019 年度志愿者总量约为 2.1 亿人，其中包括 1.55 亿注册志愿者以及约 6000 万的非注册志愿者，志愿团体注册数量为 70.1 万家，志愿服务时间为 22.68 亿小时，贡献价值约为 903.59 亿元。早在 2008 年，中央精神文明建设指导委员会便出台了《关于深入开展志愿服务活动的意见》，明确了志愿服务的指导思想和基本原则，努力营造关心、支持和参与志愿服务的浓厚社会氛围，深入开展多种形式的志愿服务活动，为人们关爱他人、奉献社会搭建平台，进一步建立健全志愿服务活动的运行机制，不断提高志愿服务的科学化、规范化、专业化和社会化水平，切实加强对志愿服务活动的组织领导，推动志愿服务持续健康发展。[1]为了进一步推行志愿服务和促进志愿服务队伍规范化、专业化，中央精神文明建设指导委员会制定《关于推进志愿服务制度化的意见》，并联合民政部等部门出台了多项促使志愿服务信息化、制度化的规定，如《志愿服务记录办法》《志愿服务信息系统基本规范》《关于支持和发展志愿服务组织的意见》《关于公共文化设施开展学雷锋志愿服务的实施意见》。经过多年的社会实践，2017 年 6 月 7 日，国务院通过并公布《志愿服务条例》，以行政法规的形式明确了志愿服务及志愿服务组织的法律地位，推动志愿服务法律化和规范化，以法律保障志愿服务常态化和社会化，不断激励社会组织和公众参与志愿服务。《志愿服务条例》第 28 条规定："国家鼓励企业事业单位、基层群众性自治组织和其他组织为开展志愿服务提供场所和其他便利条件。"《促进条例》的本条规定则鼓励和支持企业事业单位和社会组织利用本单位设施和场所设立志愿服务站点，为社会提供各种便利服务，这是开展志愿服务的一种形式，应当给予鼓励和支持。根据《志愿服务条例》的规定，对在志愿服务事业发展中作出突出贡献的志愿者、志愿服务组织，由县级以上人民政府或者有关部门按照法律、法规和国家有关规定予以表彰、奖励。

二、鼓励和规范无偿献血和自愿捐赠人体器官

无偿献血是相对于有偿献血而言的，是指公民向血站自愿、无偿地提供自身血液的行为。从 20 世纪 30 年代起，国际红十字会和世界卫生组织便建议和提倡无偿献血制度。目前，世界上很多国家都由过去的有偿献血逐步实现了公民无偿献血。有偿献血存在利益驱动，献血者可能会付出能够影响人身安全的血液，动因不良会产生消极后果，致使公民献血积极性下降，或者导致变相或过度卖血，致使血液质量也难以保证。为提倡和规范无偿献血制度，我国在 1998 年就制定并公布了《献血法》。

---

〔1〕 参见《中央精神文明建设指导委员会关于深入开展志愿服务活动的意见》。

其第 2 条第 1 款明确规定："国家实行无偿献血制度。"我国现在仅存在无偿献血制度，将以往的个体有偿供血和义务献血制度废除，从根本上向无偿献血制度转变。《献血法》的出台让我国无偿献血制度有了法律保障，在不断健全无偿献血激励机制的前提下，大力普及无偿献血知识，吸引广大群众积极主动参与无偿献血，使得我国临床使用血液的来源能够完全依靠公民无偿献血。从血液生理学角度来看：一般成人的血液总量为 4000 毫升~5000 毫升，而一次献血 200 毫升仅占总血量的 1/20~1/25；在临床医学实践中，一般对失血量在 600 毫升以下的都不主张输血，可见献血 200 毫升不会影响健康。而公民在献血之后可以提高其血液中红细胞的再生能力，刺激骨髓造血，同时增强红细胞携氧的能力，改善大脑供血，保持人体血液活力。总的来说，无偿献血是现代社会最行之有效的无私奉献、救死扶伤的崇高行为，无偿献血能够拯救他人生命，其价值无法简单用金钱利益来衡量。为鼓励公民无偿献血，《献血法》第 14 条规定，无偿献血者临床需要用血时，免交血液采集、储存等费用，即可以"无偿用血"；无偿献血者的配偶和直系亲属临床需要用血时也可以按照省、自治区、直辖市人民政府的规定免交或者减交前述费用。

自愿捐赠人体器官是捐赠人基于自愿原则、无偿地将自身部分或全部器官捐赠他人或医疗机构，作为人体器官移植的合法用途来源。我国公民的传统观念是"身体发肤，受之父母""保持身体完整性"，对自愿捐赠人体器官大多持抵触或中立态度。为严格规范和监督人体器官移植有关事项，国务院于 2007 年 5 月 1 日颁布了《人体器官移植条例》，标志着我国人体器官移植法律化、制度化。自 2010 年起，中国红十字会总会与卫生部研究决定在上海、天津、广东等 10 个省、市试点人体器官捐赠工作，目前我国自愿捐献人体器官数量已跃居亚洲第一。人体器官和血液一样，产生于人体，几乎无法以人工的方式复制或制造。虽然现在已经出现电子或机械式的人工心脏等"人造器官"，但其价格昂贵、使用周期较短等因素让经济条件一般的公民望而却步，人体器官移植最主要和有效的来源还是公民的自愿捐赠。人体器官捐赠应当严格遵守自愿原则。《人体器官移植条例》第 7 条规定："人体器官捐献应当遵循自愿、无偿的原则。公民享有捐献或者不捐献其人体器官的权利；任何组织或者个人不得强迫、欺骗或者利诱他人捐献人体器官。"国家卫生健康委员会（原卫生部）于 2011 年发布《关于进一步加强人体器官移植监管工作的通知》，提升了人体器官移植监管力度。同年，《刑法修正案（八）》增加了"组织出卖人体器官罪"，以强化对人体器官移植犯罪行为的刑法打击力度。

第二十四条 【紧急救护】

鼓励具备救护技能的公民在他人出现意外伤害或突发疾病时，实施现场救护。

鼓励社会各方力量在人员密集的公共场所设置自动体外除颤器等急救设备。

【导读与释义】

本条是《促进条例》关于鼓励具备专业救护技能的人在他人出现紧急状况时实施现场救护以及在人员密集的公共场所设置自动体外除颤器等急救设备，完善社会公民急救、自救的人力或物质条件的规定。

一、鼓励具备救护技能的公民实施现场救护

现场救护是指在医院外的地方有人出现意外伤害或突发疾病时由具备一定救护技能的人提供及时且必要的现场救护行为，其最终目的不是救治，紧急状态的客观现实环境之下也没有真正的救治条件，因而现场救护的目的是给专业医疗救护提供延长救治的时间和机会，减轻伤残，为救治创造转移条件，增加医疗救治成功概率。众所周知，当人们出现意外伤残或突发疾病时，都会存在一个没有统一标准的"黄金救助时间"，越及时得到救护，救治的成功率就越高，所以接受救治的时间间隔越短越好。我国每年都有约 54 万人因为心脑血管疾病引发心源性猝死，且 80% 的心脏骤停发生在医院以外的场所，心脏骤停的黄金救助时间通常是 4 分钟~6 分钟，但即便是在医疗救护机构较多、网点覆盖率较密的城市区域也不能保证专业医疗救护人员能够在 4 分钟~6 分钟内赶至现场。湖南省急救医学研究所所长、湖南省卫健委副主任祝益民也认为，心脏骤停后 1 分钟之内对其实施心肺复苏，抢救成功率可达 90%；4 分钟之内，抢救成功率可达 50% 至 70%；之后每延迟 1 分钟，抢救成功率减少 10%；当心脏骤停超过 10 分钟以上，抢救成功率几乎为 0。若这些人在突发疾病现场得到基本的及时救护措施，在一定程度上可以挽救生命，降低心源性猝死的可能性。

然而，实施现场救护的核心难点在于是否有具备救护技能的公民能够出现在现场并作出施救行为，也即第一反应人。第一个目击者不一定是第一反应人，只有具备一定救护技能的人才能作出救护反应行为。需要与专业医疗救护人员区别开来，这里所指的具备救护技能的人应当是广义上的救护人员，即具备基本的医疗救护知识和技能即可，不一定要求具有专业医疗救护人员身份。其掌握基本的救护技能，例如胸外按压与人工呼吸、自动体外除颤仪的使用、评估与呼叫帮助、单人心肺复苏与体外除颤仪的使用等，相比于普通公民能够在一定程度上帮助他人在紧急状况下获得更多的抢救可能性。如果在突发伤病与事件的"第一现场"有受过急救知识训练的"第一目击者"在"第一时间"实施有效救护，将对挽救生命、减轻伤残起到至关重要的作用。因此，现场救护应强化"三个一"核心理念。[1]国家法律、政策除了需要鼓励具有救护技能的公民进行现场救护以及向公民普及救护技能之外，关键还在于依法保障施救公民的合法权益，让救人者不再"心寒"、担心"被讹"，顾虑其施救行为需要承担什么责任。简言之，即法律能否做到"救人者免责"是法律和道德的舆论导向，真正能够保护救人者的必要措施。2017 年 3 月 15 日，全国人民代表大会通过《民法总则》，其第 184 条为新增关于"自愿实施紧急救助行为"的规定："因自愿实施紧急救助行为造成受助人损害的，救助人不承担民事责任。"该规定被称为我国的"好人法"，

---

〔1〕 祝益民、刘晓亮："现场救护需强化三个'一'理念"，载《中华急诊医学杂志》2016年第 8 期。

填补了以往我国法律对自愿实施紧急救助行为造成受助人损害的救助人是否需要承担责任缺乏明确规定的空白。《民法典》在第184条继续沿用同款规定，表明国家立法机关以国家基本法形式明确保障救助人的合法权益，有利于弘扬和践行社会主义核心价值观的内在要求，保障公民敢于及时对需要救助的人施以援手，体现现代社会的文明和温存。

二、鼓励社会各方力量在人员密集的公共场所配备急救设备

我国心源性猝死发病率逐年攀升，发生心源性猝死的群体主要为中老年人，近年来在年轻人群体中此现象也并不鲜见，因而有必要在人员密集的公共场所配备自动体外除颤仪（Automated External Defibrillator, AED）等公用急救设备。公用自动体外除颤仪又被称为自动电击器，是一种便携式的医疗设备，具有容易操作、有救助提示和指引等特点，即便是非专业人员也可以使用其对心脏骤停者诊断分析心律失常、现场电击除颤急救。在最佳抢救时间内，利用自动体外除颤仪进行除颤和实施心肺复苏是对心脏骤停者的有效急救方法。但是配备自动体外除颤仪这类公用医疗急救设备需要相关配套规定和措施，只有建立和完善的公共急救体系才能真正发挥其价值和作用。根据我国目前的社会实践，主要难点在于：一是自动体外除颤仪价格相对比较昂贵，根据种类不同分别价值几千到几万元不等，后期还有维护保养费用，在人口密集的公共场所都配备的话则需专项财政予以保障，因而需要广泛调动社会各方力量。二是社会公众对自动体外除颤仪了解甚少，甚至许多人都未曾听说过，即使知道的人也不知道或不敢操作。为此，有必要向社会公众普及、推广自动体外除颤仪的用途和使用方法，可以在志愿者、学生、公共场所工作人员、公共交通工具工作人员等主体中优先开展特定的培训教育。推动不同领域的社会公众逐步学习、接受自动体外除颤仪，了解该设备是可以用于救助自己或他人生命的医疗设备。三是缺乏相应法律法规的保障和鼓励，如公用医疗急救设备的范围包括什么，由哪一方主体负责

管理和维护等问题均需要明确。

《基本医疗卫生与健康促进法》第 12 条第 2 款规定："公民、法人和其他组织捐赠财产用于医疗卫生与健康事业的，依法享受税收优惠。" 以税收优惠来鼓励公民、法人和其他组织捐助医疗卫生与健康事业。其还规定，公共场所应当按照规定配备必要的急救设备、设施。在公共场所推广配置安装自动体外除颤仪是完善和健全现场救护体系的重要内容，能够有效解决因缺乏急救设备导致的 "难施救" 问题，同时也是推动社会主义精神文明建设的积极举措。《促进条例》的本条规定鼓励具备救护技能的公民实施现场救护，以及倡导社会力量在人员密集的公共场所配备自动体外除颤仪等急救设备，对鼓励社会公众会参与、敢参与救助他人具有积极意义，能够促进文明法治观念的不断发展。

第二十五条 【见义勇为】

鼓励、倡导公民采取适当的方式实施下列见义勇为行为：

（一）制止正在危害国家安全、公共安全或者扰乱社会秩序的违法犯罪行为；

（二）制止正在侵害国家、集体财产或者他人人身、财产安全的违法犯罪行为；

（三）抢险、救灾、救人，保护国家、集体的财产或者他人人身、财产安全；

（四）其他见义勇为行为。

【导读与释义】

本条是《促进条例》关于鼓励、倡导公民采取适当的方式，为保护国家、集体或他人的合法利益，敢于见义勇为的规定。

见义勇为通常是指公民在法定职责、法定义务之外，基于高尚品德为保护国家利益、社会公共利益和他人人身、财产合法利益，挺身而出制止危险或侵害的行为。见义勇为体现了中华民族的传统美德，也是社会文明进步的基本表现，公民会为了正义而勇敢地与邪恶作斗争。本条规定虽然没有直接给"见义勇为"作出法律上的定义，但是列举了四项"见义勇为"的具体表现，包括正当防卫、紧急避险、紧急救助行为及其他见义勇为行为。

一、正当防卫行为

正当防卫行为是指为了保障自己和他人的人身、合法财产安全，对于正在进行的现时不法侵害采取的制止、反击不法侵害的行为。《刑法》第 20 条规定："为了使国家、公共利益、本人或者他人的人身、财产和其他权利免受正在进行的不法侵害，而采取的制止不法侵害的行为，对不法侵害人造成损害的，属于正当防卫，不负刑事责任。"《民法典》第 181 条第 1 款规定："因正当防卫造成损害的，不承担民事责任。"可见，我国刑法、民法均明确规定了公民"正当防卫"行为对不法侵害人造成损害的，不承担责任，但是其行为是否构成法律意义上的"正当防卫"需要满足一些法定条件。根据最高人民法院、最高人民检察院、公安部共同发布的《关于依法适用正当防卫制度的指导意见》及相关指导案例，构成正当防卫需要满足以下条件：①起因条件。正当防卫的前提条件必须是存在不法侵害，不法侵害包括刑法领域和民法领域的不法侵害。不法侵害既包括侵犯生命、健康权利的行为，也包括侵犯人身自由、公私财产等权利的行为；既包括犯罪行为，也包括违法行为。不法侵害既包括针对本人的不法侵害，也包括危害国家、公共利益或者针对他人的不法侵害。[1]②时间条件。正当防卫必须是针对正在进行的不法侵害，即不法侵害处于已经开始尚未结束的状态。③对象条件。正当防卫行为必须是针对不法侵害人作出的，如存在多个不法侵害人，可以选择正在进行不法侵害的侵害人，也可以针对共同不法侵害人实施。④限度条件。正当防卫行为是否免责的核心限度条款，即正当防卫行为是否"明显超过了必要限度"，必要限度需要综合考察各种因素加以判断是目前司法实务对正当防卫行为认定的难点所在。"明显超过必要限度"和"重大损害""不应有损害"这两个条件应当同时满足。我国《刑法》规定正当防卫明显超过必要限度并且造成重大损害的，应当负刑事责任，但是应当减轻或免除处罚；《民法典》规定正当防卫超过必要的限度，造成不应有的损害的，正当防卫人应当承担适当的民事责任。

---

[1] 最高人民法院、最高人民检察院、公安部共同发布的《关于依法适用正当防卫制度的指导意见》第 6 条。

《促进条例》本条规定的第（一）（二）项就是关于"正当防卫"行为的规定，即"（一）制止正在危害国家安全、公共安全或者扰乱社会秩序的违法犯罪行为；（二）制止正在侵害国家、集体财产或者他人人身、财产安全的违法犯罪行为"，属于刑法范畴中的正当防卫行为，但正当防卫范围是除了自己以外的国家利益、社会公共利益和他人人身、财产安全，在广义上也是见义勇为行为。

二、紧急避险行为

根据刑法的规定，为了使国家、公共利益、本人或者他人的人身、财产和其他权利免受正在发生的危险，不得已采取紧急避险行为，造成损害的，不负刑事责任。紧急避险行为与正当防卫行为构成刑法法定的违法性阻却事由，是刑法中规定的不作为犯罪处理的一种情形。紧急避险行为本质上是紧急危险状态之下，对同时需要保护的两个方面的合法利益进行权衡，牺牲小利益，保全大利益，因而在不得已的情形下紧急避险会损害他人的合法利益。紧急避险行为也必须满足以下几个方面的法定条件：①目的条件。为了使国家利益、社会公共利益、本人或者他人的人身、财产安全免受危险而采取的避险行为和措施，行为目的必须是正当的，且保护的是合法利益。如果保护的是非法利益，则不成立紧急避险，还有可能导致违法犯罪的严重后果。②时间条件。即存在人为、动物侵害、自然灾害、公共突发事件等危险，且"危险"处于正在发生尚未结束的状态。③利益条件。紧急避险行为是为了使更多、更大的合法权益免受正在发生的危险的侵害，而不得已采取的损害另一种合法权益的行为，因此，紧急避险所造成的损害必须小于避免的损害。即便他人较小的合法利益有可能被行为人的紧急避险行为所侵害，由于行为人不存在主观过错，同时也是社会鼓励的行为，也不会因此而承担刑事法律责任。④限度条件。紧急避险措施也不能"明显超过必要限度"，须采用合理、适当的方式进行紧急避险。《民法典》第 182 条也有规定："因紧急避险造成损害的，由引起险情发生的人承担民事责任。危险由自然原因引起的，紧急避险人不承担民事责任，可以给予适当补偿。紧急避险采取措施不当或者超过必要的限度，造成不应有的损害的，紧急避险人应当承担适当的民事责任。"紧急避险行为在抢险、救灾中亦有所体现。例如，在地震灾害搜救中，有人被重物压住手脚，为了让其得到及时抢救不至于因为人体组织坏死导致不可挽救的结果，可以顾全更大的生命利益而牺牲其身体组织健全的利益，为其截肢以保全生命。

三、紧急救助行为

紧急救助行为也被称为现场救助行为，是狭义理解上的见义勇为行为，指的是当他人发生意外或突发疾病时，公民出于善良、正义等道德因素对其实施救助的行为。国家法律鼓励和支持公民在紧急情形下对危急病患施以援手，善意救助行为不应被社会公众误解、伤害。我国《民法典》第183条"因保护他人民事权益使自己受到损害的，由侵权人承担民事责任，受益人可以给予适当补偿。没有侵权人、侵权人逃逸或者无力承担民事责任，受害人请求补偿的，受益人应当给予适当补偿"和第184条"因自愿实施紧急救助行为造成受助人损害的，救助人不承担民事责任"以民事法律形式分别确立"侵权人承担民事责任，受益人承担适当补偿责任"和"救助人不承担责任"的责任分担方式，以保障守法者受益、违法者受罚、救助者不受损。《促进条例》本条规定的第（三）项关于"救助"的规定是根据国家相关立法原则而制定的文明行为法律要求，即国家鼓励和支持公民救人，保护国家、集体的财产或者他人人身、财产安全，弘扬和保护善意助人之风。

第二十六条 【场馆设施开放】

图书馆、博物馆、美术馆、群艺馆、文化馆（站）、科技馆等公共文化设施，应当设立志愿服务站点，按照规定向社会免费或优惠开放。

鼓励有条件的单位和组织设立风度书房、农家书屋、书刊阅读点、漂流书箱等公益性学习场所。

鼓励宾馆饭店、景点景区等经营场所的停车场、厕所向社会开放。

【导读与释义】

本条是《促进条例》关于鼓励公共文化设施场所设立志愿服务站点并按规定向社会免费或优惠开放，鼓励建立公益性学习场所，鼓励人员较多的经营场所的停车场、厕所向社会开放使用的规定。

一、鼓励和支持开放公共文化设施

为提升公民的精神文化生活质量，满足人民日益增长的美好生活需要，进一步推进公共文化服务深入发展势在必行，新时代人们的"物质文化需要"应当是全面、均衡、普及、多层次物质文化的"美好生活"。公共文化设施是开展公共文化服务的承托基地，提升公共文化服务水平必须要建设、完善符合人民和社会发展需求的公共文化设施、场所，通常是由政府主导并出资修建、社会力量参与，以满足公民基本文化需求为主要目的而提供的公共文化设施。根据《公共文化服务保障法》第14条的规定，公共文化设施是指"用于提供公共文化服务的建筑物、场地和设备，主要包括图书馆、博物馆、文化馆（站）、美术馆、科技馆、纪念馆、体育场馆、工人文化宫、青少年宫、妇女儿童活动中心、老年人活动中心、乡镇（街道）和村（社区）基层综合性文化服务中心、农家（职工）书屋、公共阅报栏（屏）、广播电视播出传输覆盖设施、公共数字文化服务点等"。县级以上地方人民政府应当将公共文化设施纳入城乡规划，根据国家法律法规和政策指引并结合地方社会经济文化发展水平、人口分布状况、环境建设保护需要等因素合理设置、建设公共文化设施。

图书馆、博物馆、文化馆、美术馆等公共文化设施是公民学习文化知识、交流研讨的公益性平台，是实现人民群众基本文化权益和共享文化建设成果的重要阵地。除了直接拨款用于大型公共文化设施建设外，国家还以专项资金支持"三馆一站"（博物馆、图书馆、美术馆、文化站）的免费开放，用以提升公共文化设施的群众利用率与惠民率。[1]国家文化、财政部门联合发布了《关于推进全国美术馆、公共图书馆、文化馆（站）免费开放工作的意见》，制定了一系列保障机制推进全面免费开放工作，从分两个阶段逐步免费到全面免费开放"三馆一站"，最终实现免费开放并向公民提供基本公共文化服务，基本公共文化服务以外的特殊文化服务项目降低收费标准。随后，国家财政部门出台专门的财政保障办法，对各地方的"三馆一站"提供财政补贴，支持免费开放。2014年，中央财政为全国图书馆、博物馆、美术馆、文化馆（站）等公共文化设施免费开放专项资金拨款共计46.53亿元，用以保障公共文化设施对外免费开放。2016年，国家立法机关通过《公共文化服务保障法》。其第31条第1款规定："公共文化设施应当根据其功能、特点，按照国家有关规定，向公众免费或者优惠开放。"并明确规定，公共文化设施开放收取费用的，仍应当每月定期向中小学生免费开放；收取费用的项目除了需要对外公示和经过县级以上人民政府有关部门批准之外，还要求该资金必须用于公共文化事业，不得用于其他用途，保障公共文化服务的健康发展。国务院办公厅于2020年6月4日发布《公共文化领域中央与地方财政事权和支出责任划分改革方案》，进一步明确了公共文化

---

〔1〕　参见高宏存：《公共文化设施运行机制研究》，社会科学文献出版社2016年版，第10页。

设施的财政事权和支出责任划分，按照有关规定实现基层公共文化设施免费或低收费开放，确立"中央与地方共同财政事权，由中央与地方共同承担支出责任"的工作原则。根据该方案，实行免费开放的主要包括地方文化文物系统所属博物馆、纪念馆、公共图书馆、美术馆、文化馆（站），以及全国爱国主义教育示范基地；实行免费或低收费开放的主要为体育部门所属公共体育场馆等。

韶关市《促进条例》的本条规定是贯彻实施《公共文化服务保障法》及其他国家规定的具体规定，结合当地具体工作要求，还融入了社会力量参与公共文化服务的鼓励措施。鼓励和支持公共文化设施，建立文化志愿服务站点，向社会提供便利服务，引导社会力量参与公共文化服务体系建设。文化部为规范文化志愿服务，于2016年发布《文化志愿服务管理办法》，规定组织开展文化志愿服务的文化行政部门、文化单位鼓励有意愿、有能力的人成为文化志愿者。鼓励老年人在自愿和量力的情况下参加文化志愿服务活动。未成年人经其监护人同意或由其监护人陪同，可参加与其年龄、身心状况相适应的文化志愿服务活动。文化志愿服务组织单位应当与文化志愿者签订书面协议并保障其合法权益。引入并规范文化志愿服务对于完善文化管理体制、推动公共文化服务社会化发展具有重要意义。

二、鼓励有条件的单位和组织设立公益性学习场所

"风度书房"是韶关市为倡导全民阅读、共同提升城市文明、新时代精神文明的一项政府惠民工程，也是韶关市独有的"文化品牌"。"风度书房"主打舒适环境、休闲阅读、互联网化、国风元素等功能，能够满足市民的传统阅读、数字化阅读需求，是一个免费开放的公益性学习、交流场所。"风度书房"项目实行"四位一体"的运作模式，即政府提供专项资金，机关事业单位、企业、社区或个人等提供场地，韶关市图书馆提供书源、设施设备及技术支撑，最后由专业运营维护团队负责日

常管理，以行政主导支持，公民、法人和其他组织参与的方式推进"风度书房"建设。"风度书房"公共文化服务项目最早从2017年开始建设，截至2020年11月，全市范围内共有"风度书房"62间，其借助互联网技术的帮助，连通市图书馆的图书资源，为市民群众提供全开放、高品质的公共文化服务。"风度书房"深受广大市民群众的欢迎和喜爱，被称为"家门口的智慧图书馆"。免费或者优惠开放的公共文化设施可以按照国家规定享受补助。

"农家书屋"是为满足农民文化需要，在行政村建立的、农民自己管理的、能提供农民实用的图书、报刊和音像电子产品阅读产品的公益性文化服务设施。为了解决农村"买书难、借书难、看书难"的问题，农家书屋从2005年开始试点，于2007年全面启动，为保障和拓宽农村基本公共文化服务方式提供了解决方案。在新型冠状病毒肺炎疫情蔓延期间，为配合疫情防控管理工作，学校无法集中开学，网络形式的"云课堂"便成了学生上课的主要方式。韶关市在处理贫困学子特别是农村边远地区学生、留守儿童和建档立卡家庭经济困难学生的"云开课"问题时充分利用了现有的农家书屋、乡镇综合文化站等农村文化设施，以之作为"云课堂"阵地。农家书屋具备网络电子设备，可以满足其上课需要，保障了学生的受教育权利和文化权益，充分盘活了自身的文化服务功能。还有不同形式的书刊阅读点、漂流书箱等公益性文化服务场所，应当以政府主导或支持，通过鼓励措施吸引和引导广泛社会力量参与，探索发展政企共建、个人捐建、共享成果的文化服务发展道路。推动各级政府购买公共文化服务。鼓励社会组织和企业参与公共文化设施运营和产品服务供给，为社会提供多样化、均等化、多层次的文化服务产品，如此，社会精神文明建设才能稳步推进。

三、鼓励人员较多的经营场所开放停车场、厕所

我国人口基数大，机动车保有量逐年上升，这意味着乘车出行已比

较普遍，由此也带来了许多问题。公路建设无法赶上机动车的增长数量，部分公民不文明驾驶车辆，交通意外等因素导致交通拥堵、停车位紧张等问题。为缓解城市"停车难"和交通拥堵矛盾，国内各大城市均通过立法鼓励有条件的酒店宾馆、旅游景点等机关、企业、事业单位开放内部停车场，实行错时停车，为周边居民提供停车服务。广州市人民政府同时还积极鼓励社会力量参与建设公共停车位。《广州市停车场条例》明确规定对社会力量投资建设公共停车场的，可以给予适当的资金支持。除了交通拥堵和停车难问题，现代文明城市交通拥堵和还需要设置合理数量的公共厕所以满足社会群众的方便需要。鼓励有条件的机关、企业、事业单位开放厕所也符合现代文明城市的基本要义，尤其是作为公共服务机构的行政机关、事业单位等政府机关，本是服务人民群众的机关，将厕所开放给临时急需的人民群众使用也是服务型政府的内在要求。国内许多城市还成立了专门的"厕所开放联盟"，加入该联盟的机关、单位、企业将其内部厕所开放给社会公众使用，填补了城市公共厕所分布不均、数量不足的短板，也为有紧急需要情况的公民提供了及时帮助。鼓励开放停车场、厕所有利于营造健康向上的人文环境、舒适便利的生活环境，也展示出了现代文明城市人性化的文明风尚。

第二十七条　【先进评选】

市、县（市、区）精神文明建设工作机构和有关部门应当组织开展道德模范、身边好人、最美人物、优秀志愿者、美德少年等道德先进人物评选与表彰活动。

企业事业单位、社会团体及其他组织应当结合自身实际，积极参与道德先进人物的评选活动，对本单位人员文明行为进行表扬奖励。

【导读与释义】

本条是《促进条例》关于市内各级精神文明建设工作机构和有关部门应当组织开展道德先进人物评选与表彰活动，鼓励企业、事业单位、社会团体及其他组织结合实际参与道德先进人物评选活动的规定。

一、道德模范、先进人物的引领作用

道德先进人物指的是具有良好道德修养、高尚品德的人以及在生活工作中表现突出的先进分子。开展道德先进人物评选对社会文明建设具有积极的促进和引导作用。2019 年 10 月 27 日，中共中央、国务院印发了《新时代公民道德建设实施纲要》，这是继 2001 年党中央颁布《公民道德建设实施纲要》之后，我党和政府又一次结合新时代背景，作出新的重要工作部署并提出公民道德建设新要求。习近平总书记也指出："当高楼大厦在我国大地上遍地林立时，中华民族精神的大厦也应该巍然耸立。"[1]富足的物质生活需要以强大的精神文化生活作为精神支撑，以指

---

[1] "耸立中华人民精神大厦"，载 http://theory.people.com.cn/n1/2017/0407/c40531-20194950.html，2020 年 4 月 16 日访问。

导、调适物质生活。根据《新时代公民道德建设实施纲要》关于深化道德教育引导的工作要求，应以道德模范、先进人物引领道德风尚。通过选树时代楷模、道德模范等先进典型人物，以其先进事迹和突出贡献为全社会树立鲜明的时代价值取向，发挥榜样影响。持续推出各行各业先进人物，广泛推荐宣传道德模范、最美人物、身边好人、优秀志愿者、美德少年，让不同行业、不同群体都能学有榜样、行有示范，形成见贤思齐、争当先进的生动局面。尊崇褒扬、关心关爱先进人物和英雄模范，建立健全关爱关怀机制，维护先进人物和英雄模范的荣誉和形象，形成德者有得、好人好报的价值导向。[1]全社会公民在参与评选道德模范、先进人物的过程中既可以了解他们的先进事迹和道德光源，又可以更新道德观念、提升精神境界，并最终汇聚成推动社会文明进步的精神力量。社会公民坚持怎样的价值观直接影响着其道德建设水平，关系着一个民族的基本素质，也反映了社会的文明程度，而道德模范和先进人物所发挥的示范、引领作用也影响着公民的世界观、价值观和人生观，进而促使公民追求更高的道德要求。

二、鼓励机关、企业、事业单位等单位参与先进人物评选活动

充分利用全国道德模范评选表彰的契机，在全社会各行业之中评选、树立道德模范、先进人物，让道德模范影响深入人心，发挥潜移默化的影响。道德模范受到荣誉和表彰，得到社会和行业的尊重，更强的精神动力必将增强其在平凡的工作岗位和日常生活中做好道德模范的信心，自觉自律、持之以恒，并激发更多的公民践行善行义举。因而《促进条例》规定鼓励企业事业单位、社会团体及其他组织应当结合自身实际，积极参与道德先进人物的评选活动，对本单位人员的文明行为进行表扬奖励。《志愿服务条例》鼓励企业和其他组织在同等条件下优先招用有良好志愿服务记录的志愿者。道德模范、先进人物应当受到全社会的爱护和尊重，并推动全社会成员学习其道德精神。

---

〔1〕 参见中共中央、国务院印发的《新时代公民道德建设实施纲要》（2019 年）。

第二十八条 【表彰奖励】

市、县（市、区）人民政府应当对见义勇为、自愿捐献、慈善公益、志愿服务等文明行为促进工作中表现突出的单位和个人进行表彰和奖励，并按照自愿原则，纳入个人档案。

【导读与释义】

本条是《促进条例》关于市、县（市、区）人民政府应当对在文明行为促进工作中表现突出的单位和个人进行表彰和奖励，根据自愿原则纳入其个人档案的规定。

一、表彰和奖励文明行为先进单位和个人

公民的见义勇为、自愿捐献行为，公民和组织积极参与慈善公益、志愿服务事业的行为都是值得表彰的优秀道德行为。表彰不是优秀道德行为的目的，而是对其表现出高度的道德认同和价值认同，公民良好道德习惯的养成是一个长期的、渐进的过程，既要有思想道德、利益作为引导，又要有精神鼓励后的物质支持。国家法律法规规定对见义勇为、捐赠捐献、慈善公益、志愿服务作出贡献的个人和组织给予表彰和奖励。《文化服务保障法》第 13 条规定："国家鼓励和支持公民、法人和其他组织参与公共文化服务。对在公共文化服务中作出突出贡献的公民、法人和其他组织，依法给予表彰和奖励。"《志愿服务条例》第 32 条规定："对在志愿服务事业发展中做出突出贡献的志愿者、志愿服务组织，由县级以上人民政府或者有关部门按照法律、法规和国家有关规定予以表彰、奖励。国家鼓励企业和其他组织在同等条件下优先招用有良好志愿服务

记录的志愿者。……"表彰和奖励的形式通常表现为：①对外公开通报嘉奖对象和内容；②对其颁发物质性奖励，包括奖金、奖品等；③授予其专门的荣誉称号，除非被依法撤销，该荣誉称号将终身有效。表彰和奖励是公民、法人和其他组织能够通过表现行为获得的国家认可的荣誉，既是国家对其优秀道德行为的肯定和支持，又是再接再厉、激励自己和他人不断奋斗的精神动力来源。社会文明建设需要监管结合、奖惩分明，关注在文明行为促进工作中表现突出的个人和组织，充分发挥其在社会中的引领示范作用，对其优秀工作作出表彰和奖励。在全社会形成尊重践行文明行为和向上向善文明之风的良好社会氛围，让社会公民接受良好的社会之风，争当先进、见贤思齐。

二、根据自愿原则，纳入个人档案

个人档案也被称为人事档案，其中包括个人身份材料，学历经历，履历证明，政审材料，党、团组织建设工作中的材料，表彰奖励等，是记录公民人生的主要经历、政治面貌等个人情况的文件材料。个人档案通常具有保密性，一般由专门档案存放机关负责保存和管理，按照规定不允许个人自己保存。个人档案能够根据所办事项的需求体现其价值，公民在申请就业、攻考研究生和申请国外留学时都需要考察其个人档案。公务员考录、事业单位招聘亦可以将志愿服务情况纳入考察内容。《促进条例》的本条规定明确支持根据自愿原则，将在文明行为促进工作中所获得的表彰和奖励记录纳入个人档案。这是表彰奖励条款的"灵魂"所在，表彰奖励的荣誉证明切实伴随获得者一生，激励作用更为显著。对于荣誉获得者而言，这是实实在在的政策支持和奖励，根据个人档案的荣誉奖励记录，公民在申请单位就业和就学考察时更容易受到青睐和认可。国家法律让践行优秀道德行为者受益，必然要对其作出对应的表彰和奖励。

第四章　重点治理

　　第四章"重点治理"是《促进条例》结合本地地方工作的具体情形和相关立法经验，通过对不同领域内工作部门的权限及事项范围进行进一步梳理和整合，以清单制度的形式将应当重点治理的不文明行为列举出来，使文明行为促进工作更加细致化、量化，再由相应的工作部门对清单内的事项进行重点治理。清单制度是我国推进行政改革，进一步扩大简政放权、放管结合的重要措施。我国将全面实行政府权责清单制度。政府权责清单制度是法治政府建设的基础性制度。政府部门将其权力清单、责任清单向全社会公布，有利于人民群众及权力部门监督政府部门，严格遵守法无授权不可为、法定职责必须为，防止行政不作为、乱作为。清单制度将管理主体、对象、流程、结果等规定以图表、列表的形式表现出来，具有简洁明了的指示性、引导性功能，能够在严格规范行政公权力的同时兼顾提高行政效率。

　　《促进条例》以专章形式规定重点治理清单，列举人民群众反映强烈或日常工作中表现突出的不文明行为。对于清单内的不文明行为既要保证重点治理，又要保证从重处理，主要包括公共秩序、公共卫生、公共安全、公共交通方面可能严重影响社会公共秩序和安全、人民群众人身和财产安全的不文明行为。此类不文明行为容易产生更为严重的社会危害性，建立重点治理清单制度有利于防微杜渐，防患于未然，避免不文明行为演化成为或导致发生危害性更大的违法犯罪行为。同时，该章所规定的重点治理内容主要为负面清单。负面清单的建立应当是一个常态化的动态调整过程，其不是一成不变的，在推进文明行为促进工作时还需要作出适时调整。总体而言，《促进条例》将重点治理清单以专章形式进行规定，明确了治理的工作重点，在文明行为促进工作过程中完成"促进"和"治理"的有机统一，为有关管理部门提供明确的工作指引。

第二十九条　【重点不文明行为清单与治理方案】

本市对突出的不文明行为实行重点治理清单制度。

市精神文明建设工作机构应当定期对重点不文明行为治理工作进行评估，并根据评估结果和文明行为促进工作需要，在广泛征求社会公众意见后，对重点不文明行为治理清单提出调整意见，经市人民政府同意后向社会公布。

市、县（市、区）精神文明建设工作机构应当根据本区域文明行为促进工作的现状和目标，提出重点不文明行为治理总体方案，经本级人民政府批准后组织实施。

【导读与释义】

本条是《促进条例》关于建立不文明行为重点治理清单制度，市精神文明建设工作机构应当定期对重点不文明行为清单进行评估，并可按照程序进行调整，市、县（市、区）精神文明建设工作机构应当根据文明行为促进工作的实施情况提出不文明行为治理总体方案的规定。

一、不文明行为重点治理清单制度及清单内容调整

清单管理制度是指行政权力机关根据法律授权范围内的工作职责，对其工作内容进行全面清理、梳理整合成主体和权责分明、流程和处理清楚的图解或列表式清单，并将该清单向社会公开的制度。清单管理制度是李克强总理在政府工作报告中提出的一项制度。清单制度最初被应用在政府深化改革中，目的是限制权力，将政府权力关进制度的"笼子里"，加快政府职能转变。在建设廉洁、高效的服务型法治政府的改革措

施之中，要全面推动建立"权力清单制度"。权力清单围绕"清权、减权、制权、晒权"等主要环节，将与个人、企业生活、生产密切相关的行政权力列为清单的重点内容，在工作中集中力量去解决，着力解决个人、企业反映比较突出的实际问题。在此之后，国家还提出实行市场准入负面清单制度，进一步深化市场经济改革，刺激和释放了市场活力，有利于进一步发挥市场在资源配置中的决定性作用。《促进条例》规定韶关市对突出的不文明行为实行重点治理清单制度。坚持合理分工、权责一致、公开透明的原则，市精神文明建设工作机构通过对本市范围内的不文明行为进行全面梳理、评估，将问题突出、出现频繁的不文明行为现象列为重点治理对象，并可以在处罚幅度范围内从重处罚，建立简洁明了的不文明行为重点治理清单。在推行文明行为促进工作中利用不文明行为重点治理清单可以让社会人民群众对不文明行为表现一目了然，规范了管理主体的监管范围和管理权力、被管理对象及处理方式，促进公民、法人和其他组织积极参与社会践行文明行为规范。由于不文明行为管理属于政府权力机关的权力范围，若没有不文明行为重点治理清单，政府权力机关对于该管什么、该怎么管则会表现出过大的自由裁量权，什么都能管容易陷入多头行动却"颗粒无收"的尴尬境地，公民也会因为政府不稳定、力度不一的管理方式而感到疑虑，甚至不服从，最终只会导致立法规范实施效果不理想。参照各地关于文明行为促进的立法经验，大多数都建立起了不文明行为重点治理清单。例如，《北京市文明行为促进条例》第3章关于不文明行为治理的规定，重点治理公共卫生、公共场所秩序、交通出行、社区生活、旅游、网络电信等6个领域中共24项不文明行为。广州市、南京市、无锡市等在制定地方文明行为促进条例时都用"正面""负面"行为规范明确规定了"正面清单"和"负面清单"。不文明行为履改不好、屡禁不止的主要原因在于违法成本低、处罚手段单一，建立不文明行为重点治理清单是有效的破解之道。

建立不文明行为清单动态调整制度。本市精神文明建设工作机构应当定期对重点不文明行为治理工作进行评估，并根据评估结果和文明行为促进工作需要，在广泛征求社会公众意见后，对重点不文明行为治理清单提出调整意见，经市人民政府同意后向社会公布。清单动态调整是一个常态化的过程，也是一个法治化的过程，需要适应经济社会发展和文明行为促进工作的进程，根据执法依据和工作评估结果的变化，及时对不文明行为清单进行调整，并按规定程序调整和确认公布，确保不文明行为清单以及执法、管理科学有效、与时俱进。

二、根据工作实际提出不文明行为重点治理方案

对不文明行为建立重点治理的"负面清单"制度是一个长期性的动态调整过程，清单工作内容需要根据工作实际情形进行适时调整。本市、县（市、区）精神文明建设工作机构应当根据本区域文明行为促进工作的现状和目标提出重点不文明行为治理总体方案，经本级人民政府批准后组织实施。这款规定应当是承接上一款规定的内容。根据工作的现状和目标，应当建立在对不文明重点治理清单及工作中的执行效果定期评估的基础上，听取人民群众反映的突出意见，并对本市日常积习已久的不文明行为现象加以考察，确定本市文明行为促进工作的现状和目标。这是本款规定的基本工作要求和前提条件，实事求是，基于工作实践提出重点不文明行为治理总体方案。制定工作方案同时应当根据本市不文明行为重点治理情况形成年度报告，由本级人民政府批准后作为进一步工作的具体措施予以执行。

第三十条 【重点治理措施】

县（市、区）人民政府应当建立健全综合整治工作机制和查处协调联动机制，针对列入重点治理清单的不文明行为，组织开展重点监管、联合执法等工作。

【导读与释义】

本条是《促进条例》关于市内各级人民政府通过建立健全执行工作机制，对列入重点治理清单的不文明行为开展重点治理工作的规定。

一、建立健全综合整治工作机制和查处协调联动机制

综合整治工作机制是指在人民政府及部门之间建立多部门、跨部门联合执法，各职能部门综合作为整体进行执法治理工作的机制。综合整治工作机制是目前行政执法工作的改革方向，能够最大效用地推动行政职能部门的工作效果和达到工作目标。本市不文明行为涉及公共卫生环境、公共交通安全、旅游文明、社区文明等不同领域，负责监督管理的职能部门由不同的部门组成，若各部门间各自组织工作的进度不一，则容易影响文明行为促进的工作效果。为进一步理顺政府内部关系，突破工作难点，必定要建立健全关于不文明行为的综合整治工作机制。通过梳理各部门的职能范围确定交叉重叠的地方，进一步明确分工、科学整合，衔接联动工作流程，并明确职责交叉重叠事项的综合管理部门。综合整治工作机制的目的是解决政府部门管理职权交叉重叠的问题，明确工作执行依据和总体工作目标，确定各职能部门的职责范围和工作方式，有目标、有计划地开展综合整治工作，确保职权管理科学、规范。

查处协调联动机制是指各职能部门之间公共信息共享、共通、共建的联动工作机制。从监督、查处不文明行为现象到部门间信息来往、协调要形成一个动态紧密的联动机制，贯通执法工作全过程和事后立法规范实施效果。健全网络查处协调系统，利用信息化手段建立健全体系化的联动工作系统。综合管理部门与行业、专业管理部门加强沟通、密切协作，因而综合整治工作机制与查处协调联动机制是互相配合、相辅相成的统分关系。各部门在协调、调动工作资源时应当严格贯彻内部职责分工，细分工作范围内负全责，依靠法律法规和规章制度明确职责，形成有机衔接、协调联动的工作格局。

二、重点治理措施

重点治理措施要求综合运用行政执法、市场监督、行业监管、社会考察等措施联合惩戒重点治理对象，在本条规定中，重点治理对象为列入重点治理清单的不文明行为。韶关市各级人民政府及工作部门应当通过综合整治工作机制和协调联动机制，组织开展重点查处、联合执法等工作，对存在于社会各个领域的积习甚久的不文明行为展开重点监管和重点惩戒两个方面的工作。监管方式应当以主动监管和被动监管相结合的方式，主动监管、检查不文明行为重点治理清单，被动监管方式主要是通过接收社会群众反映意见、举报信息等方式获取监管线索，进而展开监管工作。惩戒措施应当将惩罚力度与社会效益相结合，既要保证让违法和不文明者付出法治代价，又要注重联合惩戒措施的社会效益，发挥惩戒措施最终的教育、引导作用。

第三十一条　【影响公共秩序的不文明行为治理】

在公共秩序方面，重点治理下列影响公共秩序的不文明行为：

（一）开展商业、文体等活动时，产生噪音、造成交通拥堵干扰他人正常生活、工作和学习的；

（二）中午和夜间在住宅区、居民集中区、文教区和疗养区从事产生噪声污染的室内装修、家具加工等活动。

【导读与释义】

本条是《促进条例》关于重点治理影响公共秩序方面的不文明行为的规定。

本条规定的是韶关市建立不文明行为重点治理清单中关于公共秩序方面的清单内容，虽然没有以专章的形式作出规定，但是结合本市社会实际，以独立条款列举影响公共秩序的不文明行为。主要包括开展公共活动时影响他人生产、生活、学习和造成的室内噪声污染行为。

一、室外噪声污染不文明行为

商业活动也被称为商事活动，通常是指商事主体以营利为目的进行的销售、交换商品或服务的经济性活动。日常生活中除了公益性质的公共活动，其他类型的活动绝大多数都属于商业活动，其涉及人民群众生活需要、工作生产、学习等各方面的生产资料内容。文体活动是文艺演艺活动和体育健身活动的总称。其中，文艺、演艺活动包括歌唱、舞蹈、演讲、画展等以艺术类为内容的活动；体育健身活动包括运动会、运动比赛、球类运动、田径类运动等以健身竞技为内容的活动。对于文明行为促进工作而言，在开展商业、文体等活动时，存在几个共同的特征：①公共活动，通常都会涉及商业性质，面向社会或集体开展，需要文化、市场监督等管理部门进行监管；②需要大型场地，视其规模而定，举办方会组织大量人员参与活动，人员较为密集，可能影响交通秩序；③产生噪声，大型公共活动几乎都会造成大量噪声污染，对周围的其他人会产生一定程度上的感官影响；④管理不严，通常会由活动主办方委托行政机关或其他组织负责对人员、秩序的管理，管理力度不够严格，容易产生许多影响公共秩序的问题。

在公共秩序方面，重点治理开展商业、文体等活动时，产生噪音、造成交通拥堵等干扰他人正常生活、工作和学习的不文明行为。精神文明建设部门及其他行政管理部门也应当认识到开展商业、文体等活动时必然会产生噪声，但是否因为形成噪声"污染"或造成交通拥堵等影响公共秩序问题就将其认定为不文明行为则要视具体实际监管工作而定。例如，可以考察此类不文明行为的发生原因、行为性质、行为结果、对社会公共秩序造成的影响等因素再加以认定。

二、室内噪声污染不文明行为

本条规定所指的室内噪声污染不文明行为是指行为人在中午、晚上等其他公民常规休息时间进行室内装修、家具加工等活动产生噪声污染的行为。住宅区、居民集中区、文教区和疗养区应当是保持较低水平的环境噪声的居民公共生活区域。政府在制定城乡建设规划时一般对城市功能区域进行划分，合理布局城乡规划建设，例如工业生产区域一般会选在离居民生活区域较远的地方，一来保证生产运输安全，二来也能保证工业生产尽量减少对周围居民生活居住的影响。这里所指的"室内噪声"并不是严格意义上的室内噪声，而是最可能影响室内生活居住的噪声污染。公民应当合理安排室内装修、家具加工等活动的工作时间，尽量避开中午、晚上的休息时间，施工时应当做好防护措施，避免杂物粉尘影响他人。社区公共服务机构及物业管理组织作为监管人应当及时对该类不文明行为现象主动予以查处并制止，以教育调解为主、惩戒为辅。

第三十二条　【影响公共卫生的不文明行为治理】

在公共卫生方面，重点治理下列破坏公共环境的不文明行为：

（一）乱扔垃圾，随地吐痰、便溺；

（二）随意涂写刻画、张挂物品、张贴宣传品等；

（三）驾驶或者乘坐机动车时，向车外抛物；

（四）擅自占用城镇道路、广场、桥梁、人行天桥、地下通道或者景区景点等公共场所堆放物品、设置广告、兜售经营等。

【导读与释义】

本条是《促进条例》关于重点治理影响公共卫生方面的不文明行为的规定。

本条规定的主要是重点治理清单中由于个人不良卫生习惯影响公共卫生的不文明行为。公民因其个人习惯随手或随意作出有损于公共卫生的行为，这与其个人道德素质存在密切联系。本市在推进文明行为促进工作的过程中，治理该类不文明行为存在一定难度。因为该类不文明行为从发生至完成时间短暂，且行为作出的时间、地点均具有极大的随意性，难以实现实时监管。因而将其列入不文明行为重点治理清单是促进社会精神文明建设工作的基本要求，文明城市公共环境不应当出现该类不文明公共卫生行为。

一、乱扔垃圾，随地吐痰、便溺

乱扔垃圾、随地吐痰问题几乎是每一个城市公共卫生环境久治不愈的"顽疾"，从根本上说，是由公民缺乏环保意识和规则意识所导致的。

随着经济社会的发展及各城市公共设施建设的推进，城市公共道路两旁的合理距离间基本上均已设置安装垃圾、杂物、果皮投放箱，很多城市甚至配备了具备垃圾分类、收集烟蒂头等功能的多功能垃圾投放箱。即使在公共卫生设施设置数量足够、距离合理的情况下，城市中的一些地方还是不可避免地出现被人抛撒、丢弃的垃圾、杂物，影响公共卫生安全和环境清洁。随地吐痰也是非常不卫生、不文明的行为之一，尤其是在公共场所吐痰，痰中往往带有各种细菌或传染性病毒，公民吐痰应当用卫生纸包好再投放到"有害垃圾"箱内才符合文明行为要求。随地吐痰与用纸妥善处理吐痰都是随手、随意就能做出的行为，视其个人是否遵守公共卫生文明规范的表现，个人"小"文明行为之中体现出社会"大"文明。随地便溺与随地吐痰一样是令人厌恶的不文明卫生行为，绝大多数人因其自尊心一般不会随地便溺，除了无法照顾好自己的婴幼儿之外，也有小部分公民在城市隐秘或可见度不好的公共环境随地便溺。国家法律也有相关规定明令禁止公民作出上述行为，如《城市市容和环境卫生管理条例》（2017 年修订）第 34 条第（一）项规定"随地吐痰、便溺，乱扔果皮、纸屑和烟头等废弃物的"，城市人民政府市容环境卫生行政主管部门或者其委托的单位除责令其纠正违法行为、采取补救措施外，可以并处警告、罚款。本市依据不文明行为重点治理清单开展治理工作时可以适用法律、法规等有关规定对行为人采取相应的处罚措施。

二、随意涂写刻画、张挂物品、张贴宣传品

"随意涂写刻画"行为既包括在城市公共环境中的建筑、道路、树木上随意涂写刻画的行为，又包括在景区景点、古迹、古建筑、古树上随意涂写刻画的行为。对于后者的保护，《文物保护法》第 64 条、第 66 条第（二）项均规定，刻划、涂污或者损坏文物的按照行为危害程度可依据《治安管理处罚法》和《刑法》作出对应处罚。《治安管理处罚法》第 63 条规定："有下列行为之一的，处警告或者二百元以下罚款；情节较

重的，处五日以上十日以下拘留，并处二百元以上五百元以下罚款：
（一）刻划、涂污或者以其他方式故意损坏国家保护的文物、名胜古迹
的；（二）违反国家规定，在文物保护单位附近进行爆破、挖掘等活动，
危及文物安全的。"《刑法》第 324 条第 1 款规定："故意损毁国家保护的
珍贵文物或者被确定为全国重点文物保护单位、省级文物保护单位的文
物的，处三年以下有期徒刑或者拘役，并处或者单处罚金；情节严重的，
处三年以上十年以下有期徒刑，并处罚金。"《风景名胜区条例》第 44 条
规定："违反本条例的规定，在景物、设施上刻划、涂污或者在风景名胜
区内乱扔垃圾的，由风景名胜区管理机构责令恢复原状或者采取其他补
救措施，处 50 元的罚款；刻划、涂污或者以其他方式故意损坏国家保护
的文物、名胜古迹的，按照治安管理处罚法的有关规定予以处罚；构成
犯罪的，依法追究刑事责任。"

随意张挂物品、张贴宣传品存在很大的公共卫生安全隐患。城市的
楼层通常较高，张挂物品容易导致高空坠物、抛物问题，物品、宣传品
坠落也会产生影响公共卫生的垃圾、杂物。公民应当自觉保持建筑物的
整洁、美观。在城市人民政府规定的街道的临街建筑物的阳台和窗外不
得堆放、吊挂有碍市容的物品。《城市市容和环境卫生管理条例》第 17
条第 1 款规定："单位和个人在城市建筑物、设施上张挂、张贴宣传品
等，须经城市人民政府市容环境卫生行政主管部门或者其他有关部门
批准。"

三、驾驶或者乘坐机动车时，向车外抛物

驾驶或者乘坐机动车最基本的安全行为规范就是车内人员不得将身
体或部分身体探出车窗外以及不往车窗外抛撒杂物。在车流量较大的公
共道路上随意抛撒杂物，其导致的公共卫生问题难以处理，垃圾、杂物
污染了城市道路环境，加大了环卫工人的劳动量，既不尊重他人的劳动
成果，又增加了他人工作的风险程度。《道路交通安全法》第 66 条也明

确规定了乘车人不得向车外抛洒物品，违反道路交通安全法律、法规关于道路通行的规定的，可以对其处警告、罚款。

四、擅自占用公共道路、通道等场所堆放物品、设置广告、兜售经营

城镇道路、广场、桥梁、人行天桥、地下通道或者景区景点通常是人流密集、通行的公共场所，在其中堆放物品、设置广告、兜售经营会严重影响行人通行流畅度和市容环境、公共环境卫生。任何单位和个人都不得在上述公共场所占用通行通道或依靠人流量进行兜售物品、发放传单等经营宣传行为。流动经营摊点、售货车等应当在规定地点和时间内规范经营，保持摊点周围卫生整洁，不得影响周围市容环境。《道路交通安全法》第31条规定："未经许可，任何单位和个人不得占用道路从事非交通活动。"该规定同时考虑到公共交通出行安全和公共市容、环境卫生问题，违反道路交通安全法规、城市市容和环境卫生条例有关规定的，对拒不改正者可以处以警告、罚款等处罚措施。面对城市环境中突出的公共卫生问题，应当重点治理擅自占用城镇道路、广场、桥梁、人行天桥、地下通道或者景区景点等公共场所堆放物品、设置广告、兜售经营等影响公共卫生的不文明行为。

第三十三条　【妨害公共安全的不文明行为治理】

在公共安全方面，重点治理下列妨害公共安全的不文明行为：

（一）乘坐公共交通车辆时与司机攀谈、争吵，拉扯打骂司机；

（二）从建筑物或构筑物内向外抛掷物品；

（三）遛狗时未用牵引绳牵领大型犬只或者未给烈性犬佩戴嘴套。

【导读与释义】

本条是《促进条例》关于重点治理影响公共安全方面的不文明行为的规定。

对于本条规定中"公共安全"的定义，我国传统刑法理论认为，公共安全是指不特定多数人的生命、健康、重大公私财产以及公共生产、生活的安全。维护社会公共安全具有重要意义，只有在安全稳定的公共环境之下，公民人身、财产安全才有保障，人生存于社会的基本需求，没有公共安全，其他一切将无从谈起。公共安全是人民安居乐业、社会安定有序、国家长治久安的重要保障。党的十八大以来，以习近平同志为核心的党中央高度重视公共安全问题，把维护公共安全摆在了更加突出的位置，作出了一系列重要部署。在中共中央政治局第二十三次集体学习时，习近平总书记发表重要讲话，深刻阐述了维护公共安全的重要意义，科学分析了公共安全形势，明确指出了当前维护公共安全需要重点做好的各项工作任务。[1]根据对近年来严重危害社会公共安全案件的研判预警，充分分析危害公共安全事件的综合成因和潜在风险点，引发

---

〔1〕　参见《最高人民法院关于充分发挥审判职能作用切实维护公共安全的若干意见》（法发〔2015〕12号）。

案件和惨痛后果的重要原因大多是公民个人不文明行为或者微不足道的小问题、小纠纷得不到妥善处理。为维护社会公共安全，重点规制公民在这方面应当禁止的不文明行为具有现实必要性。主要重点治理以下三个方面。

一、乘坐公共交通车辆时与司机攀谈、争吵，拉扯打骂司机

公共交通车辆是指为了满足城市公民生活、生产的出行需要而提供公共交通运输服务的车辆，包括公共汽车、长途客车、地铁、电车、火车等车辆。因其乘坐人员较多，保障公共交通车辆安全在一定程度上就是保障社会公共安全。作为控制公共交通车辆行驶的司机更是保护对象的重中之重，司机责任重大，除了需要保持清醒的头脑和专注的注意力之外，还要维护车内秩序以及将乘客安全送达目的地。公民乘坐公共交通车辆时不得与司机攀谈、争吵，拉扯打骂司机，干扰司机会严重影响行车安全。无数悲剧向我们敲响警钟，守规则、讲文明是乘坐公共交通工具的基本要求。2018 年 10 月 28 日，发生了震惊全国的"重庆公交坠江事件"，重庆市万州区一辆公交车发生意外从桥上坠入江中，车上 15 人全部遇难。事后有关机关公布"黑匣子"监控视频，或为公交车坠江原因，一位女性乘客因坐过站与司机发生激烈争吵打闹，车辆失去控制后坠入桥下江中。人民网对此作出评论："不形成制度正义，类似悲剧便难断绝。"为杜绝同类惨案，最高人民法院、最高人民检察院和公安部于 2019 年联合印发了《关于依法惩治妨害公共交通工具安全驾驶违法犯罪行为的指导意见》，进一步提升了对公共安全的法律保障力度。2020 年 7 月 7 日正是由于疫情原因而被延长的"高考日"，贵州安顺也发生了令人深恶痛绝的"公交车坠入水库事件"。当地警方的调查结果显示，安顺市 2 路公交车司机张某承租的自管公房被列入棚户改造区，在其未领取拆迁补偿和申请公租房未果的情形下，其自管公房与 2020 年 7 月 7 日被强制拆除。张某心生绝望，在当日驾驶公交车工作过程中将车辆驶入水库，造成包括张某在内的 21 人死亡、15 人受伤的悲剧结果。近年来，国内出现过多宗公共交通车辆干扰司机的不文明行为现象，轻则打斗受伤，重则多人伤亡，对社会公共安全造成了恶劣的影响和破坏。因此，必须要以严格的规则制度保障社会公共安全、正义，重点治理乘坐公共交通车辆时与司机攀谈、争吵，拉扯打骂司机的不文明行为。

二、从建筑物或构筑物内向外抛掷物品

高空抛物，简言之，即从高处抛掷物品的行为。现在城市楼层普遍较高，从建筑物或构筑物内向外抛掷物品具有高度危险性，可能给其他人造成人身健康与财产安全问题。有关研究表明，即使将一颗只有 50 克重的鸡蛋从 25 层楼高的地方抛下，也可砸破人的头骨并致其直接死亡。在同样的高度下，物体的重量越重、硬度越高所带来的杀伤力就越大。高空抛物是一种不文明行为，同时还会侵害社会公共安全，被称为"悬在城市上空的痛"。21 世纪以来，我国发生过无数大大小小的高空抛物类案或事件，国家立法机关还专门制定了相关法律规定，根据行为的性质和危害后果分别以民事案件和刑事案件处理。《侵权责任法》以无过错的责任原则确定补偿责任。其第 87 条规定："从建筑物中抛掷物品或者从建筑物上坠落的物品造成他人损害，难以确定具体侵权人的，除能够证明自己不是侵权人的外，由可能加害的建筑物使用人给予补偿。"《民法典》进一步完善了《侵权责任法》的规定。其第 1254 条第 1 款规定："禁止从建筑物中抛掷物品。……"可见，法律明确规定由侵权人依法承担侵权责任；难以确定具体侵权人的，除非能够证明自己不是侵权人，否则由可能加害的建筑物使用人给予补偿，并保留了补偿人在补偿后对真正侵权人的追偿权。因高空抛物行为导致严重的社会危害后果还会触犯我国刑法的规定，以故意伤害罪、故意杀人罪、以其他危险方法危害公共安全罪等罪名论处。为依法妥善审理高空抛物、坠物案件，切实维护人民群众"头顶上的安全"，最高人民法院于 2019 年发布《最高人民法院

关于依法妥善审理高空抛物、坠物案件的意见》，进一步规范高空抛物、坠物案件的适用法律和审理，切实保障人民人身、财产安全和社会公平正义。

三、遛狗时未用牵引绳牵领大型犬只或者未给烈性犬佩戴嘴套

生活方式变得多样化，城市里养狗、遛狗的人逐渐增多。为解决宠物狗的运动、社交、排泄等需求，有必要定时遛狗，带其到室外走动一段时间。但不少人仍缺乏遛狗的文明意识，抱着"狗很听话、不咬人"等侥幸、放纵心理选择遛狗不牵绳。遛狗牵绳是文明遛狗的必要措施，一来可以保护宠物狗，防止其乱冲、乱撞；二来可以避免干扰他人。不牵绳遛狗的行为是不文明行为，也是影响公共安全的行为。近年来，宠物狗惊吓、咬伤行人，宠物狗乱跑引发交通事故等现象频繁发生。遛狗牵绳已被纳入法律规制，尤其是对于体型较大的大型犬只，带其出门时必须要用比常规牵引绳更粗的绳牵引，为了便于主人控制，牵引绳的长度最好不超过一臂。其次，野性、危险性更强的烈性犬在我国部分大城市被禁止饲养，因为烈性犬除了需要专门的饲养方式之外还要相对隔离的饲养场所。本市在允许饲养烈性犬的情形下，要求饲养人给烈性犬佩戴嘴套，防止发生意外。社会公共安全应当由公民自律和制度共同保障，倡导文明行为，促进公民养成文明规则意识。

第三十四条　【影响公共交通的不文明行为治理】

在公共交通方面，重点治理下列影响公共交通的不文明行为：

（一）翻越道路隔离设施；

（二）在盲道、人行通道等非车辆停放场地停放车辆；

（三）自行车、助力车、电动车、三轮车等非机动车辆逆行、随意横穿机动车道；

（四）行人、非机动车闯红灯；

（五）违规使用远光灯。

【导读与释义】

本条是《促进条例》关于重点治理影响公共交通方面的不文明行为的规定。

公共道路交通运行有序、安全是文明城市的重要组成要素，也是文明城市最显著的外在表现。本条规定将一些不文明的公共交通行为列入重点治理清单之中，目的是改善当前频繁出现的交通陋习，让遵纪守法、文明驾驶、文明出行真正成为韶关市的标志性符号。

一、翻越道路隔离设施

道路隔离设施是指在道路中央和不同车道之间设置的禁止行人翻越的隔离护栏，其目的是保障车辆与行人各行其道，安全、有序出行。隔离护栏根据不同的路况也会表现为不同的形式，包括具有观赏性的隔离绿化带、导流岛、混凝土隔离墙、钢制隔离护栏等。道路隔离设施具有三个主要功能：①隔离功能，保障不同车道之间的通过性、畅通性；尤其是在对向车道之间设置隔离设施，能够杜绝车辆占道逆行的不文明现象，保障公共道路的通行效率和安全。②阻挡功能，隔离设施可阻止机动车随意转弯、掉头、占道超车、压线行驶以及行人随意横穿马路等不文明行为，可以有效减少交通事故，提升城市出行文明。③警示作用，道路隔离设施通常会在规定距离之间、路口、出口等地方附加专门的交通反光标识，提醒车辆和行人注意。但在日常生活中，一些行人贪图方便，随意翻越道路隔离设施，这类不文明行为不仅会给自己带来危险，稍不注意就会引发交通事故，而且还会影响公共交通，危害社会。车辆为躲避行人还可能造成次级交通意外，造成道路交通混乱、拥堵。作为文明的交通参与人，公民应当自觉遵守交通规则，不翻越道路隔离设施。

二、在盲道、人行通道等非车辆停放场地停放车辆

盲道是保障视觉残障人士出行的重要道路基础设施，任何人不允许私自占用。随意占用盲道停车，一方面会对视觉残障人士的出行造成困扰，另一方面很容易危及视觉残障人士的安全，引发意外。人行通道是保障行人出行需要的道路基础设施，一般设置在公共道路两旁，并且会比车辆道路高一级，禁止机动车行驶及停放，最大限度地保障行人出行安全。在盲道、人行通道等非车辆停放场地停放车辆是交通违法行为，也是影响公共出行、市容交通环境的不文明行为。《道路交通安全法实施条例》第63条第（一）项规定："在设有禁停标志、标线的路段，在机动车道与非机动车道、人行道之间设有隔离设施的路段以及人行横道、施工地段，不得停车。"随着城市机动车保有量的不断增长，韶关市民用轿车2018年保有量比2017年增长了22.1%，民用汽车保有量同比也增长了19.1%，机动车保有量增速较高且增速稳定。车辆乱停乱放是城市屡禁不止的现象，重点治理此类不文明现象应当结合各部门进行综合性、系统性的规范处理，合理规划公共停车位，严格规范禁停道路，保持主道路按规定停车。

三、自行车、助力车、电动车、三轮车等非机动车辆逆行、随意横穿机动车道

非机动车是指没有机械动力装置和虽有机械动力装置但最高时速、重量、外形尺寸等符合国家非机动车标准规定的车辆交通工具。非机动车虽然不属于机动车，在公共道路行驶过程中不会受到道路交通法律中针对机动车的处罚规定，但是不代表非机动车可以随意违反交通规则行驶，其仍需要遵守交通规则，包括道路行驶方向、交通信号灯等。《道路交通安全法实施条例》第70条第1款规定："驾驶自行车、电动自行车、三轮车在路段上横过机动车道，应当下车推行，有人行横道或者行人过街设施的，应当从人行横道或者行人过街设施通过；没有人行横道、没有行人过街设施或者不便使用行人过街设施的，在确认安全后直行通过。"公共交通参与人若是抱着侥幸心理驾驶非机动车逆行、随意横穿机动车道固然节省了时间成本，但也会增加其他方面的成本，徒增自身出行危险性，给公共道路交通执法者增加不必要的工作负担。

四、行人、非机动车闯红灯

按照我国公共道路交通法律法规的规定，机动车、行人、非机动车均应遵守交通信号灯指示，红灯为停止信号灯，通行车辆、行人"遇停止信号时，依次停在停止线以外。没有停止线的，停在路口以外"。交通信号灯的颜色主要包括绿色（通行）、黄色（减速）、红色（停止），三种颜色代表三种交通信号，根据预先设定的时间控制，循环往复，进而控制交叉路口不同方向的车辆和行人有序通过路口。此外，还有主要用于提醒机动车驾驶人的红蓝交替闪烁的交通警示灯。上海交警部门在2020年4月剖析了该年3月份以来在上海市范围内发生的14起因非机动车一方严重违法导致伤亡的交通事故，经认定或初步认定，全部由非机动车一方在事故中承担全责或主要责任，其中有10起是因为非机动车违反交通信号通行道路、路口，闯红灯是重要的事故原因。非机动车为城

市人民带来的出行便利不言而喻，但出行安全需要公民增强自身交通安全意识，遵守交通规则，抵制闯红灯、乱穿马路、逆行等交通陋习，安全文明出行。

五、违规使用远光灯

机动车为了保障夜间行车安全而配备专门的灯光照明系统，从光线照射方式来看主要有近光和远光两种功能。近光灯光线照射角度向下，照明距离较短，通常在路况、光线较好的夜间道路使用，发挥着照明道路和提醒其他车辆的作用。相比于近光灯，远光灯的光线平行射出，光线集中且亮度较大，可以照到更高、更远的物体，帮助驾驶人在夜间路况、照明不好的道路提高视线、扩大观察视野。然而，远光灯违规使用、滥用、乱用是城市夜间道路比较普遍的公共交通不文明行为。《道路交通安全法实施条例》第48条第（五）项规定"夜间会车应当在距相对方向来车150米以外改用近光灯"，原因是夜间会车时违规使用远光灯会产生公共交通安全隐患：①正对远光灯会瞬间致盲。夜间道路视线受限，在被远光灯照射的瞬间会有几秒时间使驾驶人处于致盲状态，会导致视觉受影响的驾驶人对周围行驶环境的观察能力大大下降。②面对远光灯时，驾驶人会对迎面车辆的车速和距离产生误判，容易发生误操作。③背对远光灯时，驾驶人很难从后视镜看清后方事物。违规使用远光灯的行为可以轻易作出，违法成本较低，再加上在查处中难以取证，因此认定和处罚此类不文明违法行为难度非常大，这也是违规使用远光灯行为屡禁不止的重要原因。为了保障公共交通安全，重点查处违规使用远光灯的不文明行为具有必要性，是促进公共交通文明的重要举措。

第五章　实施与保障

　　本章是为保障《促进条例》实施而规定的保障措施，一般也可以称为促进措施，主要从政府工作考核评价、建设与管理工作、学校教育、宣传教育、社会监督、投诉举报制度方面进行规定。市、县各级人民政府应当建立文明工作考核评价机制，将文明行为促进工作纳入政府工作人员的日常工作考核评价当中。建立考核评价制度能够实现文明行为促进工作的规范化、制度化和科学化，对各级政府做好文明行为促进工作的积极性、创造性具有有效的调节和激励作用。通过设置合理、科学的评价内容和等级，接受全社会的客观评价，并以其评价作为国家工作人员奖励惩罚的关键因素和改进工作的方向和动力。市、县各级人民政府应当加强文明设施设备的建设与管理工作，为推进文明行为促进工作提供坚实的物质基础，创建群众喜爱、功能实用、完好耐用、积极向上的文明设施设备条件，为文明社会保驾护航。学校教育方面，学校是培育和践行社会主义核心价值观的重要前沿阵地，应当将文明行为及道德教育融入学校教育，将社会主义核心价值观和文明道德价值观念有机结合，创建文明校园活动，教师、教工等育人者和受教育的学生均应学习、遵守和践行相应的文明行为规范。宣传教育方面，国家机关、企业事业单位、社会团体，报刊、广播、电视、网络等新闻媒体，公共场所、公共交通车辆等设置的广告设施都应当积极宣传文明行为，配合文明行为促进工作。社会监督方面，主要是公共场所的管理者监督管理责任，管理经营单位、物业服务企业、业主委员会等单位在其工作中应当积极做好维护文明行为的具体事项，为有关行政管理部门的查处工作提供必要的协助。在投诉举报方面，建立统一的政务咨询投诉平台，严格保障劝阻人、投诉人、举报人的投诉举报权及合法权益，保障其不因合法劝阻、投诉、举报不文明行为而受到不利影响，任何单位和个人均不得以威胁、侮辱或者殴打等方式打击报复劝阻人、投诉人、举报人，保障其投诉举报权的合法行使，充分发挥投诉举报制度对文明行为促进工作的监督作用。

第三十五条　【考核评价】

市、县（市、区）人民政府应当建立文明行为促进工作考核评价制度，将文明城市创建工作纳入工作考核内容。

【导读与释义】

本条是《促进条例》关于为保障文明行为促进工作的实施，市、县（市、区）人民政府应当建立文明行为促进工作考核评价制度，将文明城市创建工作纳入工作考核内容的规定。

考核评价制度是文明行为促进工作的人力保障。考核评价制度是指为了保障工作进度和实现工作目标，预先设定考核内容，依照考核方法和程序实行有效的考核评价和目标管理，并将考核评价结果作为奖惩措施的依据。建立一套科学、合理的考核评价标准，能够充分发挥考核评价工作导向、激励作用。2019 年 4 月 7 日，中共中央办公厅印发了《党政领导干部考核工作条例》，指出干部考核是坚持和加强党的全面领导、推动党中央决策部署贯彻落实的重要举措，是激励干部担当作为、促进事业发展的重要抓手。[1]为深入贯彻习近平新时代中国特色社会主义思想，贯彻落实新时代党的组织路线，中共中央办公厅按照党中央、国务院关于推动高质量发展的意见要求，根据《党政领导干部考核工作条例》于 2020 年 10 月 24 日再次发出推动高质量发展的政绩考核通知，引导各级领导干部牢固树立正确的政绩观，坚定贯彻新发展理念，推动经济社会高质量发展。[2]党和国家对党政领导干部的考核内容之一是工作实

---

〔1〕　参见中共中央办公厅印发《党政领导干部考核工作条例》。

〔2〕　参见《中共中央组织部关于改进推动高质量发展的政绩考核的通知》。

绩，要求考核政绩观以及履行职能、服务大局和日常工作的实际成效。而今对党政干部的工作考核提出了更高的要求，在工作实践中要做到"两个维护"，推动经济社会高质量发展和优化考核指标，将人民群众的获得感、幸福感、安全感纳入高质量发展工作的考核标准。

本条规定的韶关市各级人民政府应当建立文明行为促进工作考核评价制度，是对文明行为促进工作的考核评价机制，而不仅仅适用于干部考核，以评估考察在推进文明创建工作中的综合指标和人员执行实效，其针对的考核对象应当囊括了各级党政干部和负责文明行为促进工作的工作人员。考核内容应当包括：①政治标准放首位，做到"两个维护"，坚持和加强党的全面领导，正确领会党中央精神，切实做好文明行为促进工作，实现法治和德治相结合。②培育和践行社会主义核心价值观，明确《促进条例》的文明行为规范和鼓励、保障措施，建立不文明行为重点治理清单制度，完善工作组织管理、人力保障措施。③明确工作实效，树立正确政绩观，将工作实绩纳入工作考核的标准，并确立对应的奖惩制度。④促进公民、法人和其他组织积极参与文明行为促进工作，不断扩大社会公众参与性，建立人民群众评价反馈工作机制，考核群众对文明促进工作满意度的评价，做到真正促进社会文明，令人民群众真正满意的文明行为促进工作。⑤考核评价机制与文明促进工作常态化，文明发展进步是一个长期性过程，促进文明进步既要不急不躁，又要稳稳把握重要抓手，坚持不懈，稳中求进地推动文明行为促进工作。建立文明行为促进工作考核评价制度应当从实际出发，根据不同地区、不同部门、不同岗位的特殊性设置相应的考核标准，细化、量化、可视化工作各种指标，保障工作进度，确定考核评价的结果评级，不断推动工作落实和担当尽责。

第三十六条　【建设与管理措施】

市、县（市、区）人民政府和有关部门应当加强下列设施设备的建设与管理：

（一）社会主义核心价值观主题景观等公益广告宣传设施；

（二）城市道路、人行天桥、地下通道、道路照明、环境卫生、雨污分流和污水排放系统等市政设施；

（三）交通、治安等涉及公共安全的电子监控设施设备；

（四）公共场所的盲道、坡道、第三卫生间等无障碍设施；

（五）大型商场、电影院等人员密集场所的急救设施设备；

（六）公园、广场等公共场所的休闲设施；

（七）交通标识、地名标志、公共设施指示牌、文明行为引导标识等；

（八）其他与文明行为促进工作相关的设施设备。

【导读与释义】

本条是《促进条例》关于为保障文明行为促进工作的实施，市、县（市、区）人民政府和有关部门应当加强对城市文明促进工作设施、设备的建设和管理的规定。

（一）社会主义核心价值观主题景观等公益广告宣传设施

公益广告首先是不以营利为目的的广告宣传行为，其目的主要是宣传社会公德、文明新风、爱国情感等社会公益行为和精神，对人民群众起着精神上的引导、教化作用。公益广告形式多样，是城市精神文明的外在表现，也是展示文明行为促进工作的重要载体和指标。多年以来，韶关市在建筑工地围墙、围挡、广场、公园、街道、景区、社区、学校，以及车站等人口相对集中的公共场所地带设置了一系列内容丰富、形象生动的有关社会主义核心价值观、创建文明城市等内容的社会文明公益广告，努力营造了"善美韶关"文明和谐的社会氛围，引导人民群众积极参与文明促进工作，共享创建文明成果。韶关市武江区将该区西桥公园打造成社会主义核心价值观主题公园，使人民群众在休憩娱乐之余还能够欣赏与真正学习、理解社会主义核心价值观。此外，韶关市武江区还在韶州公园、韶乐广场、教育路小公园以及街边绿地设置了具有特色和时代元素的广告牌、宣传牌，公益广告设施与周围环境融为一体，相得益彰，提升了城市公共环境文明形象，增添了一道亮丽的文化风景线。为保障公益广告内容与形式与时俱进，相关部门仍需要加强这方面的工作。在公益广告主题、内容和表现形式上不断创新，注重设置地点、制造工艺、表现方式、文字色彩的正确、合理搭配，不断提升宣传品味。此外，鼓励、吸引社会公众参与公益广告创作，如举办相关书画、音乐等公益广告艺术活动，增强人民群众对公益广告的认同感。最后，相关职能部门应当严格管理地方公益广告宣传设施，做好日常维护管理工作，避免其沦为破坏的形象"工程"。

（二）城市道路、人行天桥、地下通道、道路照明、环境卫生、雨污分流和污水排放系统等市政设施

市政设施是指城市供水、供电、道路及为城市居民提供服务的各种建筑物、构筑物、设施、设备，包括城市道路、人行天桥、地下通道、道路照明、环境卫生、雨污分流和污水排放系统等市政设施。市政公共设施完善，才能不断提高城市居民公共服务水平，提升人民群众的幸福感、获得感。早在本《促进条例》出台之前，韶关市相关行政职能部门便不断加大力度做好此方面的工作，由韶关市城乡规划局负责牵头起草的《韶关市乡镇（镇街）提升五年行动计划实施方案（2018）》得到了广东省住房和城乡建设厅的高度评价，并被转发到省内各地市单位学习

借鉴。其中提出的"九项基础工程"要求全面强化基础设施和公共服务配套设施，提升镇街特色风貌和形象品味。相关部门应当顺应本《促进条例》出台的契机，进一步加强提升市容市貌、市民生产生活需要的市政设施建设和管理。

（三）交通、治安等涉及公共安全的电子监控设施设备

电子监控设施设备是指通过摄像头、红外线、雷达等数码感应器实现实时视频监控、识别、检测等需求的设施、设备。出于公共安全需要，必须在公共交通道路、人口集中的公共场所、生活居住社区等地方设置相应的电子监控设施设备，其对于维护公共安全发挥着不可或缺的作用。运用在公共交通领域的电子监控设备又被称为"电子警察系统"，主要具备自动识别、主动报警等功能，让公安部门得以在第一时间发现交通"警情"，提升交通管理效率。韶关市公安部门应当进一步加强公共交通、社会治安等涉及公共安全的电子监控设施设备建设，实现全域覆盖，监控识别全网信息互通。这可以为《促进条例》重点治理清单中行人、车辆的交通违法行为提供了有力保障，进一步约束公民的不文明交通违法行为，提升人民群众的守法意识及文明出行意识。

（四）公共场所的盲道、坡道、第三卫生间等无障碍设施

无障碍设施是指保障残障人士、老年人、孕妇、儿童等社会成员出行便利和通行安全需要的配套服务设施设备。文明城市为保障部分弱势群体成员应当在公共场所配备相应的无障碍设施，包括盲道、坡道、无障碍卫生间等，社会文明的内在品质和外化表现在一定程度上取决于对弱势群体的关注。根据《2018 年残疾人事业发展统计公报》，我国共出台了 475 个省、地市、县级无障碍环境建设与管理法规、政府令和规范性文件，1702 个地市、县系统开展了无障碍环境建设，无障碍环境建设取得明显进展。但是，仍有不少地方的盲道、坡道"不畅通""不相连"，或被摊贩、违规停车等占用，无障碍厕所常年锁闭或堆满杂物，导致无障碍设施沦为"障碍"设施的现象依然存在。为重视本市无障碍设施的

建设和管理，韶关市残疾人联合会于2020年7月10日公布《韶关市无障碍环境建设管理规定（征求意见稿）》，进一步明确相关部门监督、管理无障碍设施的具体工作范围，任何单位和个人都可以通过有关信息渠道投诉、举报损毁、擅自占用无障碍设施的行为，住房和城乡建设、交通、公安、城市管理、规划和自然资源等有关部门接到投诉、举报后，应当及时监督无障碍设施的所有权人和管理人履行保护或者维修责任，并将处理情况告知举报人、投诉人。此外，还明确规定了相关主体的法律责任。在文明行为促进工作中应当结合上述规定实施加强保障公共场所的无障碍设施，为社会弱势群体提供安全、便利的无障碍服务。

（五）大型商场、电影院等人员密集场所的急救设施设备

急救设施设备主要是指自动体外除颤仪（AED），是一种操作简易，非专业人员也可以操作的急救电击器，用以对心脏性猝死、心脏骤停病患者实施第一时间的急救措施。韶关市应急救助中心在《促进条例》出台之前就已加紧对公共场所急救设备采购项目进行招标，为韶关市公共场所配备多台智能救援岛、救护箱，进一步加强了救护职业卫生及应急救护技能培训项目，公共场所急救设施设备实现了从无到有。但是相对于本市人口及公共场所需要，急救设施设备仍不能满足预期。大型商场、电影院等人员密集场所应当配备合理数量的急救设施设备，在推进文明建设工作的同时进一步加强宣传教育，增强人民群众的急救意识和技能。

（六）公园、广场等公共场所的休闲设施

休闲设施是指为满足人民群众在公园、广场、商业街等公共场所休闲、短暂休息、运动需要的公共设施，包括公共长椅、凉亭、公共圆桌等。韶关市的公园、广场等公共场所大多建设、配备了休闲设施，满足了公共休闲需要，提升了人民群众生活质量和城市文明形象。从韶关市文明网"文明监督曝光台"的反馈情况来看，一些大型商业步行街仍存在擅自占用公共长椅睡觉的不文明现象。精神文明建设部门及公共场所管理人应当加强对公共休闲设施的监督和管理，确保公共休闲设施被合

理利用。

（七）交通标识、地名标志、公共设施指示牌、文明行为引导标识

韶关市作为广东省内重要的旅游城市之一，旅游资源丰富，拥有国家重点风景名胜区、国家自然保护区、国家地质公园、国家 AAAAA 级旅游景区——丹霞山风景名胜区。此外，韶关市还是全国卫生城市，广东省文明城市，广东省"北大门"交通枢纽。外来人员、旅游人员等外地人员数量庞大，城市内的公共道路、公共设施、公共场所等均应当设置符合规范、明确的交通标识、地名标志、公共设施指示牌、文明行为引导标识等公共指示设施。文明城市的细节之处也取决于陌生外来人士是否可以根据城市公共标识指示设施获得目标方向和路线的帮助。公安部门应当切实保障公共交通指引标识设施的建设和维护，保证观察视线良好无遮挡、标识图示清楚。其他单位应当对其管理范围内的公共标识设施进行维护和管理。

（八）其他与文明行为促进工作相关的设施设备

该项规定属于法律条文中不完全列举的兜底式条款。其他与文明行为促进工作相关的设施设备应当结合实际工作经验和问题加以确定，由负责或主管部门对其进行保障和管理。

第三十七条 【学校教育】

学校应当把社会主义核心价值观融入校园文化建设，制定校园文明行为规范，加强师德师风建设，开展文明行为教育和实践活动，提升学生文明素养，培育优良校风、教风、学风。

【导读与释义】

本条是《促进条例》关于为保障文明行为促进工作的实施，学校应当教育倡导社会主义核心价值观，制定校园文明行为规范，开展文明行为教育实践活动，加强师德学风建设的规定。

学校是学习教育、文化传播的前沿阵地，其教育、传播的必然是国内外先进、优秀的科学文化知识。作为教育者的教师和受教育者的学生是极具感染力的群体，能够成为社会文明进步的先锋队伍，向社会其他人传播优秀文化，影响社会道德文明观念，学校教育对于文明行为促进发展具有基础而深远的影响。我国《教育法》《义务教育法》等教育法律规范明确要求加强学生科学文化素质和思想道德修养相结合的教育。2012年，党的十八大报告提出，要大力加强社会主义核心价值体系建设，"倡导富强、民主、文明、和谐，倡导自由、平等、公正、法治，倡导爱国、敬业、诚信、友善，积极培育和践行社会主义核心价值观"。2013年12月11日中共中央办公厅印发的《关于培育和践行社会主义核心价值观的意见》指出，要把培育和践行社会主义核心价值观融入国民教育全过程。党的十九大对培育和践行社会主义核心价值观提出了新要求，强化教育引导、实践养成、制度保障。近年来，广东省韶关市坚持以"培育和践行社会主义核心价值观，培养担当民族复兴大任的时代新人"为着眼点，以"育新人"为总目标，在未成年人思想道德建设领导体制和工作机制建设、思想道德教育实践活动、学校教育、家庭教育、社会教育和良好社会文化环境的营造等方面开展了一系列活动，采取了有效措施，取得了良好成效。[1]为引导青少年树立正确的价值观念，韶关市广泛开展"新时代好少年"等学习身边榜样的宣传活动，引导学生"扣好人生第一粒扣子"。不断深入开展校园文明活动，通过结合家庭教育和社会引导两种不同方式开展"小手牵大手"创建全国文明城市先锋号活动，实现校园文明的创新式发展。另外，将净化校园及周边环境，守护成长净土的工作常态化、清单化，创建"十无"校园环境，建立文明校园。

　　《促进条例》本条规定学校应当首先把社会主义核心价值观融入校园文化建设，制定校园文明行为规范，推进创建校园文明。学校是国民教育的教学基地，需要培养和提高教育者和受教育者的综合素质，尤其是要关注中小学青少年的成长过程。青少年是一个特殊的人生阶段，也是一个人发展进步，树立远大志向和正确的世界观、价值观、人生观的黄金时期。社会主义核心价值观对于青少年来说就是正确的价值指引，只有将培育和践行社会主义核心价值观融入国民教育全过程才能培养真正全面发展的人，具备良好的文化素质和文明道德素养。教育应当继承和弘扬中华民族优秀的历史文化传统，吸收人类文明发展的一切优秀成果。习近平总书记曾引用梁启超先生的《少年中国说》指出："少年智则国智，少年富则国富，少年强则国强，少年进步则国进步。"青少年是决定国家未来的基础力量，教育好青少年是学校最主要的任务。首先，学校应当将社会主义核心价值观基本内容融入校园文明行为规范，通过规则规范青少年的行为习惯和价值观念。其次，加强师德师风文明建设，教师是教育者，是学生成长过程中的指导人、引路人。因而要求教师师德高尚、师风文明，树立遵守法律规则和文明行为规范，遵守教师职业道

---

　　[1]　参见"扣好人生第一粒扣子　广东韶关着力培育时代新人"，载 http://sg. wenming. cn/wcnr/201912/t20191210_ 6192905. html，2020 年 11 月 28 日访问。

德规范的正确示范，做到为人师表，知行合一。最后，学校应当进一步加强开展文明行为教育和实践活动，提升学生文明素养，立德树人，培育优良校风、教风、学风。韶关市各学校以"文明校园"为主题，落实推行文明行为促进工作，提升师生文明素养和学校整体管理与育人水平，通过开展形式多样的校园文化活动（包括学生艺术创作、书法、文学、绘画、演讲比赛等），丰富学生的精神文化生活，不断加强未成年人思想道德和文明建设。优良的校风、教风、学风有效提升校园文明，让青少年学生在学习生活实践中践行社会主义核心价值观。

第三十八条　【宣传教育】

国家机关、企业事业单位、社会团体应当开展文明行为宣传教育活动，营造促进文明行为的社会氛围。

报刊、广播、电视、网络等新闻媒体应当引导文明行为舆论，通过多种形式宣传文明行为规范，报道模范先进事迹，依法曝光不文明行为。

公共场所、公共交通车辆等设置的广告，应当安排一定比例的文明行为公益广告。公园、广场、公共文化场所应当合理设置道德名人园、文明模范墙、善行义举榜等，纪念模范人物，宣传先进事迹。

【导读与释义】

本条是《促进条例》关于为保障文明行为促进工作的实施，国家机关、企业事业单位、社会团体应当开展文明行为宣传教育活动，包括新闻媒体宣传教育和设置具有宣传教育作用的公益广告的规定。

一、倡导文明是社会组织的社会责任

本条规定的国家机关、企业事业单位、社会团体大多属于国家法律规定的法人组织，法人组织也叫法人，是目前国际上对社会组织规定的专有法律范畴。法人是指具有法律上拟制的独立"人格"，具有民事权利能力和民事行为能力，依法独立享有民事权利和承担民事义务的组织。法人的分类很多，根据《民法典》的规定，包括：①营利法人。顾名思义，营利法人是为了取得利润并分配给股东等出资人的营利性组织。其表现形式包括有限责任公司、股份有限公司和其他企业法人等。②非营利法人。为公益目的或者其他非营利目的成立，不向出资人、设立人等

成员分配利润的组织。其表现形式包括事业单位、社会团体、基金会、社会服务机构等。③特别法人。《民法典》第96条规定："本法规定的机关法人、农村集体经济组织法人、城镇农村的合作经济组织法人、基层群众性自治组织法人，为特别法人。"而非法人组织是不具有法人资格，但是能够依法以自己的名义从事民事活动的组织。其表现形式包括个人独资企业、合伙企业、不具有法人资格的专业服务机构等。《民法典》第86条规定："营利法人从事经营活动，应当遵守商业道德，维护交易安全，接受政府和社会的监督，承担社会责任。"从该条法律规定可知，营利法人不管以何种形式活动于社会之中，其从事经营活动都应遵守法律法规，依法经营是最低要求。其次，还应当遵守商业道德，维护交易安全和商业信誉。营利法人作为一种商事主体，没有良好的商业道德无法在竞争激烈的经济社会中立足。最后，营利法人应当自觉接受政府和社会的监督，承担相应的社会责任。法人、非法人等社会组织是社会的成员，其经营、服务等组织活动都必然依赖于社会资源。为保障社会的可持续性发展，社会组织应当承担相应的社会责任。

社会组织的社会责任（Corporate Social Responsibility，CSR）是一个内涵丰富的综合性概念，含义难以准确界定，简言之即企业等社会组织不能因一味地追求利润而抛弃对员工、消费者、社区和环境的社会责任。该社会责任在一定程度上是社会组织对社会的道德伦理义务，本质上是社会组织为社会发展进步作出的贡献或提供的帮助。对于企业本身而言，社会责任要求从企业的盈利中分出一部分回馈社会，实施公益慈善、保护环境等项目，是企业在经济转型时期持续健康发展的驱动力。韶关市《促进条例》本条规定的国家机关、企业事业单位、社会团体应当开展文明行为宣传教育活动，营造促进文明行为的社会氛围。实际上是国家机关、企业事业单位、社会团体在遵守国家法律、贯彻执行国家政策的基础上附加的社会责任，主要体现为伦理责任、自决责任。本市内社会组织为社会的文明发展应当承担文明行为促进的义务，基于本单位场所、设施积极开展文明创建活动，如设立志愿者服务站、爱心服务点，为社会提供便利和帮助。这并不需要该组织付出巨大的代价，反而可以收获良好的社会评价并形成"光环效应"，善行可获得社会和其他人的更多关注，促进社会形成向善向美的社会文明氛围。

二、文明需要媒体的引导宣传作用

报刊、广播、电视、网络等新闻媒体是新闻舆论等信息的创作者、发布者，其信息经过专门的编辑"加工"并融入主旨思想，能够引发接收者对信息的知悉和思考，从而体现出新闻媒体的信息传播价值。不同媒介形式的新闻媒体也是人民群众获取信息的主要途径，信息来源是否可靠、信息是否真实、信息表达是否正确等是新闻媒体在传播新闻信息过程中应当处理好的关键问题，充分发挥媒体的引导宣传作用。传媒是与社会发展、人类生活休戚相关的重要社会组织。媒体作为社会单位之一，也早已从最初的信息传播机构转变为表现社会文化、推进历史文明演化的主体力量。随着信息时代的到来，互联网的渗透普及助推了政府与社会关系的演进。社交媒体、移动传播为人们参与社会治理扫清了技术上的壁垒和权威性的垄断。一方面，媒体为了保障公民权益，维护公共利益，做好上情下达、下情上传；另一方面，公众则通过媒体参与到社会治理中，形成政府与公众的良性互动，实现共同谋划、共同治理的新目标。媒介与社会的联系从未如此紧密，新媒体开启了民众参与社会治理的崭新一幕，虚拟社会与现实社会通过媒介连接实现了互相融合。由此，在新的传媒环境下，媒介天然地嵌入了政府与社会的关系之中，成为社会治理不可或缺的参与者。[1]互联网媒体的出现给社会舆论环境带来了很大变化，信息创作者主体不再限于传统新闻媒体，人民群众既是信息接收者，同时可能也是信息传播者。互联网新闻信息发布便捷，

---

〔1〕　参见翁晓华："论媒体在新型社会治理中的功能与作用——以杭州电视台媒体实践为样本"，载《当代电视》2020年第11期。

不同的主体缺乏自律，网络爬虫、人工智能等智能信息技术手段的普及和发展让新闻信息的真实可靠性大大降低，不能形成良好的社会舆论。为此，报刊、广播、电视、网络等新闻媒体更应当坚持围绕中心、服务大局的思想，坚定问题导向原则，切实做好宣传引导工作。

新闻媒体应当引导文明行为舆论，通过多种形式宣传文明行为规范，报道模范先进事迹。在此方面，韶关市精神文明建设委员会办公室主办了"韶关文明网"，作为推进韶关市文明创建和文明行为促进工作的聚合类网络信息平台。纸质报刊《韶关日报》关于社会民生、精神文明建设工作等信息及电视新闻报道会以图文形式同步到该文明信息聚合平台。这就打通了市内各大新闻媒体，加强了信息来源共享、共建，对韶关市人民群众获取关于文明行为促进方面的信息提供了极大便利。网站上"三江微评""聚焦韶关""魅力韶关""创文360""文化韶关"几个分类项目深受人民群众欢迎，通过不同方面的内容全方位发布关于韶关市的文明动态。专门设置了"模范标兵"栏目介绍发布国家道德模范、时代楷模、感动韶关十佳道德模范、韶关好人相关信息；"未成年人"栏目介绍发布青年马克思主义者培养工程、我是创文小先锋、时代新人、新时代好少年等相关信息；"义工组织"栏目介绍发布韶关市红十字会、义工团体等活动信息。形式多样的文明行为规范宣传信息对社会起到了良好的引导、教化作用，通过报道模范先进事迹形成"宣传辐射效应"，积极引导树立道德先进模范作用。依法曝光不文明行为，反面事例也能引导人民群众作出正确的文明行为，遵守文明行为规范。建立完善"文明曝光台"，公开曝光现实生活中出现的不文明行为现象，引起有关管理部门和行为人的重视，进而促进一些公民改正其不文明行为。

三、设置宣传文明公益广告，增强文明意识

公益广告是指传播社会主义核心价值观，倡导良好道德风尚，促进公民文明素质和社会文明程度的提高，维护国家和社会公共利益的非营

利性广告。公益广告应当保证具备表达形式和传播内容的质量，需要符合正确的传导价值，符合国家法律法规及新时代社会主义道德规范要求，维护国家和社会公共利益，符合语言文字使用规范、艺术品位良好等要求。《公益广告促进和管理暂行办法》明确规定了相关媒体、部门和单位应当运用各类社会媒介刊播公益广告。其中，广播电台、电视台按照新闻出版广电部门规定的条（次），在每套节目每日播出公益广告。广播电台还具体规定了每天播报公益广告的时间段。中央主要报纸、中央、地方的时政类、生活类、文摘类期刊应当按照固定刊登频率和版面刊登公益广告。政府网站、新闻网站、经营性网站应当经常性地在其网站、客户端的显著位置展示公益广告。除了以上媒体信息渠道的公益广告，有关部门和单位也应当设置、刊播公益广告，在车站、影剧院、商场、商业街区、城市社区、广场、公园、风景名胜区等公共场所的适当位置设置公益广告设施。公交车、长途客车等公共交通工具，建筑工地的围挡、路灯、道路隔离设施等构筑物也可以作为公益广告的传播媒介。本条规定了公共场所、公共交通车辆等设置的广告，应当安排一定比例的文明行为公益广告。公益广告的发布情况可以被纳入文明城市、文明单位等文明创建评选活动的考核评测作为激励措施。综上，公益广告不仅可以美化城市，增添别样风采，而且还能够发挥公益广告宣传作用。《广告法》第73条第1款规定："国家鼓励、支持开展公益广告宣传活动，传播社会主义核心价值观，倡导文明风尚。"因此，公园、广场、公共文化场所应当合理设置道德名人园、文明模范墙、善行义举榜等，纪念模范人物，宣传先进事迹，从而增强人民群众的文明意识，营造良好的社会文明氛围。

第三十九条　【社会监督】

公共场所经营管理单位、物业管理企业和业主委员会，应当对其管理的区域发生的不文明行为及时予以劝阻、制止。对不文明行为可以保留影像、照片等证据并向有关行政主管部门举报。

【导读与释义】

本条是《促进条例》关于为保障文明行为促进工作的实施，公共场所经营管理单位、物业管理企业和业主委员会有义务管理其区域发生的不文明行为，对其及时予以劝阻、制止，并可以通过保留证据向有关行政部门举报不文明行为的规定。

本条规定了公共场所经营管理单位、物业服务企业、业主委员会等单位对其工作区域范围具有一定的监督管理权。文明行为促进工作除了国家政策支持、政府牵头执行、社会群众参与的多方主体推进之外，社会监督也是不可或缺的工作机制。社会监督机制有利于将文明行为促进工作细致化，以改善社会各方面的小细节作为提升社会整体文明程度的推动力。本条规定的社会监督机制更偏向于指向公共场所经营单位、物业服务企业、业主委员会等单位通过对发生在本工作区域范围内的不文明行为进行有效监督、管理，从而广泛参与到文明行为促进工作之中，促进社会共同进步。

一、公共场所经营管理单位的监督管理

公共场所经营管理单位是指为社会提供商品或服务的公开经营性场所，包括住宿场所、餐饮场所、娱乐场所、购物场所等。该类场所具有经营性质和自我管理性质两个主要特征：一方面，其为了营利或公益目的开设经营场所，提供给社会群众使用；另一方面，其应当履行场所自我管理的基本义务，包括遵守国家法律法规及有关部门的监管、维持场所的有序安全、卫生清洁等。公共场所经营管理单位的经营行为和管理行为与文明行为促进工作息息相关。

《娱乐场所管理条例》对娱乐场所的含义作出规定，"是指以营利为目的，并向公众开放、消费者自娱自乐的歌舞、游艺等场所"。其中第三章以专章形式明确规定了相关娱乐场所的经营行为。国家倡导弘扬民族优秀文化，娱乐场所应当严格遵守法律法规，自觉抵制、禁止危害国家、民族、社会公共利益和他人合法利益的娱乐活动和内容。自觉规范娱乐场所及其从业人员的经营行为，不得参与违法犯罪行为或为实施违法犯罪行为提供条件。为保障经营场所的安全，娱乐场所应当按规定在其营业场所的出入口、主要通道安装电子监控设备，监控录像视频资料要求无损留存 30 日备查。此外，还应当在主要通道和安全出入口设置明显的指示标志，在显著位置设置治安管理警示标志、未成年人禁人或者限人标志并注明公安部门、文化主管部门的举报电话。娱乐场所在经营过程中应当严格遵守上述经营行为规范，对其场所内发生的违法犯罪等不文明行为进行劝说、阻止、举报，依法履行其经营管理义务。其他类型的公共场所也有类似规定，可以纳入文明行为促进工作范围。如《互联网上网服务营业场所管理条例》第 3 条第 1 款规定："互联网上网服务营业场所经营单位应当遵守有关法律、法规的规定，加强行业自律，自觉接受政府有关部门依法实施的监督管理，为上网消费者提供良好的服务。"要求网吧、电脑休闲室等互联网上网服务营业场所经营行为自律，自觉接受有关行政部门的监管，做好互联网服务经营管理工作。《公共场所卫生管理条例》第 6 条规定："经营单位应当负责所经营的公共场所的卫生管理，建立卫生责任制度，对本单位的从业人员进行卫生知识的培训和考核工作。"要求经营单位应当负责其经营公共场所的卫生管理工作，促进公共卫生文明行为，创造良好的公共卫生条件，预防疾病传播，保障公共卫生环境安全。人民群众无时无刻不在进行社会公共活动，不文明行为时有发生，行政执法部门客观上不可能做到及时检查监督和处理，这就要求公共场所经营管理单位在其工作经营场所范围内做好监督、管理工作，为促进社会文明进步贡献力量。

二、物业管理企业、业主委员会的监督管理

物业管理企业和业主委员会是城市公共居住社区的监督管理者。业主通过与物业管理企业、其他管理者订立物业服务合同形成委托与被委托的法律关系。物业管理企业作为物业服务提供者，应当依据物业服务合同约定，为业主提供建筑物及其附属设施、社区公共场地的维修养护、物业管理区域内环境卫生和相关秩序的监督管理等物业服务。可见，即便韶关市本《促进条例》不对物业管理企业、业主委员会等单位组织作出相应规定，也不会影响其本身基于合同法律关系而承担的监督管理义务。《物业管理条例》第45条规定："对物业管理区域内违反有关治安、环保、物业装饰装修和使用等方面法律、法规规定的行为，物业服务企业应当制止，并及时向有关行政管理部门报告。有关行政管理部门在接到物业服务企业的报告后，应当依法对违法行为予以制止或者依法处理。"结合社会实际情况及相关法律实施效果，由于物业管理企业在其监督管理的物业服务区域内更具主观能动性，可以帮助有关部门在处理相关违法和不文明行为时提高工作效率、质量。因此，我国法律将赋予物业管理企业更多的附加或协助性质的监督管理义务。《民法典》第942条第2款规定："对物业服务区域内违反有关治安、环保、消防等法律法规的行为，物业服务人应当及时采取合理措施制止、向有关行政主管部门报告并协助处理。"进一步完善了《物业管理条例》第45条的规定，要求物业服务人对上述规定的违法或不文明行为采取合理措施制止，并可以向有关行政部门报告，同时要求物业服务人协助有关行政部门进行处理。对物业服务人规定一定的"协助"义务是国家治理能力和治理水平现代化的体现，有助于有效处、理化解社会矛盾纠纷。如我国《民法典》第1254条将有关"高空抛物"违法不文明行为的调查责任归属于"公安等机关"。在查处高空抛物行为时，公安部门因具有公权力优势应当作为主要的调查人，同时该规定中的"等机关"说明并不排除其他部门和组织作为调查人。要求物业服务人向有关行政部门报告并协助处理违法或不文明行为，推导出在此情形下物业服务人也具有调查人的义务，负有协助调查的责任。国家鼓励物业服务人采用新技术、新方法，依靠科技进步提高物业管理和服务水平，采用电子智能化设施对物业管理区域内的不文明行为进行监督、管理，必要时采取合理措施制止不文明行为，并可以利用新技术对违法、违规行为证据进行固定、保存，以备查用之需。

业主即居住房屋、社区建筑物、构筑物的所有权人。业主委员会是业主在成立业主大会之后选举出来的服务业主，并对业主违反法律、法规以及管理规约的行为进行监督管理的常务社区组织。业主可以自行管理其建筑物及其附属设施，也可委托相关物业管理企业和其他管理者进行管理。业主大会或者业主委员会在没有委托物业管理企业作为物业服务人时，其本身就承担着公共社区居住环境、业主的监督管理责任，在社区管理范围内履行相应的管理义务。《民法典》第286条第2、3款规定："业主大会或者业主委员会，对任意弃置垃圾、排放污染物或者噪声、违反规定饲养动物、违章搭建、侵占通道、拒付物业费等损害他人合法权益的行为，有权依照法律、法规以及管理规约，请求行为人停止侵害、排除妨碍、消除危险、恢复原状、赔偿损失。业主或者其他行为人拒不履行相关义务的，有关当事人可以向有关行政主管部门报告或者投诉，有关行政主管部门应当依法处理。"现代城镇居住社区是居民共同居住的基本单位，居民对其房屋单元享有业主的建筑物区分所有权，自行管理生活和权利的行为不能影响、妨碍其他人的合法权益。在居住社区公共区域内实施不文明行为不仅是不负责的违规违约行为，而且还会影响他人追求、享受美好生活的权利。虽然业主大会或业主委员会作为业主自发成立的自我管理组织，其对业主的监督管理缺乏强制性权力保障，但可以为有关当事人提供对不文明行为相关影像、照片等证据支持，并向有关行政主管部门进行举报，主动配合文明行为促进工作。

第四十条 【投诉举报制度】

市、县（市、区）人民政府应当建立统一的政务咨询投诉平台，设置投诉电话并向社会公布，将不文明行为投诉、举报工作纳入政务咨询投诉平台管理。

公民有权对不文明行为进行制止和劝阻，通过电话、信函、电子邮件等方式举报不文明行为。任何单位和个人不得以威胁、侮辱或者殴打等方式打击报复劝阻人、投诉人、举报人。

【导读与释义】

本条是《促进条例》关于为保障文明行为促进工作的实施，市、县（市、区）人民政府应当建立统一的政务咨询投诉平台并公布投诉电话，进一步完善公民对不文明行为投诉、举报工作以及保障公民的投诉、举报权的规定。

本条规定的投诉举报制度是指公民可以通过网络留言、电话等方式对韶关市管辖范围内发生的不文明行为进行投诉、举报，或者对文明行为促进工作部门和社会组织的工作进行投诉的制度。

一、建立统一的政务咨询投诉平台

广东省人民政府推进"一门式、一网式"政府服务模式改革，让群众和企业少跑腿、好办事，持续改善营商环境，共享"互联网+政务服务"发展成果，基本建立了一个统一互通、服务完备、效能公开的省级政务服务平台。建立政务服务"好差评"制度，服务绩效由企业和群众来评判，从评价、差评处理、市民参与等维度综合考核部门，重视服务的全流程体验。通过公开公示的"好差评"平台，促进政府部门做好服务工作。[1]韶关市各级人民政府可以依托广东省一体化政务服务平台建立统一的政务咨询投诉平台，利用省级政务服务平台的优势及便利性推进建立咨询投诉机制，将咨询投诉纳入常态化工作轨道。统一的政务咨询投诉平台应当包括咨询、投诉、评价、反馈这几个基本功能。①咨询。公民为办理事项或行使知情权而向有关部门提出的咨询问题，有关行政部门应当按照统一工作要求、服务程序和标准规范受理企业、公民咨询并在规定的工作期限内作出回复。②投诉。公民或单位认为其合法权益遭受侵犯，向有关部门请求依法处理。这里的"投诉"主要是指公民对不文明行为现象或有关部门的工作进行投诉，要求过错一方整改的监督处理方式。③评价。政务服务工作由企业、公民依其真实意思表示作出评价意见、评定办理服务水平等级。根据《国务院办公厅关于建立政务服务"好差评"制度提高政务服务水平的意见》的要求，建立"好差评"制度应当明确服务主体的责任标准，畅通评价渠道、确定评价机制，确保每个政务服务事项均可被评价，推动全面建成政务服务"好差评"制度体系。评价机制的目的在于政务服务绩效由企业和群众进行真实评价，促进各级政府增强服务意识，提供更加规范、公平、公开、高效的政务服务。④反馈。公民依据服务机构的咨询回复和投诉处理情况作出相应评价后，服务机构对公民评价作出反馈意见，是事后改良的有效方式。利用评价结果建立反馈机制，受到差评和投诉后，应当按照"谁办理、谁负责"的原则，在调查清楚事实的基础上作出整改措施，并限期向企业、公民进行反馈，确保咨询投诉平台真正发挥其效能。《宪法》第27条第2款规定："一切国家机关和国家工作人员必须依靠人民的支持，经常保持同人民的密切联系，倾听人民的意见和建议，接受人民的监督，努力为人民服务。"我国是人民主权国家，国家工作应当坚持以人民为中

---

〔1〕 参见"'广东省政务服务网'网站功能介绍"，载 https://www.gdzwfw.gov.cn/，2020 年 9 月 16 日访问。

心的发展思想，坚定走人民群众发展路线。公民的批评和建议权利，以及对于任何国家机关和国家工作人员的违法失职行为提出的申诉、控告或检举权利受到我国宪法和法律保障。因此，建立统一的政务咨询投诉平台保障公民投诉、举报的权利，既是宪法和法律的原则性要求，又是依法行政、建设服务型政府的具体要求。韶关市各级人民政府应当建立统一的政务咨询投诉平台，设置投诉电话并向社会公布，将不文明行为投诉、举报工作纳入政务咨询投诉平台管理。进一步推动各级政府增强文明服务意识，转变文明行为促进工作作风，夯实文明服务责任。

二、依法保障公民的投诉、举报权利

本条规定的依法保障公民的投诉、举报权利制度主要有两个方面的含义。一是建立健全相关投诉、举报渠道，保障公民投诉、举报权利正常行使；二是依法保障公民不因行使投诉、举报权利而遭受打击报复等人身损害或限制条件，这是本款规定的"核心"所在。人身损害包括暴力、威胁形式造成的人身生命健康损害和侮辱、诽谤等精神损害。限制条件主要是指不公平对待投诉、举报人，利用公权力以其他方式对其作出不利的限制条件，如无故提高其申请办事门槛，故意拖延办理时长等。"兵马未动，粮草先行"，原意是指军队还没开始行动，就要做好其粮草后勤保障工作。直至现代，该种做法仍具有一定合理性。促进公民积极参与社会文明行为促进工作就应当让其通过自觉遵守文明规则和自发对不文明行为进行制止和劝阻的方式主动参与。而依法保障公民不因对不文明行为制止和劝阻、投诉、举报而受到不利影响是公民主动参与文明行为促进工作的前提条件，没有保障则必然会严重打击公民行动的积极性。《宪法》第41条第2款规定："对于公民的申诉、控告或者检举，有关国家机关必须查清事实，负责处理。任何人不得压制和打击报复。"我国宪法保障公民批评建议、检举揭发的权利，这是公民的基本权利，我国绝大部分领域的立法规范均有规定相应的投诉或举报违规、违法行为

的条款，用以保障该基本权利。如在公共医疗领域，《基本医疗卫生与健康促进法》第 97 条第 2 款规定："任何组织和个人对违反本法规定的行为，有权向县级以上人民政府卫生健康主管部门和其他有关部门投诉、举报。"在保障公共食品安全方面，《食品安全法》第 115 条第 1 款规定："县级以上人民政府食品安全监督管理等部门应当公布本部门的电子邮件地址或者电话，接受咨询、投诉、举报。……"诸如此类保障投诉、举报权利的条款在保障妇女、儿童、残障人士等弱势群体的人身和社会合法利益法律中均有规定，是保障公民基本权利的具体表现。

　　《促进条例》本款规定建立以保障公民投诉、举报权为核心的投诉举报制度。投诉举报制度是推动文明促进工作进程的一种有效方式，能够激发全社会成员共同参与的积极性，成员之间既是文明行为的遵守者也是不文明行为的监督者。公民出于善良、正义等维护社会公序良俗、社会公德的目的对不文明行为进行制止和劝阻的行为应当被国家法律和社会文明所鼓励和支持。投诉举报制度是推进社会文明行为促进工作，在全社会形成惩恶扬善文明风气的重要举措。公民有权对不文明行为进行制止和劝阻，通过电话、信函、电子邮件等方式举报不文明行为。任何单位和个人均不得以威胁、侮辱或者殴打等方式打击报复劝阻人、投诉人、举报人。因此，必须以法律规定的形式切实保障公民对不文明行为的投诉、举报权利及事后不会受到不利影响，进而推动不文明行为投诉举报制度的建立。

第六章　法律责任

本章是为保障《促进条例》各项规定的有效实施而制定的法律责任，作为《促进条例》的惩罚措施条款，对于违反相关规定的行为及对象作出相应的处罚。本章规定了三个方面的法律责任条款，分别是针对现实中出现的违反《促进条例》的不文明行为、国家机关和国家工作人员以及打击报复人的惩罚责任。首先，对于不文明行为，设定引致条款，将《促进条例》规定可以作出处罚的不文明行为直接转介到现行法律、法规已有的处罚规定，依据其规定处理。在法律责任部分设置引致条款是《促进条例》的创新点之一：一是保证《促进条例》的处罚规定与国家法律、法规规定一致，维护了法律权威及一体性，具有合法且具体的上位法律依据；二是避免了法律、法规中对不文明行为已有的处罚规定在《促进条例》中被重复表述，且不容易产生无权、越权实施规定的行政执法问题。引致条款的缺陷也比较明显，主要是缺乏明确的法律指引，需要行政执法部门自行寻找处理规定。其次，严格规定国家机关及其工作人员的法律责任，包括行政处分和刑事处罚，国家机关及其工作人员在文明行为促进工作中违反《促进条例》规定的，情节轻微的由其所在单位或者上级机关责令改正、通报批评，不以处分进行处罚；情节严重的，依法给予处分；构成犯罪的，依法追究其刑事责任。最后，严格保障劝阻人、投诉人、举报人的人身和财产安全，保障其投诉举报权，维护社会公平正义，严厉打击以任何形式打击报复劝阻人、投诉人、举报人。对于因他人劝阻、投诉、举报不文明行为而进行打击报复的，由公安机关依相关行政处罚规定处理，构成犯罪的，依法追究其刑事责任，坚决遏制此类打击报复行为，保障《促进条例》的依法有效实施。

第四十一条 【引致条款】

法律、法规对本条例规定的不文明行为已有处罚规定的，从其规定。

【导读与释义】

本条是《促进条例》关于对不文明行为处罚规定的引致条款，直接援引法律、法规等法律规定中已有的处罚条款进行处理的规定。

所谓引致条款又称转介条款或引致规范，是指本身没有独立的规范内涵，甚至不具有解释规则的意义，单纯引致到某一具体规范，需要依所引致的具体规范的目的去确定其效果的法律条款。[1]韶关市《促进条例》在规定不文明行为法律责任时，没有改变法律、法规规定的给予行政处罚的行为、种类和幅度的范围。因而设置引致条款，直接援引法律、法规中已有的不文明行为处罚规定，也是为了避免《促进条例》处罚条款存在重复表述的立法安排。根据行为违法性严重程度的不同，处罚制度主要可被分为刑事处罚和行政处罚。

一、刑事处罚及种类

刑事处罚，即刑罚，是国家为了防止犯罪行为对法益的侵犯，由法院根据刑事立法，对犯罪人适用的建立在剥夺性、限制性痛苦基础上的最严厉的强制措施。根据刑罚的属性、社会政治内容、法律特征和目的性的要求，刑罚适用应符合正当性、适用条件的终局性，刑罚在严厉程度、适用对象、适用主体、适用根据等方面与其他法律制裁存在重大区

---

[1] 参见苏永钦：《私法自治中的经济理性》，中国人民大学出版社 2004 年版，第 35 页。

别。[1]正因刑罚的严厉性和严肃性，国家刑事法律在制定相关刑事处罚规范时对社会矛盾、国民感情、法律理念等因素加以考察，国家司法机关在适用刑事处罚规范时严格依照刑事诉讼法律规定的程序进行审理和裁判。任何纰漏都有可能出现冤假错案，侵犯公民合法权利，有损国家司法体系及法律正义。刑罚的目的在于预防犯罪，分为特殊预防和一般预防。特殊预防是指对犯罪行为者本人采取刑罚措施，使其再犯可能性加以限制或消除；一方面刑罚可以威慑其本身不敢、不想再犯，另一方面对其进行教育感化，培养其自觉守法的行为意识。一般预防是针对犯罪行为者以外的其他人而言的，主要是对未犯罪的公民起到警示威慑，加强其法制教育，安抚、补偿被害人及家属，强化社会规范意识的功能。不文明行为通常是公民日常生活的行为，其行为性质违法性程度普遍较低，绝大部分不文明行为甚至不会被纳入刑事法律的调整范围。但现实中仍然存在一些不起眼的不文明行为酿化成后果严重的社会危害行为导致触犯刑法的情形，规制不文明行为不会排除刑事法律和刑罚的适用。

根据《刑法》第 32 条的规定，我国刑罚体系包括主刑与附加刑。《刑法》第 33 条至第 35 条分别规定了主刑和附加刑的种类，主刑从轻到重包括管制、拘役、有期徒刑、无期徒刑和死刑；附加刑包括罚金、剥夺政治权利与没收财产；其中第 35 条规定的驱逐出境是仅适用于外国人在我国境内犯罪的附加刑。不文明行为造成严重的社会危害后果时则会上升为犯罪行为，尤其是可能影响和危害公共安全的不文明行为。针对妨害公共安全的"高空抛物"行为，最高人民法院出台的司法解释文件《最高人民法院关于依法妥善审理高空抛物、坠物案件的意见》第 5 条第 2 款明确规定，故意从高空抛弃物品，尚未造成严重后果，但足以危害公共安全的，依照《刑法》第 114 条规定的以危险方法危害公共安全罪定罪处罚；致人重伤、死亡或者使公私财产遭受重大损失的，依照《刑法》

---

〔1〕 参见张明楷：《刑法学（上）》（第 5 版），法律出版社 2016 年版，第 503 页。

第 115 条第 1 款的规定处罚。为伤害、杀害特定人员实施上述行为的，依照故意伤害罪、故意杀人罪定罪处罚。高空抛物犯罪行为符合从重处罚情节的，应当从重处罚，一般不得适用缓刑。从重处罚情形包括：①多次实施高空抛物行为；②经他人劝阻后仍继续实施的；③受过刑事处罚或者行政处罚后又实施的；④在人员密集的场所实施的；⑤其他情节严重情形。针对妨害公共交通工具安全驾驶违法的犯罪行为，如在乘坐公共交通车辆时与司机攀谈、争吵，拉扯打骂司机的行为。《最高人民法院、最高人民检察院、公安部关于依法惩治妨害公共交通工具安全驾驶违法犯罪行为的指导意见》第 1 条第（一）项规定，乘客在公共交通工具行驶过程中，抢夺方向盘、变速杆等操纵装置，殴打、拉拽驾驶人员，或者有其他妨害安全驾驶行为，危害公共安全，尚未造成严重后果的，依照《刑法》第 114 条的规定，以以危险方法危害公共安全罪定罪处罚；致人重伤、死亡或者使公私财产遭受重大损失的，依照《刑法》第 115 条第 1 款的规定，以以危险方法危害公共安全罪定罪处罚。该指导意见同时也规定了从重处罚情节相关规定，要求准确认定行为性质，依法从严惩处妨害安全驾驶犯罪。上述两类犯罪行为均是由不文明、不道德的行为演化而来，由道德谴责转变为以刑罚制度处罚。现代社会的不文明行为在一定程度上不能仅作为单纯的道德行为，其与违法行为具有密切关联，可以纳入法律调整范围。上述关于公共安全的犯罪行为类型在尚未达到违反刑事法律规范的前提下仍然属于不文明行为，违法性程度未达到犯罪标准。韶关市《促进条例》第 33 条第（一）（二）项分别将妨害公共交通安全驾驶行为与高空抛物行为作为不文明行为重点治理清单内容进行重点清理。以常态化监管程式查处该类不文明行为，防微杜渐，提升社会治理水平和治理效果，避免其引发严重的刑事犯罪。对于维护公共安全秩序，保护人民群众生命财产安全具有重要的保障作用。

二、行政处罚及种类

行政处罚是指特定的行政主体依法对违反行政管理秩序而尚未构成

犯罪的行政相对人所给予的行政制裁措施。行政处罚行为属于负担性行政行为，即行政处罚行为可以对行政相对人产生直接负担性法律效果，具有行政制裁性和处分行政相对人权利的特征。行政处罚与刑事处罚都是法定处罚制度，适用处罚措施必然会使当事人权利被减损或剥夺，其种类和内容必须由法律设定。根据《行政处罚法》的规定，行政处罚的作出主体、种类内容、适用范围、适用程序等都必须是法定的。《行政处罚法》第9条规定，行政处罚可分为6类：①警告、通报批评，是指行政主体对违法相对人发出警诫，申明其有违法行为，通过对其名誉、荣誉、信誉等施加影响，引起其精神上的警惕，使其不再违法的处罚形式。②罚款、没收违法所得、没收非法财物，是指行政主体强制违法相对人交纳一定金钱货币的处罚；没收违法所得、没收非法财物，是指行政主体直接剥夺违法相对人的违法所得和非法财物的所有权。③限制开展生产经营活动、责令停产停业、责令停产停业、责令关闭、限制从业，是指行政主体强制违法相对人在一定期限内停止经营、停止生产的处罚；责令关闭；限制从业。④暂扣许可证件、降低资质等级、吊销许可证件，是指行政主体在一定期间内扣留违法相对人的许可证或执照，或者吊销其许可证或执照，使其失去原定法律效力的处罚；降低资质等级。⑤行政拘留，是指行政主体在一定期限内剥夺违法相对人人身自由的行政处罚。它是最为严厉的一种行政处罚。⑥法律、行政法规规定的其他行政处罚。其中限制人身自由的行政处罚只能由法律设定。《行政处罚法》第12条第2款规定："法律、行政法规对违法行为已经作出行政处罚规定，地方性法规需要作出具体规定的，必须在法律、行政法规规定的给予行政处罚的行为、种类和幅度的范围内规定。"韶关市《促进条例》属于地方性法规，对上位法律、行政法规已经存在的行政处罚规定可以在法定条件内作出具体规定，但本条规定是引致条款，对违法行为直接引用上位法律、行政法规的处罚规定。

结合引致条款及上位法律、法规相关行政处罚规定，法律问题处理逻辑清晰、程序明确。韶关市《促进条例》第 31 条规定重点治理产生噪声污染的，影响公共秩序的不文明行为。对违反关于社会生活噪声污染防治的法律规定，制造噪声干扰他人正常生活的违法行为人。执法机关可以直接援引《治安管理处罚法》第 58 条规定的处罚措施，先处警告；警告后不改正的，处 200 元以上 500 元以下罚款。《促进条例》第 32 条规定重点治理破坏公共环境、影响公共卫生的不文明行为。对于随地吐痰、便溺，乱扔垃圾；随意涂写、刻画、张贴宣传品的不文明行为，执法机关可以援引《城市市容和环境卫生管理条例》第 34 条的规定进行处罚，除责令其纠正违法行为、采取补救措施外，可以并处警告、罚款。《城市公厕管理办法》第 24 条规定，责令其恢复原状、赔偿损失，并处以罚款。《促进条例》第 33 条规定，重点治理妨害公共安全的不文明行为。对于遛狗时未给大型犬只使用牵引绳或未给烈性犬佩戴嘴套的，执法机关可依据《治安管理处罚法》第 75 条的规定作出处罚，饲养动物，干扰他人正常生活的，处警告；警告后不改正的，或者放任动物恐吓他人的，处 200 元以上 500 元以下罚款。驱使动物伤害他人的，依照本法第 43 条第 1 款的规定处罚，按照殴打他人或者故意伤害他人身体的情节处 5 日以上 10 日以下拘留，并处 200 元以上 500 元以下罚款；情节较轻的，处 5 日以下拘留或者 500 元以下罚款。《促进条例》第 34 条规定，重点治理影响公共交通的不文明行为。对于行人、非机动车违反道路交通安全法律、法规的行为，执法机关可以援引《道路交通安全法》第 89 条的规定，对违法行为人处警告或者 5 元以上 50 元以下罚款；非机动车驾驶人拒绝接受罚款处罚的，可以扣留其非机动车。可见，对于不同领域内不文明违法行为的均已存在对应的处罚措施，以上是相关处罚措施法律条文的不完全列举，行政主体在执法过程中可以直接适用对应的规定。

韶关市《促进条例》本条规定设置引致条款可以保证法律体系的一致性，使其法律责任设定具有合法依据和正当性。然而，引致条款也有一定的立法缺陷，缺乏明确、具体的适用规范。执法机关需要具有更高要求的法律专业水平，进而寻找并适用对应的法律规范。根据《广东省行政执法队伍管理条例》第12条的规定，行政执法队伍的执法人员必须符合以下条件：①具备良好的政治素质和思想道德品行；②熟悉相关的法律、法规、规章和行政执法业务知识；③具有符合职位要求的文化程度。另一方面，引致条款尚未对处罚幅度作出明确指示，上位法处罚依据一般仅规定处罚种类和幅度。有关行政主管机关在具体适用方面具有一定的行政自由裁量权。根据《广东省规范行政处罚自由裁量权规定》（以下简称《自由裁量权规定》）第3条第1款的规定，行政处罚自由裁量权，是指行政处罚实施机关在法律、法规、规章规定的行政处罚权限范围内，对违法相对人决定是否给予行政处罚、给予何种行政处罚和给予何种幅度行政处罚的权限。行政处罚必须遵循公正、公开的原则，行政处罚的设定和实施应当以事实为依据，其违法性程序与处罚措施、承担处罚责任相适应，对行政处罚的违法行为予以提前公开，否则不得作为处罚依据，行政主体作出行政处罚行为应当具备法定依据以及法定程序。《自由裁量权规定》第10条第1款规定："行政处罚实施机关应当依照《广东省行政执法责任制条例》第十七条的规定，制定本单位的行政处罚自由裁量权适用规则，并向社会公开。"韶关市有关行政主体应当进一步明确行政处罚自由裁量权适用规则并向社会公开，以不文明行为重点治理清单制度为工作方法，将相关不文明违法行为及处罚用简洁明了的清单列表对外公开。在具体适用法律方面再次依据精确法律规定向违法相对人进行说明，使行政处罚行为具有相对的指向性，从而达到释法说理的社会治理效果。

第四十二条 【国家机关及其工作人员法律责任】

国家机关及其工作人员在文明行为促进工作中违反本条例规定，由其所在单位或者上级机关责令改正，通报批评；情节严重的，由有关机关对直接负责的主管人员和其他直接责任人员依法给予处分；构成犯罪的，依法追究刑事责任。

【导读与释义】

本条是关于对在文明行为促进工作中违反《促进条例》规定的国家机关及其工作人员的法律责任条款的规定。

本条规定是为了规范国家机关及国家工作人员在文明行为促进工作中的违法违规行为而规定的责任条款。法律条文的表述结构由主体、行为、后果三个要素构成，责任主体确定为国家机关和国家工作人员，主要为行政主体及履行公务的工作人员；违法行为要素是作出了违反《促进条例》规定的行为；后果要素包括责令改正、通报批评和处分等内部处罚措施，情节严重构成犯罪的，依法追究其刑事责任。

一、国家机关及工作人员的违法行为

此处的"违法行为"专指国家机关及工作人员等行政主体作出的违反宪法、法律、法规等法律禁止性或强制性规定，依法应受到相应处罚的行为。根据作出行为的时间、身份等条件的不同，可分为个人违法行为与公务违法行为。个人违法行为是指国家工作人员在非履行职务期间以公民身份作出的违法行为，处罚规定可适用本《促进条例》第41条处罚措施的"引致条款"，不在本条规定的讨论界限内。公务违法行为是指

国家工作人员基于其特定行政工作身份，为实现行政目的并履行相应行政职权，但在履行职权过程中违反法律规定的行为。公务违法行为实施对象为社会一般人或特定的行政相对人，主要表现为违法作为和不作为对行政相对人的合法利益造成损害。例如在对影响、污染或不按规定履行清理义务影响市容和公共环境卫生违法行为的处罚中，《城市市容和环境卫生管理条例》第4条第3款规定："城市人民政府市容环境卫生行政主管部门负责本行政区域的城市市容和环境卫生管理工作。"这就明确了城市市容环境卫生的主管部门。第34条规定分别列举了不同情形之下的违法行为，并设置了行政处罚措施。对违反《城市市容和环境卫生管理条例》、韶关市《促进条例》公共卫生行为规范的单位、个人应当依照程序作出处理。主管权限部门负责事项主要包括：①受理立案，对影响市容环境的违法行为进行受理或决定是否立案。②调查取证。对立案的案件依法进行调查取证，并做好案件记录、材料收集工作。③审核决定。基于事实和证据，结合相关法律、法规等规定对案件进行审理，并依法提出处理意见。④告知送达。在作出行政处罚决定前，依法告知当事人行政处罚决定及其享有的相关权利。符合听证规定的，也应当通知当事人；行政处罚应当制作行政处罚决定书并送达当事人，载明被处罚当事人信息、违法事实和理由、行政处罚措施及依据、处罚履行、当事人救济权利等内容。⑤事后监督。在行政处罚决定书生效后监督当事人的实际履行情况。以上各责任节点是《行政处罚法》要求行政主体作出行政处罚决定时应当履行的法定程序。因不履行或不正确履行行政职责，出现违反上述法定程序的情形，国家机关及其工作人员应承担相应责任：①行政处罚没有法律和事实依据的；②行政处罚显失公正，严重超越法律原则，滥用职权的；③因怠于履行行政职责，对公民、法人或者其他组织的合法利益、社会公共利益和社会秩序造成损害的；④擅自改变行政处罚种类、幅度，超越职权的；⑤因违法或不当处罚给当事人造成损失的；⑥执法工作人员不具备行政执法资格实施行政处罚的；⑦违反法定的行政处罚程序，如符合听证条件，行政管理相对人要求听证，应予组织听证而不组织听证的；⑧在行政处罚过程中发生腐败行为的；⑨其他违反法律法规规章文件规定的行为。目前，学界对公务行为的内涵尚无普遍的认同标准，我国行政法律也未具体规定其含义。根据现行相关法律规定，判断公务行为至少要求行为人具有国家工作人员身份，履行行政职责和行使行政权力，被管理人作为行为对象这三个核心要素；公务违法行为在公务行为基础上增加了违法要素，即造成程序违法或实体违法等客观违法结果。公务违法行为不仅损害了行政相对人或被管理人的合法权益，而且破坏了国家形象和国家行政机关的公信力，公务行为应当受到法律规定的严格约束。

二、国家机关及其工作人员的法律责任

国家机关和国家工作人员代表国家行使权力，都要受到严格的组织管理和人事管理。本条规定的国家工作人员主要指的是狭义上的公务员，依法履行公职、纳入国家行政编制、由国家财政负担工资福利的工作人员。为保障公务员的合法权益，加强对公务员的监督和管理，公务违法违纪行为依法应当受到行政处分责任、刑事处罚责任这两种不同的处分类型的约束和监督。

（一）行政处分责任

行政处分是指行政主管单位对所在单位的公务员依法作出的惩戒制度。行政处分是公务员承担行政责任的方式。公务员相对于其行政主管单位而言属于内部工作人员，具备特定的工作身份，与其管理单位具有密切联系，对其作出处分不能等同于行政处罚而套用行政处罚法律规定。行政处罚行为与行政处分行为存在以下区别：①适用对象不同。行政处罚的适用对象是公民、法人和其他组织，不包括公务员；行政处分仅适用于符合法律规定的公务员。②适用依据不同。行政处罚行为依据《行政处罚法》及其他法律规定，行政处分行为依据《公务员法》《行政机关

公务员处分条例》《公职人员政务处分法》等法律规定及有关纪律规定作出。③惩戒方式不同。行政处罚形式有名誉罚、财产罚、自由罚；行政处分形式仅有名誉罚和工作罚，工作罚属于间接的财产罚，但处罚程度更严重。④救济方式不同。公民不服行政处罚的，可以依法提起行政复议或行政诉讼维护其权益；公务员不服行政处分的，只得依法申请复核或者申诉，救济路径相对来说较为狭窄。

　　行政处分按照处分轻重程度分为警示、告诫和处分。《公务员法》第57条第2款规定："对公务员监督发现问题的，应当区分不同情况，予以谈话提醒、批评教育、责令检查、诫勉、组织调整、处分。"其中，除了处分以外，其余各项均属于工作单位的警示和告诫处分形式，不属于严格意义上的行政处分。根据《公职人员政务处分法》第12条的规定，公职人员违法行为情节轻微，且具有本法第11条规定的从轻或减轻情形之一的，可以对其进行谈话提醒、批评教育、责令检查或者予以诫勉，免予或者不予政务处分。此类处分措施主要适用于违纪违法行为出现轻微瑕疵或情节的，经过批评教育后改正的，可以免予处分，但仍需视实际情况予以严肃警示。本条规定的"责令改正，通报批评"在此针对违法违纪行为情节轻微的处分范围之内，要求其单位对公务员实施责令改正、通报批评的警示处分措施。更严重的是处分，即行政处分，按照《公务员法》第62条的规定，处分程度由轻到重共有6种形式：①警告。法律形式的警示、告诫处分，是最轻微的处分方式。②记过。将公务员的违法违纪行为及过错予以记录，纳入工作考核。③记大过。同样对公务员的违法违纪行为及过错予以记录，但惩罚性更重。④降级。职务保持不变，但降低公务员级别的处分形式，是一种严重的工作处罚。⑤撤职。撤销实施违法违纪行为的公务员现任职务，原则上还应当按照规定对应降低其公务员级别。除非被撤职后又被辞退，否则该公务员依然保留其公务员身份。⑥开除。解除违法违纪公务员与工作单位的人事法律关系，不再作为公务员和担任公务员职务的处分形式。这是最严厉的公务员行政处分形式。本条规定的"情节严重的，由有关机关对直接负责的主管人员和其他直接责任人员依法给予处分"，属于处罚更重的行政处分。《广东省行政执法监督条例》第 40 条也有同样的规定，按照行政过错责任追究以及相关问责规定，通过责令公开道歉、停职检查、引咎辞职、责令辞职、罢免、处分等方式，追究行政执法主体及其工作人员的行政过错责任。行政处分的作出取决于公务员违法违纪行为情节的严重程度，已经构成了违法违纪行为但尚未构成犯罪的，应当适用有关法律、法规、纪律规定分别规范公务员的行政责任。

（二）刑事处罚责任

刑事处罚责任是公务员的违法违纪行为足以构成刑事犯罪，依照刑事法律规定依法作出刑事处罚的责任形式。如前所述，刑事处罚责任是我国最严厉的法律责任，依其具体规定可以适用于各类主体，包括国家机关和国家工作人员。根据国家工作人员身份在确定刑事责任中所起的不同作用，我们可将公务员犯罪分为两类：[1]

（1）以国家工作人员身份作为构成要件的犯罪。主要包括贪污贿赂犯罪和渎职犯罪。大体而言，贪污贿赂犯罪，是指国家工作人员利用职务之便，贪污，挪用公共财物，索取、收受贿赂，不履行法定义务，侵犯职务行为的廉洁性、不可收买性的行为。[2]渎职犯罪，是指国家机关工作人员利用职务上的便利或者徇私舞弊、滥用职权、玩忽职守，妨害国家机关公信力和公平公正，严重损害国家和人民利益的行为。[3]此外，还包括其他需要国家工作人员身份作为构成要件的犯罪，例如危害国家安全罪中的叛逃犯罪。

（2）以国家工作人员身份作为量刑情节的犯罪。由于国家工作人员履行特定行政职务，具备一定的行政权力，其特定身份在犯罪中通常作

---

〔1〕 参见《行政法与行政诉讼法学》编写组：《行政法与行政诉讼法学》（第 2 版），高等教育出版社 2018 年版，第 80 页。

〔2〕 一般定义，贪污贿赂罪还分为一般主体犯罪与单位犯罪。

〔3〕 参见张明楷：《刑法学（下）》（第 5 版），法律出版社 2016 年版，第 1238 页。

为从重处罚的法定量刑情节。例如《刑法》第 238 条"非法拘禁罪"规定，国家机关工作人员利用职权犯该条前三款罪的，依照前三款规定从重处罚。《刑法》第 349 条"包庇毒品犯罪分子罪"规定，缉毒人员或者其他国家机关工作人员掩护、包庇走私、贩卖、运输、制造毒品的犯罪分子的，依该罪规定从重处罚。

因此，国家机关及其工作人员实施的违法违纪行为达到犯罪程度的，应当依法追究其刑事责任。由于国家工作人员违法犯罪性质更为恶劣，其违法违纪行为构成刑事犯罪的，除了需要承担相应的刑事责任之外，还应当接受行政处分。根据《行政机关公务员处分条例》第 17 条的规定，行政处分决定前，违法违纪公务员已经依法被判处刑罚、罢免、免职或者已经辞去领导职务，依法应当给予处分的，由行政机关根据其违法违纪事实，给予处分。行政机关公务员依法被判处刑罚的，给予开除处分。公务员的刑事处罚责任在一定程度上会导致链式启动行政处分追究行政责任，形成"双重责任"，是最严厉的公务员处罚措施。

第四十三条　【治安处罚】

违反本条例第四十条第二款规定，以威胁、侮辱或者殴打等方式打击报复劝阻人、投诉人、举报人的，由公安机关按照《中华人民共和国治安管理处罚法》的有关规定予以处理；构成犯罪的，依法追究刑事责任。

【导读与释义】

本条是《促进条例》关于对在文明行为促进工作中为保障不文明行为劝阻人、投诉人、举报人的合法权益，对打击报复劝阻人、投诉人、举报人的行为依法从严惩治的规定。

本条规定以处罚打击报复行为人的方式间接地保护不文明行为劝阻人、投诉人、举报人的人身权及合法财产权益。打击报复行为人可以是实施不文明行为的单位、个人，也可以是监督管理不文明行为的国家机关、国家工作人员。打击报复行为的实施要求具有主观故意，对于不文明行为劝阻人、投诉人、举报人纠正其不文明违法行为受到处罚而怀恨在心，出于泄愤，具有企图报复劝阻人、投诉人、举报人的故意和目的。其次，还反映了打击报复行为人不服从法律和国家的管理，具有违反法律强制性规定的故意。最后，打击报复行为人客观上对劝阻人、投诉人、举报人实施了威胁、侮辱或者殴打等方式的打击报复行为。不要求被害人受到实际损害，实施打击报复行为后可能使被害人陷入危险或不利状态即可成立本条规定的处罚条件，视不法情节严重程度依法给予行政治安处罚或刑事处罚。

一、提倡正当的劝阻行为

公民有权劝阻在社会上出现的任何不文明行为，这是现代文明社会的责任担当和时代要求。公民主动劝阻不文明行为，其本身既是遵守文明规范的行为，也是自觉维护社会公共秩序和公共利益，积极参与文明行为促进工作的行为。劝阻行为由维护社会公共利益、社会文明的善意主观心理和合理适当的劝阻行为措施构成。正当劝阻行为应当受到法律的保护和提倡。2017 年 5 月，在郑州市发生了一起"老人电梯吸烟被劝阻后死亡案"，引发了人们对法律和社会公德的反思。一名医生劝阻在电梯内吸烟的老人，期间劝阻人仅通过口头方式进行劝阻，引发争执，事后该抽烟老人心脏病突发死亡。老人家属将劝阻人诉诸法院，一审法院根据民事侵权责任法的公平原则，酌定由劝阻人向老人家属补偿 1.5 万元。老人家属不服一审判决继而上诉，二审法院经审理后认定一审判决适用法律错误，老人的行为损害社会公共利益，判决撤销一审判决并驳回老人家属的诉讼请求。根据《郑州市公共场所禁止吸烟条例》等法律规定，公民有权劝阻在公共场所吸烟的不文明行为，而且该案中的劝阻人并未实施过度劝阻行为，老人突发心脏病与该劝阻行为不存在法律上的因果关系。因此，不能将不利的法律后果施加给善意劝阻人，否则将有违民事立法原则和社会主义核心价值观，不利于促进社会文明，挫败公众参与精神文明创建工作及共同创造文明公共环境的积极性。法律一方面支持和保护善意劝阻行为，另一方面也会结合各种因素综合判断该善意劝阻行为是否过度以及是否值得被保护。2020 年 10 月，在上海市发生了一起"男孩劝阻吸烟时打伤吸烟者"事件便是如此，15 岁男孩劝阻在公共场所吸烟人时任由矛盾升级，在争执过程中挥拳打中吸烟者脸部致其构成轻微伤。公安部门依据《治安管理处罚法》第 43 条的规定，对该劝阻人殴打他人，过度实施劝阻的行为作出 200 元罚款的处罚。公民利用善意和维护公共利益之名实施违法犯罪之实同样需要承担相应的法律责任。

二、保护合法的投诉、举报行为

如前所述，投诉、举报权利是我国宪法明确规定的公民基本权利，任何社会团体及个人都不得非法限制该权利。实施打击报复行为尚未构成犯罪时，应当由公安机关根据《治安管理处罚法》有关规定对打击报复人依法进行处罚。根据《治安管理处罚法》第42条的规定，①写恐吓信或者以其他方法威胁他人人身安全的；②公然侮辱他人或者捏造事实诽谤他人的；③捏造事实诬告陷害他人，企图使他人受到刑事追究或者受到治安管理处罚的；④对证人及其近亲属进行威胁、侮辱、殴打或者打击报复的；……打击报复行为有符合上述情形之一的，处5日以下拘留或者500元以下罚款；情节较重的，处5日以上10日以下拘留，可以并处500元以下罚款。对报案人、控告人、举报人、证人打击报复的，应当从重处罚。根据《公职人员政务处分法》的规定，公职人员对依法行使批评、申诉、控告、检举等权利的行为进行压制或者打击报复的，国家监察机关可以依法对该违法公职人员作出予以警告、记过或者记大过；情节较重的，予以降级或者撤职；情节严重的，予以开除的处分处罚。若公职人员还存在阻止他人检举、提供证据的情形，应当从重给予政务处分。根据《广东省行政执法责任制条例》第41条第（五）项的规定，行政执法人员对控告、检举的公民、法人或者其他组织打击报复的应当依法追究其行政执法责任，可以按规定取消其行政执法资格；应当给予行政处分的，依照有关法律、法规的规定予以处理。

以威胁、侮辱或者殴打等方式打击报复劝阻人、投诉人、举报人的行为构成犯罪的，应当依法追究打击报复人的刑事责任。《刑法》第246条规定，打击报复人以暴力或者其他方法公然侮辱他人或者捏造事实诽谤他人，情节严重的，构成"侮辱、诽谤罪"，处3年以下有期徒刑、拘役、管制或者剥夺政治权利。"侮辱、诽谤罪"原则上属于告诉才处理的犯罪，但是严重危害社会秩序和国家利益的仍然可以由公诉机关对其提起公诉，如《促进条例》本条规定的以"侮辱"方式对劝阻人、投诉人、举报人打击报复的行为，实际上不仅仅是侵犯了个人的名誉权，还妨害了社会秩序和公共利益。行为人实施殴打、暴力等打击报复行为情节严重的，可以构成刑法中的各类暴力型犯罪，如第 234 条"故意伤害罪"、第 232 条"故意杀人罪"等，属于侵犯公民人身权利类型犯罪的，违法性和处罚性更重。另外，根据《刑法》第 254 条的规定，以国家机关工作人员身份作为犯罪构成要件的"报复陷害罪"，"国家机关工作人员滥用职权、假公济私，对控告人、申诉人、批评人、举报人实行报复陷害的，处二年以下有期徒刑或者拘役；情节严重的，处二年以上七年以下有期徒刑"。《刑法》第 243 条"诬告陷害罪"规定，一般主体和国家机关工作人员都可以构成该罪，但国家机关工作人员犯该罪的，应当从重处罚。综上，对实施打击报复行为的主体设定严厉的行政治安处罚责任和刑事责任并不仅仅是为了惩治违法犯罪行为，主要的目的亦在于预防违法行为和犯罪行为，从而在间接上保护劝阻人、投诉人、举报人的合法权益。

第七章　附　则

　　第七章"附则"，附则是附在法律文件后面的规则。不适宜列入总则、分则部分内容的规定一般就放在附则中，附则与附件不同，附则与法律条文一样具有法律效力。附则是法律规范的重要组成部分。这是因为，"其一，附则作为总则和分则的辅助性内容，它的存在对总则和分则的有效实施有重要意义。其二，附则未必是所有的法都需要的一个组成部分，但一般说绝大多数法都需要有附则内容存在"。[1]《促进条例》的附则部分只有一条关于《促进条例》实施日期的规定，明确了《促进条例》的开始实施日期及法律效力生效起算日期，对《促进条例》介入调整和实施文明行为促进工作具有一定的指导作用。

---

　　〔1〕　周旺生：《立法学教程》，北京大学出版社 2006 年版，第 529 页。

第四十四条　【实施日期】

本条例自 2020 年 10 月 1 日起施行。

【导读与释义】

本条是附则中关于《促进条例》实施起算时间的规定。

附则是附在法律、法规、规章后面的规则，通常会放在法律、法规、规章的最后，主要规定一些不宜直接列入法律规范总则、分则部分的内容。即便如此，附则仍是法律、法规、规章重要的组成部分。法律法规等法律文件的实施日期，是指该法律规范的生效日期，法律规范开始施行并发生法律效力的日期，关系到法律规范调整的溯及力范围及公民权利义务等具体内容。不管什么形式的法律都必须具备效力生效起算日期，否则将不符合立法规定及法律规范完整性的原则要求。实施日期目的是解决法律规范的时间效力问题。

根据《立法法》第 57 条的规定："法律应当明确规定施行日期。"实施日期作为一部法律规范中重要的组成部分，通常会以单独一条规定的形式放在法律规范最后的附则部分；没有设置附则的，一般也会将实施日期规定放在法律条文的最后一条。法律规范具体的实施日期需要结合该法律规范的具体性质和实际工作需要而设定。根据我国目前的立法实践，绝大多数法律的生效日期都是采用单独规定具体生效日期的表示形式。韶关市本《促进条例》采用的便是这种方式，在法律中明确规定本法的施行日期。通常具体实施日期要晚于法律规范通过和公布的日期，即法律规范公布后并不会立即实施，需要经过一段时间后才在具体日期开始生效施行。例如，《韶关市文明行为促进条例》于 2020 年 6 月 12 日韶关市第十四届人民代表大会常务委员会第三十五次会议通过，2020年7月29日获得广东省第十三届人民代表大会常务委员会批准，《促进条例》第44条规定"本条例自2020年10月1日起施行"。在2020年7月30日至9月30日期间该条例尚未实际生效，但其具有预备法律效力。相关法律实施部门可根据该具体实施时间做好必要的工作准备，学习、宣传其法律规范的内容，使法律规范进入实施前的过渡状态，促进社会各界广泛知晓，以确保法律规范的贯彻实施。

主要参考文献

一、著作类

1. 陈军：《〈韶关市黄岗山芙蓉山莲花山保护条例〉导读与释义》，中国政法大学出版社 2020 年版。

2. 杜国胜：《〈韶关市烟花爆竹燃放安全管理条例〉导读与释义》，中国政法大学出版社 2017 年版。

3. ［美］罗斯科·庞德：《通过法律的社会控制》，沈宗灵译，商务印书馆 2013 年版。

4. 《习近平谈治国理政》（第 2 卷），外文出版社 2017 年版。

5. 中国社会科学院语言研究所词典编辑室编：《现代汉语词典》，商务印书馆 1983 年版。

6. 杨临宏：《立法学：原理、制度与技术》，中国社会科学出版社 2016 年版。

7. 石佑启等：《地方立法学》（第 2 版），高等教育出版社 2019 年版。

8. 谢晖：《法学范畴的矛盾辨思》，山东人民出版社 1999 年版。

9. 杜宴林主编：《法理学》，清华大学出版社 2014 年版。

10. 叶南客主编：《社会主义核心价值观研究丛书：文明篇》，江苏人民出版社 2015 年版。

11. 吴广顺、刘燕主编：《社会主义核心价值观》，电子科技大学出版社 2019 年版。

12. 邹瑜、顾明主编：《法学大辞典》，中国政法大学出版社 1991 年版。

13. 党秀云主编：《民族地区公共服务体系创新研究》，人民出版社 2009 年版。

14. ［美］E. 博登海默：《法理学：法律哲学与法律方法》，邓正来译，中国政法大学出版社 1999 年版。

15. 中共中央马克斯恩格斯列宁斯大林著作编译局编译：《马克思恩格斯全集》（第 25 卷），人民出版社 2006 年版。

16. 吴崇其主编：《中国卫生法学》（第 3 版），中国协和医科大学出版社 2011 年版。

17. 王亚平：《医患权益与保护》（修订版），人民军医出版社 2003 年版。

18. 全国人大内务司法委员会、中国残疾人联合会编著：《〈中华人民共和国残疾人保障法〉立法后评估报告》，华夏出版社 2012 年版。

19. 高宏存：《公共文化设施运行机制研究》，社会科学文献出版社 2016 年版。

20. 苏永钦：《私法自治中的经济理性》，中国人民大学出版社 2004 年版。

21. 张明楷：《刑法学》（第 5 版），法律出版社 2016 年版。

22. 《行政法与行政诉讼法学》编写组：《行政法与行政诉讼法学》，高等教育出版社 2018 年版。

23. 周旺生：《立法学教程》，北京大学出版社 2006 年版。

二、论文类

1. 林志猛："柏拉图论立法的目的及其哲学基础"，载《世界哲学》2019 年第 1 期。

2. 任才峰："科学立法、民主立法、依法立法的理论与实践"，载《人大研究》2019 年第 1 期。

3. 陈灿平、吴迪："论道德与法律的契合与转换——以文明行为促进条例地方立法比较为例"，载《道德与文明》2020 年第 4 期。

4. 李琳："行政执法全过程记录制度研究——以连云港市卫生监督所为例"，西北农林科技大学 2019 年硕士学位论文。

5. 张欣："打造新时代共建共治共享社会治理新格局"，载《党政干部学刊》2020 年第 4 期。

6. 党秀云、辛斐："新时期民族地区公共服务管理面临的问题与战略选择"，载《中央民族大学学报（哲学社会科学版）》2010 年第 6 期。

7. 党秀云、周晓丽："论服务型政府理念下民族自治地区公共服务的有效供给"，载《长春市委党校学报》2007 年第 4 期。

8. 严存生："道德性：法律的人性之维——兼论法与道德的关系"，载《法律科学（西北政法学院学报）》2007 年第 1 期。

9. 郭锋："中国民法典的价值理念及其规范表达"，载《法律适用》2020 年第 13 期。

10. 尹晨辉、李慧勤："中国的礼文化与公共文明"，载《人民论坛》2011 年第 14 期。

11. 傅琼、汤媛："礼仪文化与公共秩序的建构"，载《长白学刊》2020 年第 1 期。

12. 王坤等："我国公共卫生体系建设发展历程、现状、问题与策略"，载《中国公共卫生》2019 年第 7 期。

13. 习近平："构建起强大的公共卫生体系 为维护人民健康提供有力保障"，载《求知》2020 年第 10 期。

14. 曲新久："一个较为科学合理的刑法解释"，载《法治日报》2013 年 9 月 12 日。

15. 张明楷："简评近年来的刑事司法解释"，载《清华法学》2014 年第 1 期。

16. 卢勤忠、钟菁："网络公共场所的教义学分析"，载《法学》2018 年第 12 期。

17. 夏良伟："浅谈患者义务与文明就医"，载《中国医院》2008 年第 2 期。

18. 陈卫春："盼患者文明就医成常态"，载《健康报》2016 年 2 月 1 日。

19. 赵春力："有关残疾人无障碍权益保障法律的完善与思考"，载《前沿》2012 年第 22 期。

20. 祝益民、刘晓亮："现场救护需强化三个'一'理念"，载《中华急诊医学杂志》2016 年第 8 期。

21. 翁晓华："论媒体在新型社会治理中的功能与作用——以杭州电视台媒体实践为样本"，载《当代电视》2020 年第 11 期。

三、网上资料

1. "深入推进文明创建，着力打造善美韶关"，载 https://baijiahao.baidu.com/s? id = 1676610918035347462&wfr=spider&for=pc，2020 年 9 月 10 日访问。

2. "王瑞军接受《南方》杂志专访：深入推进文明创建，着力打造'善美韶关'"，载 https://www.thepaper.cn/newsDetail_ forward_ 8982945，2020 年 11 月 20 日访问。

3. "打造共建共治共享的社会治理格局"，载 http://dangjian.people.com.cn/n1/2018/0621/c117092-30070683.html，2020 年 10 月 5 日访问。

4. "打造共建共治共享的社会治理格局"，载 http://www.cssn.cn/zzx/ggxzygl_ zzx/201911/t20191128_ 5050136.shtml，2020 年 10 月 6 日访问。

5. "社会主要矛盾的变化"，载 http://theory.people.com.cn/n1/2018/0822/c413700-30244011.html，2020 年 11 月 5 日访问。

6. "全民环保：从自觉自愿到法律义务"，载 http://www.npc.gov.cn/zgrdw/npc/xinwen/2014-05/07/content_ 1862316.htm，2020 年 11 月 3 日访问。

7. "认清网络谣言的巨大危害"，载 http://theory.people.com.cn/n/2013/0826/c368343-22693223.html，2020 年 10 月 29 日访问。

8. "网络谣言必须被严打",载 http://m. xinhuanet. com/comments/2019 - 07/10/c _ 1124732669. htm,2020 年 11 月 9 日访问。

9. "浪费可耻节约为荣,习近平关切'小米粒'里的'大民生'",载 http://theory. people. com. cn/n1/2020/0813/c40531-31821446. html,2020 年 11 月 10 日访问。

10. "习近平:培养垃圾分类的好习惯 为改善生活环境作努力 为绿色发展可持续发展作贡献",载 http://www. gov. cn/xinwen/2019 - 06/03/content_ 5397086. htm,2020 年 11 月 3 日访问。

11. "公安部交管局部署'一盔一带'安全守护行动",载 http://www. gov. cn/xinwen/ 2020-04/21/content_ 5504613. htm,2020 年 10 月 30 日访问。

12. "环保组织美丽公约开展引领者行动,探讨西藏旅游垃圾解决方案",载 https:// www. thepaper. cn/newsDetail_ forward_ 9160232,2020 年 11 月 20 日访问。

13. "深刻认识乡风文明的认同逻辑",载 https://theory. gmw. cn/2020-06/15/content_ 33914112. htm,2020 年 11 月 28 日访问。

14. "中国城市母婴室白皮书",载 https://www. yicai. com/news/1001335 32. html,2020 年 11 月 27 日访问。

15. "扣好人生第一粒扣子 广东韶关着力培育时代新人",载 http://sg. wenming. cn/ wcnr/201912/t20191210_ 6192905. html,2020 年 11 月 28 日访问。

附　录

《新时代公民道德建设实施纲要》

近日，中共中央、国务院印发了《新时代公民道德建设实施纲要》，并发出通知，要求各地区各部门结合实际认真贯彻落实。

《新时代公民道德建设实施纲要》全文如下。

中华文明源远流长，孕育了中华民族的宝贵精神品格，培育了中国人民的崇高价值追求。中国共产党领导人民在革命、建设和改革历史进程中，坚持马克思主义对人类美好社会的理想，继承发扬中华传统美德，创造形成了引领中国社会发展进步的社会主义道德体系。坚持和发展中国特色社会主义，需要物质文明和精神文明全面发展、人民物质生活和精神生活水平全面提升。中国特色社会主义进入新时代，加强公民道德建设、提高全社会道德水平，是全面建成小康社会、全面建设社会主义现代化强国的战略任务，是适应社会主要矛盾变化、满足人民对美好生活向往的迫切需要，是促进社会全面进步、人的全面发展的必然要求。

2001年，党中央颁布《公民道德建设实施纲要》，对在社会主义市场经济条件下加强公民道德建设提供了重要指导，有力促进了社会主义精神文明建设。党的十八大以来，以习近平同志为核心的党中央高度重视公民道德建设，立根塑魂、正本清源，作出一系列重要部署，推动思想道德建设取得显著成效。中国特色社会主义和中国梦深入人心，践行社会主义核心价值观、传承中华优秀传统文化的自觉性不断提升，爱国主义、集体主义、社会主义思想广为弘扬，崇尚英雄、尊重模范、学习先进成为风尚，民族自信心、自豪感大大增强，人民思想觉悟、道德水准、文明素养不断提高，道德领域呈现积极健康向上的良好态势。

同时也要看到，在国际国内形势深刻变化、我国经济社会深刻变革的大背景下，由于市场经济规则、政策法规、社会治理还不够健全，受不良思想文化侵蚀和网络有害信息影响，道德领域依然存在不少问题。一些地方、一些领域不同程度存在道德失范现象，拜金主义、享乐主义、极端个人主义仍然比较突出；一些社会成员道德观念模糊甚至缺失，是非、善恶、美丑不分，见利忘义、唯利是图，损人利己、损公肥私；造假欺诈、不讲信用的现象久治不绝，突破公序良俗底线、妨害人民幸福生活、伤害国家尊严和民族感情的事件时有发生。这些问题必须引起全党全社会高度重视，采取有力措施切实加以解决。

加强公民道德建设是一项长期而紧迫、艰巨而复杂的任务，要适应新时代新要求，坚持目标导向和问题导向相统一，进一步加大工作力度，把握规律、积极创新，持之以恒、久久为功，推动全民道德素质和社会文明程度达到一个新高度。

一、总体要求

要以习近平新时代中国特色社会主义思想为指导，紧紧围绕进行伟大斗争、建设伟大工程、推进伟大事业、实现伟大梦想，着眼构筑中国精神、中国价值、中国力量，促进全体人民在理想信念、价值理念、道德观念上紧密团结在一起，在全民族牢固树立中国特色社会主义共同理想，在全社会大力弘扬社会主义核心价值观，积极倡导富强民主文明和谐、自由平等公正法治、爱国敬业诚信友善，全面推进社会公德、职业道德、家庭美德、个人品德建设，持续强化教育引导、实践养成、制度保障，不断提升公民道德素质，促进人的全面发展，培养和造就担当民族复兴大任的时代新人。

——坚持马克思主义道德观、社会主义道德观，倡导共产主义道德，以为人民服务为核心，以集体主义为原则，以爱祖国、爱人民、爱劳动、爱科学、爱社会主义为基本要求，始终保持公民道德建设的社会主义方向。

　　——坚持以社会主义核心价值观为引领，将国家、社会、个人层面的价值要求贯穿到道德建设各方面，以主流价值建构道德规范、强化道德认同、指引道德实践，引导人们明大德、守公德、严私德。

　　——坚持在继承传统中创新发展，自觉传承中华传统美德，继承我们党领导人民在长期实践中形成的优良传统和革命道德，适应新时代改革开放和社会主义市场经济发展要求，积极推动创造性转化、创新性发展，不断增强道德建设的时代性实效性。

　　——坚持提升道德认知与推动道德实践相结合，尊重人民群众的主体地位，激发人们形成善良的道德意愿、道德情感，培育正确的道德判断和道德责任，提高道德实践能力尤其是自觉实践能力，引导人们向往和追求讲道德、尊道德、守道德的生活。

　　——坚持发挥社会主义法治的促进和保障作用，以法治承载道德理念、鲜明道德导向、弘扬美德义行，把社会主义道德要求体现到立法、执法、司法、守法之中，以法治的力量引导人们向上向善。

　　——坚持积极倡导与有效治理并举，遵循道德建设规律，把先进性要求与广泛性要求结合起来，坚持重在建设、立破并举，发挥榜样示范引领作用，加大突出问题整治力度，树立新风正气、祛除歪风邪气。

　　要把社会公德、职业道德、家庭美德、个人品德建设作为着力点。推动践行以文明礼貌、助人为乐、爱护公物、保护环境、遵纪守法为主要内容的社会公德，鼓励人们在社会上做一个好公民；推动践行以爱岗敬业、诚实守信、办事公道、热情服务、奉献社会为主要内容的职业道德，鼓励人们在工作中做一个好建设者；推动践行以尊老爱幼、男女平等、夫妻和睦、勤俭持家、邻里互助为主要内容的家庭美德，鼓励人们在家庭里做一个好成员；推动践行以爱国奉献、明礼遵规、勤劳善良、宽厚正直、自强自律为主要内容的个人品德，鼓励人们在日常生活中养成好品行。

二、重点任务

1. 筑牢理想信念之基。人民有信仰，国家有力量，民族有希望。信仰信念指引人生方向，引领道德追求。要坚持不懈用习近平新时代中国特色社会主义思想武装全党、教育人民，引导人们把握丰富内涵、精神实质、实践要求，打牢信仰信念的思想理论根基。在全社会广泛开展理想信念教育，深化社会主义和共产主义宣传教育，深化中国特色社会主义和中国梦宣传教育，引导人们不断增强道路自信、理论自信、制度自信、文化自信，把共产主义远大理想与中国特色社会主义共同理想统一起来，把实现个人理想融入实现国家富强、民族振兴、人民幸福的伟大梦想之中。

2. 培育和践行社会主义核心价值观。社会主义核心价值观是当代中国精神的集中体现，是凝聚中国力量的思想道德基础。要持续深化社会主义核心价值观宣传教育，增进认知认同、树立鲜明导向、强化示范带动，引导人们把社会主义核心价值观作为明德修身、立德树人的根本遵循。坚持贯穿结合融入、落细落小落实，把社会主义核心价值观要求融入日常生活，使之成为人们日用而不觉的道德规范和行为准则。坚持德法兼治，以道德滋养法治精神，以法治体现道德理念，全面贯彻实施宪法，推动社会主义核心价值观融入法治建设，将社会主义核心价值观要求全面体现到中国特色社会主义法律体系中，体现到法律法规立改废释、公共政策制定修订、社会治理改进完善中，为弘扬主流价值提供良好社会环境和制度保障。

3. 传承中华传统美德。中华传统美德是中华文化精髓，是道德建设的不竭源泉。要以礼敬自豪的态度对待中华优秀传统文化，充分发掘文化经典、历史遗存、文物古迹承载的丰厚道德资源，弘扬古圣先贤、民族英雄、志士仁人的嘉言懿行，让中华文化基因更好植根于人们的思想意识和道德观念。深入阐发中华优秀传统文化蕴含的讲仁爱、重民本、守诚信、崇正义、尚和合、求大同等思想理念，深入挖掘自强不息、敬业乐群、扶正扬善、扶危济困、见义勇为、孝老爱亲等传统美德，并结合新的时代条件和实践要求继承创新，充分彰显其时代价值和永恒魅力，使之与现代文化、现实生活相融相通，成为全体人民精神生活、道德实践的鲜明标识。

4. 弘扬民族精神和时代精神。以爱国主义为核心的民族精神和以改革创新为核心的时代精神，是中华民族生生不息、发展壮大的坚实精神支撑和强大道德力量。要深化改革开放史、新中国历史、中国共产党历史、中华民族近代史、中华文明史教育，弘扬中国人民伟大创造精神、伟大奋斗精神、伟大团结精神、伟大梦想精神，倡导一切有利于团结统一、爱好和平、勤劳勇敢、自强不息的思想和观念，构筑中华民族共有精神家园。要继承和发扬党领导人民创造的优良传统，传承红色基因，赓续精神谱系。要紧紧围绕全面深化改革开放、深入推进社会主义现代化建设，大力倡导解放思想、实事求是、与时俱进、求真务实的理念，倡导"幸福源自奋斗""成功在于奉献""平凡孕育伟大"的理念，弘扬改革开放精神、劳动精神、劳模精神、工匠精神、优秀企业家精神、科学家精神，使全体人民保持昂扬向上、奋发有为的精神状态。

三、深化道德教育引导

1. 把立德树人贯穿学校教育全过程。学校是公民道德建设的重要阵地。要全面贯彻党的教育方针，坚持社会主义办学方向，坚持育人为本、德育为先，把思想品德作为学生核心素养、纳入学业质量标准，构建德智体美劳全面培养的教育体系。加强思想品德教育，遵循不同年龄阶段的道德认知规律，结合基础教育、职业教育、高等教育的不同特点，把社会主义核心价值观和道德规范有效传授给学生。注重融入贯穿，把公民道德建设的内容和要求体现到各学科教育中，体现到学科体系、教学体系、教材体系、管理体系建设中，使传授知识过程成为道德教化过程。

开展社会实践活动，强化劳动精神、劳动观念教育，引导学生热爱劳动、尊重劳动，懂得劳动最光荣、劳动最崇高、劳动最伟大、劳动最美丽的道理，更好认识社会、了解国情，增强社会责任感。加强师德师风建设，引导教师以德立身、以德立学、以德施教、以德育德，做有理想信念、有道德情操、有扎实学识、有仁爱之心的好老师。建设优良校风，用校训励志，丰富校园文化生活，营造有利于学生修德立身的良好氛围。

2. 用良好家教家风涵育道德品行。家庭是社会的基本细胞，是道德养成的起点。要弘扬中华民族传统家庭美德，倡导现代家庭文明观念，推动形成爱国爱家、相亲相爱、向上向善、共建共享的社会主义家庭文明新风尚，让美德在家庭中生根、在亲情中升华。通过多种方式，引导广大家庭重言传、重身教，教知识、育品德，以身作则、耳濡目染，用正确道德观念塑造孩子美好心灵；自觉传承中华孝道，感念父母养育之恩、感念长辈关爱之情，养成孝敬父母、尊敬长辈的良好品质；倡导忠诚、责任、亲情、学习、公益的理念，让家庭成员相互影响、共同提高，在为家庭谋幸福、为他人送温暖、为社会作贡献过程中提高精神境界、培育文明风尚。

3. 以先进模范引领道德风尚。伟大时代呼唤伟大精神，崇高事业需要榜样引领。要精心选树时代楷模、道德模范等先进典型，综合运用宣讲报告、事迹报道、专题节目、文艺作品、公益广告等形式，广泛宣传他们的先进事迹和突出贡献，树立鲜明时代价值取向，彰显社会道德高度。持续推出各行各业先进人物，广泛推荐宣传最美人物、身边好人，让不同行业、不同群体都能学有榜样、行有示范，形成见贤思齐、争当先进的生动局面。尊崇褒扬、关心关爱先进人物和英雄模范，建立健全关爱关怀机制，维护先进人物和英雄模范的荣誉和形象，形成德者有得、好人好报的价值导向。

4. 以正确舆论营造良好道德环境。舆论具有成风化人、敦风化俗的重要作用。要坚持以正确的舆论引导人，把正确价值导向和道德要求体现到经济、社会、文化等各领域的新闻报道中，体现到娱乐、体育、广告等各类节目栏目中。加强对道德领域热点问题的引导，以事说理、以案明德，着力增强人们的法治意识、公共意识、规则意识、责任意识。发挥舆论监督作用，对违反社会道德、背离公序良俗的言行和现象，及时进行批评、驳斥，激浊扬清、弘扬正气。传媒和相关业务从业人员要加强道德修养、强化道德自律，自觉履行社会责任。

5. 以优秀文艺作品陶冶道德情操。文以载道，文以传情，文以植德。要把培育和弘扬社会主义核心价值观作为根本任务，坚持以人民为中心的创作导向，推出更多讴歌党、讴歌祖国，讴歌人民、讴歌英雄，讴歌劳动、讴歌奉献的精品力作，润物无声传播真善美，弘扬崇高的道德理想和道德追求。坚持把社会效益放在首位，倡导讲品位、讲格调、讲责任，抵制低俗、庸俗、媚俗，用健康向上的文艺作品温润心灵、启迪心智、引领风尚。要把社会主义道德作为文艺评论、评介、评奖的重要标准，更好地引导文艺创作生产传播坚守正道、弘扬正气。文艺工作者要把崇德尚艺作为一生的功课，把为人、做事、从艺统一起来，加强思想积累、知识储备、艺术训练，提高学养、涵养、修养，努力追求真才学、好德行、高品位，做到德艺双馨。

6. 发挥各类阵地道德教育作用。各类阵地是面向广大群众开展道德教育的基本依托。要加强新时代文明实践中心建设，大力推进媒体融合发展，抓好县级融媒体中心建设，推动基层广泛开展中国特色社会主义文化、社会主义思想道德学习教育实践，引导人们提高思想觉悟、道德水准、文明素养。加强爱国主义教育基地和革命纪念设施建设保护利用，充实展陈内容，丰富思想内涵，提升教育功能。民族团结、科普、国防等教育基地，图书馆、文化馆、博物馆、纪念馆、科技馆、青少年活动中心等公共文化设施，都要结合各自功能特点有针对性地开展道德教育。用好宣传栏、显示屏、广告牌等户外媒介，营造明德守礼的浓厚氛围。

7. 抓好重点群体的教育引导。公民道德建设既要面向全体社会成员开展，也要聚焦重点、抓住关键。党员干部的道德操守直接影响着全社会道德风尚，要落实全面从严治党要求，加强理想信念教育，补足精神之钙；要加强政德修养，坚持法律红线不可逾越、道德底线不可触碰，在严肃规范的党内政治生活中锤炼党性、改进作风、砥砺品质，践行忠诚老实、公道正派、艰苦奋斗、清正廉洁等品格，正心修身、慎独慎微，严以律己、廉洁齐家，在道德建设中为全社会作出表率。青少年是国家的希望、民族的未来，要坚持从娃娃抓起，引导青少年把正确的道德认知、自觉的道德养成、积极的道德实践紧密结合起来，善于从中华民族传统美德中汲取道德滋养，从英雄人物和时代楷模身上感受道德风范，从自身内省中提升道德修为，不断修身立德，打牢道德根基。全社会都要关心帮助支持青少年成长发展，完善家庭、学校、政府、社会相结合的思想道德教育体系，引导青少年树立远大志向，热爱党、热爱祖国、热爱人民，形成好思想、好品行、好习惯，扣好人生第一粒扣子。社会公众人物知名度高、影响力大，要加强思想政治引领，引导他们承担社会责任，加强道德修养，注重道德自律，自觉接受社会和舆论监督，树立良好社会形象。

四、推动道德实践养成

1. 广泛开展弘扬时代新风行动。良好社会风尚是社会文明程度的重要标志，涵育着公民美德善行，推动着社会和谐有序运转。要紧密结合社会发展实际，广泛开展文明出行、文明交通、文明旅游、文明就餐、文明观赛等活动，引导人们自觉遵守社会交往、公共场所中的文明规范。着眼完善社会治理、规范社会秩序，推动街道社区、交通设施、医疗场所、景区景点、文体场馆等的精细管理、规范运营，优化公共空间、提升服务水平，为人们增强公共意识、规则意识创造良好环境。

2. 深化群众性创建活动。各类群众性创建活动是人民群众自我教育、自我提高的生动实践。群众性精神文明创建活动要突出道德要求，充实道德内容，将社会公德、职业道德、家庭美德、个人品德建设贯穿创建全过程。文明城市、文明村镇创建要坚持为民利民惠民，突出文明和谐、宜居宜业，不断提升基层社会治理水平和群众文明素质。文明单位创建要立足行业特色、职业特点，突出涵养职业操守、培育职业精神、树立行业新风，引导从业者精益求精、追求卓越，为社会提供优质产品和服务。文明家庭创建要聚焦涵育家庭美德，弘扬优良家风。文明校园创建要聚焦立德树人，培养德智体美劳全面发展的社会主义建设者和接班人。各级党政机关、各行业各系统开展的创建活动，要把公民道德建设摆在更加重要的位置，以扎实有效的创建工作推动全民道德素质提升。

3. 持续推进诚信建设。诚信是社会和谐的基石和重要特征。要继承发扬中华民族重信守诺的传统美德，弘扬与社会主义市场经济相适应的诚信理念、诚信文化、契约精神，推动各行业各领域制定诚信公约，加快个人诚信、政务诚信、商务诚信、社会诚信和司法公信建设，构建覆盖全社会的征信体系，健全守信联合激励和失信联合惩戒机制，开展诚信缺失突出问题专项治理，提高全社会诚信水平。重视学术、科研诚信建设，严肃查处违背学术科研诚信要求的行为。深入开展"诚信建设万里行""诚信兴商宣传月"等活动，评选发布"诚信之星"，宣传推介诚信先进集体，激励人们更好地讲诚实、守信用。

4. 深入推进学雷锋志愿服务。学雷锋和志愿服务是践行社会主义道德的重要途径。要弘扬雷锋精神和奉献、友爱、互助、进步的志愿精神，围绕重大活动、扶贫救灾、敬老救孤、恤病助残、法律援助、文化支教、环境保护、健康指导等，广泛开展学雷锋和志愿服务活动，引导人们把学雷锋和志愿服务作为生活方式、生活习惯。推动志愿服务组织发展，完善激励褒奖制度，推进学雷锋志愿服务制度化常态化，使"我为人人、人人为我"蔚然成风。

5. 广泛开展移风易俗行动。摒弃陈规陋习、倡导文明新风是道德建设的重要任务。要围绕实施乡村振兴战略，培育文明乡风、淳朴民风，倡导科学文明生活方式,挖掘创新乡土文化,不断焕发乡村文明新气象。充分发挥村规民约、道德评议会、红白理事会等作用,破除铺张浪费、薄养厚葬、人情攀比等不良习俗。要提倡科学精神,普及科学知识,抵制迷信和腐朽落后文化,防范极端宗教思想和非法宗教势力渗透。

6. 充分发挥礼仪礼节的教化作用。礼仪礼节是道德素养的体现,也是道德实践的载体。要制定国家礼仪规程,完善党和国家功勋荣誉表彰制度,规范开展升国旗、奏唱国歌、入党入团入队等仪式,强化仪式感、参与感、现代感,增强人们对党和国家、对组织集体的认同感和归属感。充分利用重要传统节日、重大节庆和纪念日,组织开展群众性主题实践活动,丰富道德体验、增进道德情感。研究制定继承中华优秀传统、适应现代文明要求的社会礼仪、服装服饰、文明用语规范,引导人们重礼节、讲礼貌。

7. 积极践行绿色生产生活方式。绿色发展、生态道德是现代文明的重要标志,是美好生活的基础、人民群众的期盼。要推动全社会共建美丽中国,围绕世界地球日、世界环境日、世界森林日、世界水日、世界海洋日和全国节能宣传周等,广泛开展多种形式的主题宣传实践活动,坚持人与自然和谐共生,引导人们树立尊重自然、顺应自然、保护自然的理念,树立绿水青山就是金山银山的理念,增强节约意识、环保意识和生态意识。开展创建节约型机关、绿色家庭、绿色学校、绿色社区、绿色出行和垃圾分类等行动,倡导简约适度、绿色低碳的生活方式,拒绝奢华和浪费,引导人们做生态环境的保护者、建设者。

8. 在对外交流交往中展示文明素养。公民道德风貌关系国家形象。实施中国公民旅游文明素质行动计划,推动出入境管理机构、海关、驻外机构、旅行社、网络旅游平台等,加强文明宣传教育,引导中国公民在境外旅游、求学、经商、探亲中,尊重当地法律法规和文化习俗,展现中华美德,维护国家荣誉和利益。培育健康理性的国民心态,引导人们在各种国际场合、涉外活动和交流交往中,树立自尊自信、开放包容、积极向上的良好形象。

五、抓好网络空间道德建设

1. 加强网络内容建设。网络信息内容广泛影响着人们的思想观念和道德行为。要深入实施网络内容建设工程，弘扬主旋律，激发正能量，让科学理论、正确舆论、优秀文化充盈网络空间。发展积极向上的网络文化，引导互联网企业和网民创作生产传播格调健康的网络文学、网络音乐、网络表演、网络电影、网络剧、网络音视频、网络动漫、网络游戏等。加强网上热点话题和突发事件的正确引导、有效引导，明辨是非、分清善恶，让正确道德取向成为网络空间的主流。

2. 培养文明自律网络行为。网上行为主体的文明自律是网络空间道德建设的基础。要建立和完善网络行为规范，明确网络是非观念，培育符合互联网发展规律、体现社会主义精神文明建设要求的网络伦理、网络道德。倡导文明办网，推动互联网企业自觉履行主体责任、主动承担社会责任，依法依规经营，加强网络从业人员教育培训，坚决打击网上有害信息传播行为，依法规范管理传播渠道。倡导文明上网，广泛开展争做中国好网民活动，推进网民网络素养教育，引导广大网民尊德守法、文明互动、理性表达，远离不良网站，防止网络沉迷，自觉维护良好网络秩序。

3. 丰富网上道德实践。互联网为道德实践提供了新的空间、新的载体。要积极培育和引导互联网公益力量，壮大网络公益队伍，形成线上线下踊跃参与公益事业的生动局面。加强网络公益宣传，引导人们随时、随地、随手做公益，推动形成关爱他人、奉献社会的良好风尚。拓展"互联网+公益""互联网+慈善"模式，广泛开展形式多样的网络公益、网络慈善活动，激发全社会热心公益、参与慈善的热情。加强网络公益规范化运行和管理，完善相关法规制度，促进网络公益健康有序发展。

4. 营造良好网络道德环境。加强互联网管理，正能量是总要求，管得住是硬道理，用得好是真本事。要严格依法管网治网，加强互联网领域立法执法，强化网络综合治理，加强网络社交平台、各类公众账号等管理，重视个人信息安全，建立完善新技术新应用道德评估制度，维护网络道德秩序。开展网络治理专项行动，加大对网上突出问题的整治力度，清理网络欺诈、造谣、诽谤、谩骂、歧视、色情、低俗等内容，反对网络暴力行为，依法惩治网络违法犯罪，促进网络空间日益清朗。

六、发挥制度保障作用

1. 强化法律法规保障。法律是成文的道德，道德是内心的法律。要发挥法治对道德建设的保障和促进作用，把道德导向贯穿法治建设全过程，立法、执法、司法、守法各环节都要体现社会主义道德要求。及时把实践中广泛认同、较为成熟、操作性强的道德要求转化为法律规范，推动社会诚信、见义勇为、志愿服务、勤劳节俭、孝老爱亲、保护生态等方面的立法工作。坚持严格执法，加大关系群众切身利益重点领域的执法力度，以法治的力量维护道德、凝聚人心。坚持公正司法，发挥司法裁判定分止争、惩恶扬善功能，定期发布道德领域典型指导性司法案例，让人们从中感受到公平正义。推进全民守法普法，加强社会主义法治文化建设，营造全社会讲法治、重道德的良好环境，引导人们增强法治意识、坚守道德底线。

2. 彰显公共政策价值导向。公共政策与人们生产生活和现实利益密切相关，直接影响着人们的价值取向和道德判断。各项公共政策制度从设计制定到实施执行，都要充分体现道德要求，符合人们道德期待，实现政策目标和道德导向有机统一。科学制定经济社会政策和改革举措，在涉及就业、就学、住房、医疗、收入分配、社会保障等重大民生问题上，妥善处理各方面利益关系，充分体现维护社会公平正义的要求。加强对公共政策的道德风险和道德效果评估，及时纠正与社会主义道德相背离的突出问题，促进公共政策与道德建设良性互动。

3. 发挥社会规范的引导约束作用。各类社会规范有效调节着人们在共同生产生活中的关系和行为。要按照社会主义核心价值观的基本要求，健全各行各业规章制度，修订完善市民公约、乡规民约、学生守则等行为准则，突出体现自身特点的道德规范，更好发挥规范、调节、评价人们言行举止的作用。要发挥各类群众性组织的自我教育、自我管理、自我服务功能，推动落实各项社会规范，共建共享与新时代相匹配的社会文明。

4. 深化道德领域突出问题治理。道德建设既要靠教育倡导，也要靠有效治理。要综合施策、标本兼治，运用经济、法律、技术、行政和社会管理、舆论监督等各种手段，有力惩治失德败德、突破道德底线的行为。要组织开展道德领域突出问题专项治理，不断净化社会文化环境。针对污蔑诋毁英雄、伤害民族感情的恶劣言行，特别是对于损害国家尊严、出卖国家利益的媚外分子，要依法依规严肃惩戒，发挥警示教育作用。针对食品药品安全、产品质量安全、生态环境、社会服务、公共秩序等领域群众反映强烈的突出问题，要逐一进行整治，让败德违法者受到惩治、付出代价。建立惩戒失德行为常态化机制，形成扶正祛邪、惩恶扬善的社会风气。

七、加强组织领导

加强新时代公民道德建设，是推进中国特色社会主义事业的一项基础性、战略性工程。要坚持和加强党的领导，增强"四个意识"，坚定"四个自信"，做到"两个维护"，确保公民道德建设的正确方向。各级党委和政府要担负起公民道德建设的领导责任，将其摆上重要议事日程，纳入全局工作谋划推进，有机融入经济社会发展各方面。纪检监察机关和组织、统战、政法、网信、经济、外交、教育、科技、卫生健康、交通运输、民政、文化和旅游、民族宗教、农业农村、自然资源、生态环境等党政部门，要紧密结合工作职能，积极履行公民道德建设责任。发挥基层党组织和党员在新时代公民道德建设中的战斗堡垒作用和先锋模范作用。工会、共青团、妇联等群团组织，各民主党派和工商联，要积极发挥自身优势，共同推动公民道德建设。

各级文明委和党委宣传部要切实履行指导、协调、组织职能，统筹力量、精心实施、加强督查，抓好工作任务落实。注重分析评估公民道德建设的进展和成效，及时总结推广成功经验和创新做法，加强道德领域重大理论和实践问题研究，推动形成公民道德建设蓬勃开展、深入发展的良好局面。

（新华社北京 2019 年 10 月 27 日电）

全国文明城市（地级以上）测评体系操作手册

（2018 年版）

中央精神文明建设指导委员会办公室

2018 年 11 月

说　明

一、《全国文明城市（地级以上）测评体系操作手册》是《全国文明城市（地级以上）测评体系》的配套文件，依据《测评体系》12 个测评项目、88 项测评内容、180 条测评标准，进行指标细化，明确具体要求。

二、测评数据采取网上申报、实地考察、问卷调查 3 种方式采集。网上申报数据主要为市区数据（明确要测评农村地区的标准除外）；数据采集时间期限原则上以本轮创建周期为准，相关具体要求在测评前通过"网上申报系统"统一发布。实地考察由国家统计局和中央文明委成员单位抽调人员实施。问卷调查主要采取入户调查方式。

三、本操作手册由中央文明办发布并负责解释。

网上申报部分

一、中央文明办开设"网上申报系统"，测评前将网址、用户名及密码发给参加测评的地级以上城市文明办。《全国文明城市（地级以上）测评体系操作手册》规定的需要进行网上申报的指标均由参评城市通过网上报送。

二、网上报送材料的格式包括图片资料、正式发文、说明报告、数据表格。

图片资料包括现场照片、样报图片、电视截屏、网络截图（含手机截图），图片数量要求测评时在"网上申报系统"上统一发布，每张图片制作成 JPG 或 JPEG 格式、容量不能大于 2M，可以单个图片逐一上传，也可统一制作成 PDF 上传。

正式发文需扫描正式发文的红头页（需要文号）制作成图片格式上报，文件内容可与红头页一起制作成 PDF 文件上传，也可以 WORD、WPS 或永中格式上传。对于要求"提供反映某某工作的相关正式发文"，不需专门发文，可提供对这项工作进行安排部署的相关正式发文，并将相关工作情况在文件中作出标注。省级主管部门提出的评价意见需同时提供红头页和盖章页（不需要文号）。涉密文件不得通过"网上申报系统"上传，可以 WORD、WPS 或永中格式将有关工作情况说明上报。

说明报告要按照字数要求写出文字说明，以 WORD、WPS 或永中格式上传，不需要单位落款和加盖公章。

数据表格由各地从"网上申报系统"下载模板进行填写，加盖市级相关主管部门公章，扫描制作成图片格式文件上传。

	测评内容	测评标准	网上申报具体要求
Ⅱ-1 深入学习贯彻习近平新时代中国特色社会主义思想	Ⅲ-1 深化学习教育	1）把学习习近平新时代中国特色社会主义思想作为党委和政府首要政治任务，作为党委（党组）理论学习中心组重点内容，作为党校教育培训必修课，做到真学真懂真信真用；	①提供反映市委市政府部署开展习近平新时代中国特色社会主义思想学习的相关正式发文，说明市委中心组学习习近平新时代中国特色社会主义思想的情况（说明报告）；②说明市委党校将习近平新时代中国特色社会主义思想纳入课程安排的情况（说明报告）。
		2）推进"两学一做"学习教育常态化制度化，开展"不忘初心、牢记使命"主题教育，面向党员开展多形式、分层次、全覆盖的学习培训，抓好《习近平谈治国理政》第一卷、第二卷和《习近平新时代中国特色社会主义思想三十讲》的学习，用习近平新时代中国特色社会主义思想武装全党、教育人民、指导实践，引导党员干部增强"四个意识"，坚定"四个自信"，坚决做到"两个维护"，在思想上政治上行动上同以习近平同志为核心的党中央保持高度一致；	①提供反映市委或市委办公厅（室）或"两学一做"领导小组推进"两学一做"学习教育常态化制度化的相关正式发文；②提供市直机关工委、组织部、宣传部、教育部门在全市开展习近平新时代中国特色社会主义思想学习宣传教育的情况（说明报告，图片资料）。

	测评内容	测评标准	网上申报具体要求
Ⅱ-1 深入学习贯彻习近平新时代中国特色社会主义思想	Ⅲ-1 深化学习教育	3）党委专题学习习近平总书记关于宣传思想工作和精神文明建设的重要论述精神，领导宣传思想工作战线承担起举旗帜、聚民心、育新人、兴文化、展形象的使命任务，促进全体人民在理想信念、价值理念、道德观念上紧紧团结在一起。	①提供反映市委或市委宣传部贯彻落实全国宣传思想工作会议精神的相关正式发文；②提供市委专题学习习近平总书记关于宣传思想工作和精神文明建设的重要论述的情况（说明报告）。
	Ⅲ-2 加强宣传阐释	1）新闻媒体运用理论文章、专题专栏、评论言论、通讯专访等形式，全方位多层次宣传阐释习近平新时代中国特色社会主义思想，用好"两微一端"和移动多媒体等新技术新手段，做好习近平新时代中国特色社会主义思想的网上宣传报道；	①提供市属报纸、电视台宣传阐释习近平新时代中国特色社会主义思想的样报图片和电视截屏；②说明本市运用"两微一端"和移动多媒体等新技术新手段，做好习近平新时代中国特色社会主义思想的网上宣传报道的情况（说明报告），提供反映相关情况的网络截图。
		2）组织领导干部、专家学者到基层一线宣讲，推动习近平新时代中国特色社会主义思想进企业、进农村、进机关、进校园、进社区、进网站，做到学懂弄通做实。	①说明本市组织领导干部、专家学者到基层一线宣讲习近平新时代中国特色社会主义思想的情况（说明报告）；②提供本市推动习近平新时代中国特色社会主义思想进企业、进农村、进机关、进校园、进社区、进网站的图片资料。
Ⅱ-2 中国特色社会主义和中国梦学习宣传教育	Ⅲ-3 做好正面宣传	1）坚持不懈开展中国特色社会主义理论体系学习教育，大力弘扬以爱国主义为核心的民族精神和以改革创新为核心的时代精神，引导人们牢固树立共产主义远大理想和中国特色社会主义共同理想；	①提供反映市委或市委宣传部部署开展中国特色社会主义理论体系学习教育的相关正式发文；②提供市委或市委宣传部大力弘扬以爱国主义为核心的民族精神和以改革创新为核心的时代精神，引导人们牢固树立共产主义远大理想和中国特色社会主义共同理想的情况（说明报告）。

	测评内容	测评标准	网上申报具体要求
Ⅱ-2中国特色社会主义和中国梦学习宣传教育	Ⅲ-3做好正面宣传	2）大力宣传党的十八大以来经济、政治、文化、社会、生态文明建设和党的建设取得的历史性成就、发生的历史性变革，广泛开展党史、国史、社会主义发展史教育，加强中国道路宣传教育，汇聚起同心共筑中国梦的强大力量；	①提供市属新闻媒体开展成就宣传的情况（数据表格，图片资料）； ②说明市有关部门在重要时间节点（清明、五一、五四、六一、七一、八一、十一及抗战胜利纪念日、烈士纪念日、国家公祭日等），运用网上访谈、基层宣讲、展览展示、演讲征文等方式，组织开展中国道路宣传教育的情况（说明报告，图片资料）。
		3）宣传统筹推进"五位一体"总体布局和协调推进"四个全面"战略布局的生动实践，宣传打好防范化解重大风险、精准脱贫、污染防治三大攻坚战的进展成效。	①提供反映市委宣传部开展"五位一体"总体布局和"四个全面"战略布局主题宣传教育的相关正式发文； ②提供市属媒体宣传阐释"五位一体"总体布局和"四个全面"战略布局的样报图片、电视截屏、网络截图； ③提供反映市委宣传部部署宣传打好防范化解重大风险、精准脱贫、污染防治三大攻坚战进展成效的相关正式发文； ④提供市属媒体宣传打好防范化解重大风险、精准脱贫、污染防治三大攻坚战进展成效的样报图片、电视截屏、网络截图。

续表

	测评内容	测评标准	网上申报具体要求
Ⅱ-3 建设具有强大凝聚力和引领力的社会主义意识形态	Ⅲ-4 落实意识形态工作责任制	党委切实负起意识形态工作的政治责任和领导责任，建立意识形态工作报告、分析研讨、检查考核制度，经常研究解决重大问题，掌握领导权、话语权，旗帜鲜明坚持真理，立场坚定批驳谬误。	①说明市委贯彻落实《党委（党组）意识形态工作责任制实施办法》，建立意识形态工作报告、分析研讨、检查考核制度的情况（说明报告）；②提供市委常委会研究意识形态工作的情况（说明报告）；③省级文明办征求省级主管部门意见、作出评价（正式发文）。
	Ⅲ-5 巩固壮大主流思想舆论	1）积极稳妥做好经济社会热点难点问题的舆论引导，自觉抵制各种错误思潮的影响；	提供市属新闻媒体做好热点难点问题舆论引导的样报图片、电视截屏、网络截图。
		2）推进县级融媒体中心建设，做好引导群众、服务群众的工作。	①提供本市部署推进县级融媒体中心建设的情况（说明报告）；②提供本市所属县和县级市建设县级融媒体中心的图片资料。辖区内没有县（县级市）的地级以上城市，①②项不测。
Ⅱ-4 组织实施	Ⅲ-6 贯彻中央部署要求	落实中办《关于培育和践行社会主义核心价值观的意见》、中办国办《关于进一步把社会主义核心价值观融入法治建设的指导意见》，大力培育和践行社会主义核心价值观，提高人民思想觉悟、道德水准、文明素养和全社会文明程度，培养担当民族复兴大任的时代新人，弘扬共筑美好生活梦想的时代新风，激励人们向上向善、孝老爱亲，忠于祖国、忠于人民。	①提供市委落实中办《关于培育和践行社会主义核心价值观的意见》的正式发文；②提供反映市委或市政府落实中办国办《关于进一步把社会主义核心价值观融入法治建设的指导意见》的相关正式发文；③提供本市在培养担当民族复兴大任的时代新人、弘扬共筑美好生活梦想的时代新风方面的具体举措及实际成效（说明报告）；④说明本市处理好社会主义精神文明建设和群众性精神文明创建的关系、突出创建工作思想道德内涵方面的情况（说明报告）。

	测评内容	测评标准	网上申报具体要求
Ⅱ-5 教育实践	Ⅲ-7 深化推广普及	1) 主要新闻媒体、都市类媒体、网络媒体持续有效宣传普及 12 个主题词;	①分别统计市属党报、晚报、都市报和电台、电视台开设专题专栏宣传阐释核心价值观的情况（数据表格, 图片资料）; ②提供本市运用微信、微博、微视频、微电影、手机客户端等新媒体（不少于 2 种）拓展核心价值观网上传播平台的网络截图。
		2) 运用文艺形式和民族民间文化样式传播核心价值观。	提供市属文艺院团或其他文化团体创作推出展示核心价值观的电影、电视剧、广播剧、小说、诗词、戏剧、动漫、歌曲、曲艺等文艺作品（不少于 3 种）的剧照、海报、封面照片或新闻报道截图。
	Ⅲ-8 融入日常生活	1) 依托公共文化设施、宣传文化阵地开展核心价值观教育;	①提供本市依托图书馆、文化馆、博物馆、纪念馆、科技馆和少年宫等公共文化设施（不少于 3 类）组织开展核心价值观教育实践活动的现场照片; ②提供本市依托街道综合文化站、社区综合文化服务中心等基层宣传文化阵地组织开展核心价值观教育实践活动的现场照片; ③提供本市依托爱国主义教育基地、民族团结教育基地、科普教育基地、国防教育基地、青少年课外活动基地（不少于 2 类）组织开展核心价值观教育实践活动的现场照片。
		2) 开展市民公约、村规民约、学生守则、行业规范等规范守则教育实践活动;	说明把核心价值观融入市民公约、村规民约、行业规范, 在党员干部、公众人物、青少年中开展规范守则教育实践活动的情况（说明报告, 图片资料）。

续表

	测评内容	测评标准	网上申报具体要求
Ⅱ-5 教育 实践	Ⅲ-8 融入 日常 生活	3）运用升国旗仪式、成人仪式、入党入团入队仪式等礼仪制度传播主流价值；	①说明本市运用升国旗仪式、成人仪式、入党入团入队仪式等礼仪制度传播主流价值的情况（说明报告）； ②提供本市运用升国旗仪式、成人仪式、入党入团入队仪式等礼仪制度传播主流价值的图片资料。
		4）印制发放市民文明手册等宣传资料，普及文明礼仪规范，倡导文明礼仪新风。	①说明本市印制和发放市民文明手册等宣传资料的情况（说明报告）； ②提供本市市民文明手册等宣传资料（不少于1种）的封面照片和内容照片。
Ⅱ-6 文化 培育	Ⅲ-9 培育 良好 家风 家教	1）倡导注重家庭、注重家教、注重家风，开展传承好家风好家训等活动；	①提供反映市有关部门倡导注重家庭、注重家教、注重家风，开展传承好家风好家训等活动的相关正式发文； ②提供本市开展传承好家风好家训等活动的图片资料。
		2）深化文明家庭创建活动，推进领导干部廉洁家庭建设。	①提供反映市文明委开展文明家庭创建活动的相关正式发文； ②说明市文明办等部门开展文明家庭创建活动的情况（说明报告，图片资料）； ③提供市属媒体宣传家庭文明建设的样报图片、电视截屏、网络截图。
	Ⅲ-10 培育 勤劳 节俭 之风	1）开展倡导绿色生活反对铺张浪费行动，抵制餐桌浪费、包装过度、生活浪费等不良风气；	说明市文明办部署开展倡导绿色生活反对铺张浪费行动的情况（说明报告）。
		2）开展文明餐桌活动，宣传推广"光盘行动"等经验做法。	提供市属媒体宣传推广"光盘行动"等经验，引导人们理性消费、健康生活的样报图片、电视截屏、网络截图。

	测评内容	测评标准	网上申报具体要求
Ⅱ-6 文化培育	Ⅲ-11 保护传承中华优秀传统文化	1）以春节、元宵节、清明节、端午节、七夕节、中秋节、重阳节为重点，广泛开展"我们的节日"主题活动；	①提供反映市有关部门开展"我们的节日"主题活动的相关正式发文；②提供传统节日期间本市开展主题活动的图片资料；③提供传统节日期间市属媒体宣传普及优秀传统文化的样报图片、电视截屏、网络截图。
		2）落实国务院《关于进一步加强文物工作的指导意见》和国办《关于进一步加强文物安全工作的实施意见》，做好文化遗产保护传承和合理利用，加强对古遗址、古建筑、近现代历史建筑、地名文化遗产的保护；	①提供反映市文物部门落实国务院《关于进一步加强文物工作的指导意见》和国办《关于进一步加强文物安全工作的实施意见》，做好文化遗产保护传承和合理利用的相关正式发文；②列举本市保护古遗址、古建筑、近现代历史建筑、地名文化遗产的具体举措及实际成效（说明报告）。
		3）落实中共中央《关于繁荣发展社会主义文艺的意见》、国办《关于支持戏曲传承发展的若干政策》，加大政府购买服务力度，支持戏曲传承发展，推动戏曲进校园、戏曲进乡村。	①提供反映本市宣传文化部门落实中共中央《关于繁荣发展社会主义文艺的意见》、国办《关于支持戏曲传承发展的若干政策》的相关正式发文；②说明本市宣传文化部门加大政府购买服务力度，推动戏曲进校园的情况（说明报告，图片资料）；③说明本市宣传文化部门加大政府购买服务力度，推动戏曲进乡村的情况（说明报告，图片资料）。

续表

测评内容		测评标准	网上申报具体要求
Ⅱ-7 道德模范等先进模范学习宣传	Ⅲ-12 做好推选工作	1）建立完善道德模范等先进模范的推选制度，发动群众选树典型性、先进性、示范性强的道德标杆；	①提供市文明委或市文明办制定的道德模范等先进模范的评选表彰办法（正式发文）； ②说明本市广泛发动群众推荐道德模范等先进模范的情况（说明报告）； ③提供本市入选最近一届全国道德模范（含提名奖）的名单（说明报告）； ④提供本市入选最近一届省级道德模范的名单（说明报告）。
		2）建立健全道德模范等先进模范的帮扶礼遇制度，引导道德模范等先进模范发挥示范表率作用，加强对道德模范等先进模范荣誉称号的管理。	①提供反映市文明委或市文明办建立健全帮扶礼遇道德模范等先进模范制度的相关正式发文； ②说明本市帮扶道德模范等先进模范的人数、资金及具体举措（说明报告）； ③列举市文明委贯彻中央文明委《全国道德模范荣誉称号管理暂行办法》、加强道德模范等先进模范荣誉称号的管理的具体举措及实际成效（说明报告）。
	Ⅲ-13 开展学习宣传	1）在媒体开展道德模范等先进模范专题宣传；	提供市属媒体开展道德模范等先进模范专题宣传的样报图片、电视截屏、网络截图。
		2）运用基层宣讲、公益广告、专题展览、故事汇巡演等方式，开展道德模范等先进模范学习宣传活动。	提供本市运用基层宣讲、公益广告、专题展览、故事汇巡演等方式（不少于3种），开展道德模范等先进模范学习宣传的图片资料。

测评内容		测评标准	网上申报具体要求
Ⅱ-8 志愿服务制度化	Ⅲ-14 制度化建设	1）落实国务院《志愿服务条例》，落实中央文明委《关于推进志愿服务制度化的意见》；	①提供反映本市落实国务院《志愿服务条例》的相关正式发文；②提供市文明委落实中央文明委《关于推进志愿服务制度化的意见》的正式发文。
		2）大力弘扬志愿精神，积极培育志愿服务文化，市民对志愿服务活动认同和支持率≥90%，注册志愿者人数占本地常住人口比例>13%，有志愿服务时间记录的志愿者人数占注册志愿者总人数的比例≥50%；	①提供市属媒体宣传报道志愿服务活动的样报图片、电视截屏、网络截图；②统计本市登记在册志愿者人数占本市常住人口总数的比例（数据表格）；③统计本市有志愿服务时间记录的志愿者人数占注册志愿者总人数的比例（数据表格）。
		3）建立健全登记注册、服务记录、关系转接、褒奖激励等机制，推进志愿服务项目常态化；	①提供反映市文明委或市文明办建立健全志愿者登记注册、服务记录、关系转接、褒奖激励等机制的相关正式发文；②说明本市推进志愿服务项目常态化的具体举措和实际成效，列举具有本地特色的志愿服务项目（说明报告，图片资料）。
		4）以社区、公共文化设施、景区景点、窗口单位为重点，加强志愿服务站点建设。	提供本市社区、公共文化设施、景区景点、窗口单位志愿服务站点的现场照片。
		1）加强城乡社区志愿服务工作，确定社区志愿服务的工作流程和活动项目；	提供反映市文明委或市文明办下发的社区志愿服务工作流程和活动项目的相关正式发文。

测评内容		测评标准	网上申报具体要求
Ⅱ-8 志愿服务制度化	Ⅲ-15 志愿服务活动	2) 开展关爱空巢老人、留守儿童、困境儿童、困难群体、残疾人、贫困户等志愿服务活动，开展党员志愿服务，开展文明旅游、文明交通、文明上网、环境保护、邻里互助、社会治安、健康教育、法律援助等志愿服务活动，围绕服务精准脱贫、美丽中国建设、乡村振兴战略开展志愿服务活动。	①说明市有关部门开展关爱空巢老人、留守儿童、困境儿童、困难群体、残疾人、贫困户等志愿服务活动的情况（说明报告，图片资料）； ②说明本市开展党员志愿服务的情况（说明报告，图片资料）； ③说明本市开展文明旅游、文明交通、文明上网、环境保护、邻里互助、社会治安、健康教育、法律援助等志愿服务活动的情况（说明报告，图片资料）； ④说明本市围绕服务精准脱贫、美丽中国建设、乡村振兴战略开展志愿服务活动的情况（说明报告，图片资料）。
Ⅱ-9 文明旅游	Ⅲ-16 制度机制建设	1) 建立部门联席会议或工作领导小组，形成统筹协调，各方联动的工作制度；	①提供反映本市建立部门联席会议或工作领导小组的相关正式发文； ②提供本市每年召开部门联席会议或工作领导小组会议的情况记录（说明报告）。
		2) 落实《旅游不文明行为记录管理暂行办法》，建立旅游不文明信息通报机制。	①提供反映市文明办或市文化和旅游部门落实《旅游不文明行为记录管理暂行办法》的相关正式发文； ②说明建立旅游不文明信息通报机制的具体举措和执行情况（说明报告）。
	Ⅲ-17 强化教育引导和监督管理	1) 新闻媒体做好文明旅游正面引导与反面曝光，旅游黄金时节有热潮，宣传引导常态化；	提供法定节假日期间市属媒体做好文明旅游正面引导与反面曝光的样报图片、电视截屏、网络截图。

	测评内容	测评标准	网上申报具体要求
Ⅱ-9 文明旅游	Ⅲ-17 强化教育引导和监督管理	3）落实行前教育、行中引导、行后总结制度，把好组团关、出境关、交通关、落地关、行程关；	说明本市落实行前教育、行中引导、行后总结制度，在把好组团关、出境关、交通关、落地关、行程关方面的具体举措和实际成效（说明报告）。
		4）治理规范旅游市场秩序。	省级文明办征求省级文化和旅游部门意见、作出评价（正式发文）。
Ⅱ-10 "讲文明树新风"公益广告	Ⅲ-18 公益广告宣传形成制度	1）落实《广告法》《公益广告促进和管理暂行办法》，健全完善公益广告宣传领导体制和工作机制；	①提供反映本市落实《广告法》《公益广告促进和管理暂行办法》的相关正式发文；②说明本市建立健全文明委统筹指导，相关部门各负其责的公益广告宣传领导体制和工作机制的情况（说明报告）。
		2）鼓励、支持、引导单位和个人以提供资金、技术、创意、媒介资源等方式参与公益广告宣传。	说明本市鼓励、支持、引导单位和个人以提供资金、技术、创意、媒介资源等方式参与公益广告宣传的情况（说明报告）。
	Ⅲ-19 制作刊播情况	1）报纸、广播、电视、期刊、互联网、手机等媒体持续刊播公益广告；	①提供市属党报、晚报、都市报刊登公益广告的情况（数据表格，样报图片）。注：省会、副省级城市党报、晚报、都市报日常版面12版（含）以上的，每月刊登公益广告总量不少于6个整版；日常版面12版（不含）以下的，不少于4个整版。地级市党报、晚报、都市报和行业报，每月刊登公益广告总量不少于4个整版。②提供市属电台播出公益广告的情况（数据表格）。注：广播电台每套节目每月公益广告播出数量不少于180条（次），

续表

	测评内容	测评标准	网上申报具体要求
Ⅱ-10 "讲文明树新风" 公益广告	Ⅲ-19 制作刊播情况		在6：00至8：00之间、11：00至13：00之间，播出数量分别不少于60条（次）。③提供市属电视台播出公益广告的情况（数据表格，电视截屏）。注：电视台每套节目每月公益广告播出数量不少于300条（次），在19：00至21：00之间，播出数量不少于120条（次）。④提供政府网站、市级新闻网站的网址（说明报告，网络截图）。注：政府网站、新闻网站、经营性网站在首页固定位置宣传展示公益广告，并运用其他多种方式传播公益广告。⑤提供本市运用手机短信、微信、客户端开展公益广告宣传的手机截图。
		2）设计制作与城市景观相融合、与城市历史文化相承接、与市民接受方式和欣赏习惯相契合的公益广告，在社会公共场所、公共交通工具、建筑工地围挡等广泛刊播展示，把社会主义核心价值观和文明风尚有机融入各类生活场景。	①提供主次干道、商场、宾馆、商业大街、城市社区、广场、公园、机场、火车站、长途汽车站、码头、公交（地铁）车站等公共场所刊播公益广告的情况（图片资料）；②提供公交车（地铁）等公共交通工具刊播公益广告的情况（图片资料）；③提供建筑工地围挡、景观灯杆等构筑物刊播公益广告的情况（图片资料）。注：关于公共场所公益广告的具体要求。①有统一规划设计，内容、色调与周围的城市景观风貌相融合；

	测评内容	测评标准	网上申报具体要求
Ⅱ-10 "讲文明树新风" 公益广告	Ⅲ-19 制作刊播情况		②有与城市历史文化相承接、与市民接受方式和欣赏习惯相契合的自创公益广告作品；③有设计精美、耐久性强的公益广告景观小品。
Ⅱ-11 网络文明建设	Ⅲ-20 网络文明传播	1) 开展网上精神文明创建活动，推动线上线下互动；	说明本市开展网上精神文明创建活动，推动线上线下互动的情况（说明报告）。
		2) 运用"两微一端"等新媒体开展网络文明传播。	提供本市运用"两微一端"等新媒体开展网络文明传播的网络截图。
	Ⅲ-21 网德建设工程	1) 开展创建文明网站活动，加强网络空间治理和网络内容建设，加强网络素养教育，倡导文明办网、文明上网；	说明本市部署开展创建文明网站活动，加强网络空间治理和网络内容建设，加强网络素养教育，倡导文明办网、文明上网的具体举措和实际效果（说明报告）。
		2) 开展网络公益活动，吸引网民广泛参与；	①提供本市部署开展网络公益活动的网络截图；②说明本市网民广泛参与网络公益活动的情况（说明报告）。
		3) 落实属地管理原则，依法打击网上违法违规行为。	提供本市落实属地管理原则，依法打击网上违法违规行为的情况总结（说明报告）。
	Ⅲ-22 文明建设新媒体平台	建好用好地方文明网或其他精神文明建设新媒体平台，运用互联网新技术提高精神文明建设工作水平。	①提供本市地方文明网或其他精神文明建设新媒体平台的首页网络截图；②说明本市运用互联网新技术提高精神文明建设吸引力感染力影响力的情况（说明报告）。

	测评内容	测评标准	网上申报具体要求
Ⅱ-12 党风廉政建设	Ⅲ-23 推进全面从严治党	1) 落实《关于新形势下党内政治生活的若干准则》和《中国共产党党内监督条例》，强化党委主体责任和纪委监督责任，推进党风廉政和反腐败教育经常化、制度化；	①提供反映市委贯彻中央《关于新形势下党内政治生活的若干准则》和《中国共产党党内监督条例》的相关正式发文；②提供反映本市强化党委主体责任和纪委监督责任，推进党风廉政和反腐败教育经常化、制度化的相关正式发文。
		2) 运用监督执纪"四种形态"，以严明的纪律推进全面从严治党。	说明市纪委监委运用监督执纪"四种形态"，以严明的纪律推进全面从严治党的情况（说明报告）。
Ⅱ-13 政务行为规范	Ⅲ-24 依法行政	1) 实施"双随机、一公开"监管，推进政府综合执法，完善行政执法管理；	①提供反映本市实施"双随机、一公开"监管的相关正式发文；②提供反映本市推进政府综合执法的相关正式发文；③说明本市完善行政执法管理的具体举措和实际成效（说明报告）。
		2) 推进简政放权、放管结合、优化服务，改革行政审批制度，压缩审批时限，减少审批事项，优化审批程序，提高政府效能。	①提供反映本市推进"放管服"改革的相关正式发文；②说明本市推进"放管服"改革，提高政府效能的具体举措和实际成效（说明报告）。
	Ⅲ-25 政务公开	1) 公布权责清单，建立健全权责清单动态管理机制；	提供反映本市公布权责清单，建立健全权责清单动态管理机制的相关正式发文。
		2) 推进政务公开信息化，加强互联网政务信息数据服务平台和便民服务平台建设。	①列举本市推进政务公开信息化的具体举措和实际成效（说明报告）；②提供本市互联网政务信息数据服务平台和便民服务平台的首页网络截图。

	测评内容	测评标准	网上申报具体要求
Ⅱ-14 法治宣传教育	Ⅲ-26 建设社会主义法治文化	1) 落实《关于在公民中开展法治宣传教育的第七个五年规划（2016—2020年）》，增强全社会尊法学法守法用法意识；	提供市委宣传部、市司法局贯彻落实《关于在公民中开展法治宣传教育的第七个五年规划（2016—2020年）》的正式发文。
		2) 落实《关于完善国家工作人员学法用法制度的意见》，把宪法法律列入党委中心组学习内容，列为党校必修课；	①提供反映市委组织部、宣传部和市司法局、人社局贯彻落实《关于完善国家工作人员学法用法制度的意见》的相关正式发文；②说明把宪法法律列入市委中心组学习内容，列为市党校必修课的情况（说明报告）。
		3) 开展群众性法治文化活动，全民法治宣传教育的普及率≥80%；	①提供本市推进法治宣传教育进乡村、进社区、进企业、进单位的图片资料；②提供本市开展"国家宪法日"法治文化活动的图片资料。
		4) 开展国家安全教育、反邪教宣传教育和反宗教极端思想宣传教育。	①提供反映本市开展国家安全教育、反邪教宣传教育和反宗教极端思想宣传教育的相关正式发文；②提供本市开展国家安全教育、反邪教宣传教育和反宗教极端思想宣传教育的图片资料。
Ⅱ-15 公民权益维护	Ⅲ-27 维护公民合法权益	1) 健全公共法律服务体系，加强公共法律服务实体平台、热线平台、网络平台建设，做好法律咨询、经济困难公民和特殊案件当事人法律援助服务、司法救助等工作；	①提供反映本市健全公共法律服务体系的相关正式发文；②说明本市加强公共法律服务实体平台、热线平台、网络平台建设的情况（说明报告）；③说明本市做好法律咨询、经济困难公民和特殊案件当事人法律援助服务、司法救助等工作的情况（说明报告）。

	测评内容	测评标准	网上申报具体要求
Ⅱ-15 公民权益维护	Ⅲ-27 维护公民合法权益	2）建立维护劳动者权益的协调机制，维护劳动者合法权益，劳动关系保持总体和谐稳定；	①说明市级维护劳动者权益的协调部门、协调程序，提供维权举报电话（说明报告）；②提供反映本市维护劳动者合法权益的相关正式发文；③列举本市保持劳动关系总体和谐稳定的主要措施（说明报告）。
		3）建立健全保护消费者合法权益的部门协作机制、社会共治机制，设立并畅通消费者投诉举报的渠道。	①提供反映本市建立健全保护消费者合法权益的部门协作机制、社会共治机制的相关正式发文；②提供本市保护消费者合法权益的机构名称及联系方式（说明报告）；③列举本市消费者投诉举报的渠道（说明报告）。
	Ⅲ-28 公民权益保护	1）做好孤残儿童、弃婴救助和收养安置工作，制定落实孤儿供养标准，建有未成年人救助保护中心；	①提供本市负责残疾儿童、弃婴救助和收养安置工作的机构或部门名称及联系方式（说明报告）；②提供反映本市落实孤儿供养标准的相关正式发文；③提供本市未成年人救助保护中心的现场照片。
		2）统筹规划残疾人劳动就业，制定优惠政策和扶持保护措施；	①提供反映本市统筹规划残疾人劳动就业的相关正式发文；②列举本市残疾人劳动就业的优惠政策和扶持保护措施（说明报告）。
		3）制定养老服务体系规划，推进养老服务设施建设，将老年医疗卫生服务纳入城乡医疗卫生服务规划；	①提供反映本市制定养老服务体系规划，推进养老服务设施建设，将老年医疗卫生服务纳入城乡医疗卫生服务规划的相关正式发文；②说明本市新建小区（建成不满5年）配套建设养老服务设施的情况（说明报告）。

	测评内容	测评标准	网上申报具体要求
Ⅱ-15 公民权益维护	Ⅲ-28 公民权益保护	4) 有机构承担婚姻家庭辅导服务和妇女权益保障工作。	①提供本市承担婚姻家庭辅导服务和妇女权益保障工作的机构或部门名称及联系方式（说明报告）； ②说明本市开展妇女权益保障工作的情况（说明报告）。
Ⅱ-16 基层民主政治	Ⅲ-29 基层党群组织建设	加强城乡社区、机关、学校、企业和非公有制经济组织、社会组织等基层党、群组织建设。	列举本市加强城乡社区、机关、学校、企业和非公有制经济组织、社会组织等基层党、群组织建设的具体举措（说明报告）。
	Ⅲ-30 社区民主建设与管理	社区党支部、社区居委会、业主委员会、物业公司和居民代表共同商讨社区重大事务，形成社区事务的民主协商、民主决策、民主管理和民主监督制度。	说明本市推动社区党支部、社区居委会、业主委员会、物业公司和居民代表共同商讨社区重大事务，形成社区事务的民主协商、民主决策、民主管理和民主监督制度的情况（说明报告，图片资料）。
Ⅱ-17 推进诚信建设制度化	Ⅲ-31 社会信用体系建设	1) 贯彻国务院《社会信用体系建设规划纲要（2014-2020年）》，推进建立覆盖全社会的征信系统，在重点领域建立起信用记录，建设信用信息互联互通、交换共享的平台；	①提供市委、市政府或由其明确的信用体系建设牵头部门贯彻《社会信用体系建设规划纲要（2014-2020年）》的正式发文； ②说明重点领域（不少于3个）推动自身信用信息系统建设、开展本行业从业人员信用记录征集的情况（说明报告）； ③提供地方公共信用信息网络平台网址，说明网络平台的信用信息记录更新情况（说明报告）。
		2) 贯彻中央文明委《关于推进诚信建设制度化的意见》，建立健全有效运行的工作机制。	提供反映市委、市政府或市文明委推进诚信建设制度化的相关正式发文。

	测评内容	测评标准	网上申报具体要求
II-17 推进诚信建设制度化	III-32 诚信奖惩制度	落实国务院《关于建立完善守信联合激励和失信联合惩戒制度加快推进社会诚信建设的指导意见》，落实中办国办《关于加快推进失信被执行人信用监督、警示和惩戒机制建设的意见》，建立健全守信联合激励和失信联合惩戒的联动机制。	①提供反映本市落实国务院《关于建立完善守信联合激励和失信联合惩戒制度加快推进社会诚信建设的指导意见》的相关正式发文；②提供反映本市落实中办国办《关于加快推进失信被执行人信用监督、警示和惩戒机制建设的意见》的相关正式发文；③分别说明本市法院、税务、生态环境、交通运输、科技、文化旅游、卫生健康、财政、知识产权、海关、市场监管、应急管理等部门（不少于5个）牵头实施守信联合激励或失信联合惩戒的具体举措（说明报告）。
	III-33 开展专项治理	1) 贯彻中央文明委《关于集中治理诚信缺失突出问题提升全社会诚信水平的工作方案》，针对群众反映强烈的电信诈骗、互联网金融诈骗等19项诚信缺失突出问题开展集中治理，明确责任单位，列出任务清单，定期督促检查；	①提供市文明委贯彻中央文明委《关于集中治理诚信缺失突出问题提升全社会诚信水平的工作方案》的正式发文；②分别说明本市开展诚信缺失突出问题专项治理（不少于10项）的具体举措和实际成效（说明报告）。
		2) 建立和完善打击假冒伪劣的监督、举报和处置机制，依法查处虚假违法广告、质量违法案件；	①说明本市打击假冒伪劣的监督、举报和处置机制的主要内容（说明报告）；②提供本市依法查处虚假违法广告、质量违法案件的情况（说明报告）。
	III-34 诚信宣传教育	1) 媒体发掘宣传诚信人物、诚信企业、诚信群体，批评鞭挞失信败德行为；	①提供市属媒体宣传诚信企业、诚信群体、诚信人物的样报图片、电视截屏、网络截图；②提供市属媒体揭露失信败德行为的样报图片、电视截屏、网络截图。

	测评内容	测评标准			网上申报具体要求
Ⅱ-17 推进诚信建设制度化	Ⅲ-34 诚信宣传教育	2) 开展诚信行业、诚信单位、诚信示范街区、诚信经营示范店等主题实践活动，围绕"3·15"消费者权益日、全国食品安全宣传周、全国"质量月"、全国安全生产月等重要节点开展诚信教育活动。			①提供本市开展诚信行业、诚信单位、诚信示范街区、诚信经营示范店等主题实践活动（不少于2种）的图片资料；②提供本市围绕"3·15"消费者权益日、全国食品安全宣传周、全国"质量月"、全国安全生产月等重要节点开展诚信教育活动的图片资料。
Ⅱ-18 文明诚信服务	Ⅲ-35 执法监管部门和窗口服务单位提供文明优质服务	2) 有高效的投诉处理机制；			提供本市政务大厅、医院、商场超市、农贸（集贸）市场、银行网点、宾馆、（邮政、移动、电信、联通）营业厅、公交车（地铁）、出租车、机场、火车站等窗口单位建立高效的投诉处理机制的情况（说明报告）。
Ⅱ-19 国民教育	Ⅲ-36 生均义务教育公用经费支出	>1000（元）	>700（元）	≤700（元）	省级文明办征求省级主管部门意见、作出评价（正式发文）。
	Ⅲ-37 义务教育均衡发展	1) 均衡配置公共教育资源，有具体的扶持弱校措施，实行免试就近入学和信息公开制度；			①提供反映本市均衡配置公共教育资源、实行免试就近入学和信息公开制度的相关正式发文；②列举本市扶持弱校的主要措施（说明报告）。

续表

	测评内容	测评标准	网上申报具体要求
Ⅱ-19 国民教育	Ⅲ-38 学校管理	推行校务公开和收费公示制度，政府部门定期开展教育收费专项检查，建立学校乱收费责任追究制度，开展校外培训机构专项治理。	①说明中小学建立校务公开与收费公示制度的情况（说明报告）； ②提供市主管部门定期开展教育收费专项检查的情况（说明报告）； ③提供反映本市开展校外培训机构专项治理的相关正式发文； ④省级文明办征求省级主管部门意见，对本市开展校外培训机构专项治理的成效作出评价（正式发文）。
Ⅱ-20 科学普及	Ⅲ-39 开展群众性科普活动	加强科技馆、青少年科技活动中心等科普设施和科普基地建设，利用全国科技活动周、全国科普日、"119"消防日、世界水日和中国水周等时间节点，普及科学知识，开展群众性科普活动，公民具备科学素质的比例超过本省（区）平均水平。	①提供本市科技馆、青少年科技活动中心等科普设施和科普基地（不少于1种）的现场照片； ②提供本市在全国科技活动周、全国科普日、"119"消防日、世界水日和中国水周等时间节点开展群众性科普活动的图片资料； ③省级文明办征求省级主管部门意见，对本市公民具备科学素质的比例是否超过本省（区）平均水平作出评价（正式发文）。
Ⅱ-21 民族团结进步	Ⅲ-40 开展民族团结进步创建	开展民族团结进步宣传教育，推进民族事务治理体系和治理能力现代化。	①提供反映本市推进民族事务治理体系和治理能力现代化的相关正式发文； ②提供本市开展民族团结进步宣传教育的图片资料。

	测评内容	测评标准	网上申报具体要求
Ⅱ-22 建设现代公共文化服务体系	Ⅲ-41 文化事业发展	1）根据国家基本公共文化服务指导标准，制定与本市经济社会发展水平相适应的地方标准，公共财政有效保障基本公共文化服务投入，促进城乡公共文化服务均等化；	①提供反映本市基本公共文化服务指导标准的相关正式发文；②说明近两年本市基本公共文化服务投入的情况（说明报告）；③提供反映本市把城乡基本公共文化服务均等化纳入社会发展总体规划及城乡规划，建立公共文化服务城乡联动机制的相关正式发文；④列举本市推进城乡"结对子、种文化"的具体举措（说明报告）。
		2）市辖区域内有面向社会的二级以上图书馆，有能够正常开展活动的文化馆。	①提供市辖区内图书馆、文化馆的现场照片；②省级文明办征求省级主管部门意见，对本市图书馆等级作出评价（正式发文）
	Ⅲ-42 文化服务供给	1）完善公共文化设施免费开放的保障机制，推进公共图书馆、公共博物馆（非文物建筑及遗址类）、公共美术馆、文化馆、科技馆等免费开放工作，健全基本服务项目；	提供反映本市完善公共图书馆、公共博物馆（非文物建筑及遗址类）、公共美术馆、文化馆、科技馆等公共文化设施（不少于3类）免费开放的保障机制的相关正式发文。
		2）开展全民阅读活动，支持实体书店建设；	①提供本市开展全民阅读活动的情况（说明报告）；②提供反映市委宣传部等部门落实中宣部等11部门《关于支持实体书店发展的指导意见》的相关正式发文；③提供本市大型书城、连锁书店、专业书店、社区便民书店等实体书店（不少于2类）的现场照片。

	测评内容	测评标准	网上申报具体要求
Ⅱ-22 建设现代公共文化服务体系	Ⅲ-43 基层文化设施	3) 开展全民健身活动，《国民体质测定标准》合格以上的人数比例达到90%以上。	①提供本市开展全民健身活动的情况（说明报告）；②省级文明办征求省级主管部门意见，对本市《国民体质测定标准》合格以上的人数比例作出评价（正式发文）。
		2) 按照人口规模或服务人群的距离，建设选址适中、与地域条件协调的文体广场，新建居住区和社区达到人均室外体育用地0.3平方米以上、人均室内体育用地建筑面积0.1平方米以上，每个街道拥有晨晚练体育活动点5个以上，人均体育场地面积>1.8平方米，公共体育场地设施状况良好。	①提供本市文体广场（不少于2个）的现场照片；②省级文明办征求省级主管部门意见，对本市新建居住区和社区（建成不满5年）人均室外体育用地面积、人均室内体育用地建筑面积以及本市人均体育场地面积作出评价（正式发文）；③统计本市街道晨晚练体育活动点的数量（数据表格）。
Ⅱ-23 健全现代文化产业体系	Ⅲ-44 培育新型文化业态	落实国家文化产业政策，出台具体政策措施，完善文化产业发展政策环境，文化产业增加值年增长率高于本省（区）同类城市平均水平。	①提供本市落实国家文化产业政策，完善文化产业发展政策环境的具体政策措施（说明报告）；②省级文明办征求省级主管部门意见，对本市文化产业增加值年增长率是否高于本省（区）同类城市平均水平作出评价（正式发文）。
	Ⅲ-45 释放居民文化需求	改善文化消费条件，培育文化消费习惯，提高文化消费便利性，城乡居民人均文化消费年增长率高于本省（区）同类城市平均水平。	①说明本市改善文化消费条件，培育文化消费习惯，提高文化消费便利性的具体举措和实际成效（说明报告）；②省级文明办征求省级主管部门意见，对本市城乡居民人均文化消费年增长率是否高于本省（区）同类城市平均水平作出评价（正式发文）。

	测评内容	测评标准	网上申报具体要求
Ⅱ-24 市民文明素质	Ⅲ-47 文明交通	1）开展文明交通行动，实施城市道路交通文明畅通提升行动计划；	①提供反映本市落实《城市道路交通文明畅通提升行动计划（2017—2020）》的相关正式发文；②说明本市开展文明交通行动，实施城市道路交通文明畅通提升行动计划的主要举措及实际成效（说明报告）。
		3）建成区造成人员伤亡交通事故起数、死亡人数连续3年同比下降，未发生一次死亡5人以上道路交通事故。	省级文明办征求省级主管部门意见、作出评价（正式发文）。
	Ⅲ-49 公益活动	开展扶贫帮困、慈善捐助、支教助学、无偿献血、器官捐献、造血干细胞捐献、义演义诊、环境保护、植绿护绿等活动。	①提供本市开展扶贫帮困、慈善捐助、支教助学、无偿献血、器官捐献、造血干细胞捐献、义演义诊、环境保护、植绿护绿等公益活动（不少于5种）的情况（说明报告，图片资料）；②提供党政机关带头参加扶贫帮困、慈善捐助、支教助学、无偿献血、器官捐献、造血干细胞捐献、义演义诊、环境保护、植绿护绿等公益活动（不少于3种）的简要情况（说明报告）；③统计本市自愿无偿献血占临床用血的比例或千人口献血人次（数据表格）。注：临床用血100%来自自愿无偿献血，或千人口献血人次>10；每献血200毫升折算为1人次。
	Ⅲ-50 见义勇为	完善见义勇为人员认定机制、补偿救济奖励机制，落实见义勇为人员权益保障和抚恤待遇。	①提供反映市有关部门完善见义勇为人员认定机制、补偿救济奖励机制的相关正式发文；②列举本市对见义勇为人员的权益保障和抚恤待遇的具体措施（说明报告）。

续表

测评内容		测评标准			网上申报具体要求
Ⅱ-25 经济发展	Ⅲ-51 人均GDP水平或人均GDP年增长率	高于本省(区)同类城市平均水平	等于本省(区)同类城市平均水平	低于本省(区)同类城市平均水平	省级文明办征求省级主管部门意见、作出评价（正式发文）。注：省会/副省级城市此项不测。
	Ⅲ-52 单位GDP能耗	低于本省(区)年度控制目标	等于本省(区)年度控制目标	高于本省(区)年度控制目标	省级文明办征求省级主管部门意见、作出评价（正式发文）。
	Ⅲ-53 城乡居民人均可支配收入水平或城乡居民人均可支配收入年增长率	高于本省(区)同类城市平均水平	等于本省(区)同类城市平均水平	低于本省(区)同类城市平均水平	省级文明办征求省级主管部门意见、作出评价（正式发文）。注：省会/副省级城市此项不测。

	测评内容	测评标准	网上申报具体要求
Ⅱ-26 城市规划建设	Ⅲ-54 城市规划	突出以人为本、尊重自然、传承历史、绿色低碳的理念，科学制定城市发展规划，加强对城市空间立体性、平面协调性、风貌整体性、文脉延续性的规划和管控，积极开展城市修补和有机更新，提升城市空间品质和文化品位，充分发挥规划的战略引导和刚性控制作用，维护规划的严肃性和权威性。	①对本市城市发展规划作简要说明（说明报告），提供城市发展规划图； ②说明本市开展城市修补和有机更新的具体举措和实际成效（说明报告）； ③省级文明办征求省级主管部门意见，对本市发挥规划的战略引导和刚性控制作用，维护规划的严肃性和权威性的情况作出评价（正式发文）。
	Ⅲ-55 基础设施	1）推进海绵城市建设，推进节水型城市建设；	①说明本市推进海绵城市建设的主要举措和实际成效（说明报告）； ②说明本市推进节水型城市建设的主要举措和实际成效（说明报告）。
		2）逐步推进地下综合管廊建设，城市排水防涝设施完善；	①分别说明本市在城市新区、各类园区、成片开发区域新建道路以及老城区逐步推进地下综合管廊建设的情况（说明报告）； ②说明本市完善城市排水防涝设施的具体举措和实际成效（说明报告）。
		3）优化街区路网结构，建成区内道路长度与建成区面积的比值≥8公里/平方公里；	①说明本市优化街区路网结构，缓解城市交通拥堵的具体举措及实际成效（说明报告）； ②统计城市建成区内道路长度与建成区面积的比值（数据表格）。

测评内容		测评标准			网上申报具体要求
Ⅱ-27 城市管理和公共服务	Ⅲ-57 城市精细化管理	1）加强智慧城市建设，建成数字化城市管理平台或城市综合管理服务平台，提高城市科学化、精细化、智能化管理水平；			①提供反映本市加强智慧城市建设的相关正式发文；②提供本市数字化城市管理平台或城市综合管理服务平台的现场照片。
		4）社会用语用字文明规范，地名管理使用规范有序，城市公共场所无违章停车（机动车、非机动车）、停车乱收费、占道经营、小广告乱张贴现象，无流浪乞讨人员滋扰他人、扰乱社会秩序现象；			①省级文明办征求省级主管部门意见，对本市社会用语用字是否文明规范作出评价（正式发文）；②省级文明办征求省级主管部门意见，对本市地名管理使用是否规范有序作出评价（正式发文）。
		5）城市管理执法队伍执法规范、公正文明，近2年内无违反《城市管理执法行为规范》造成恶劣影响的情形。			省级文明办征求省级主管部门意见，对本市城市管理执法队伍近2年内是否违反《城市管理执法行为规范》造成恶劣影响的情形作出评价（正式发文）。
	Ⅲ-58 城市公共交通分担率	≥40%	>30%	≤30%	①说明本市优先发展公共交通的具体举措及实际成效（说明报告）；②省级文明办征求省级主管部门意见，对本市城市公共交通分担率作出评价（正式发文）。注：第一栏为省会/副省级城市标准；第二栏为地级市标准。
		≥30%	>25%	≤25%	
	Ⅲ-59 社区生活环境	3）倡导"垃圾减量分类"，生活垃圾分类投放、分类收集、分类运输、密闭运输；			①说明本市在社区倡导"垃圾减量分类"的具体举措和实际成效（说明报告）；②说明本市推进生活垃圾分类投放、分类收集、分类运输、密闭运输的具体举措和实际成效（说明报告）。

	测评内容	测评标准			网上申报具体要求
Ⅱ-27 城市管理和公共服务	Ⅲ-59 社区生活环境	5）社区综合服务设施实现全覆盖，水电气热通信等公共服务安全高效优质，构建包括便民市场、运动场地、文化活动中心、社区服务中心、医疗服务机构在内的15分钟生活圈。			①省级文明办征求省级主管部门意见，对本市城市社区综合服务设施覆盖率作出评价（正式发文）；②说明本市不断改善水电气热通信等公共服务的具体举措和实际成效（说明报告）；③说明本市构建15分钟生活圈的情况（说明报告）。
Ⅱ-28 医疗与公共卫生	Ⅲ-60 医疗卫生服务体系	1）贯彻《全国医疗卫生服务体系规划纲要（2015—2020年）》，制定本地区具体区域卫生规划和医疗机构设置规划；			提供反映本市贯彻《全国医疗卫生服务体系规划纲要（2015-2020年）》，制定本地区具体区域卫生规划和医疗机构设置规划的相关正式发文。
		2）每千名常住人口公共卫生人员数≥0.83人。			省级文明办征求省级主管部门意见、作出评价（正式发文）。
		3）依托本地医疗卫生服务机构，普及卫生健康知识，倡导健康文明的生活方式，提升居民健康素养，实现全市居民健康素养水平逐年提升不低于2个百分点。			省级文明办征求省级主管部门意见，对本市居民健康素养水平逐年提升的比例作出评价（正式发文）。
Ⅱ-29 社会保障	Ⅲ-61 城镇新增就业计划完成率	100%	>90%	≤90%	省级文明办征求省级主管部门意见、作出评价（正式发文）。

续表

	测评内容	测评标准	网上申报具体要求
Ⅱ-30 巩固军政军民团结	Ⅲ-62 双拥共建	开展全民国防教育,保障军人军属权益,做好军队转业干部和退役士兵安置工作。	①提供本市开展全民国防教育的图片资料; ②说明本市保障军人军属权益的具体举措和实际成效(说明报告); ③提供反映本市做好军队转业干部和退役士兵安置工作的相关正式发文; ④说明本市做好军队转业干部和退役士兵安置工作的情况(说明报告)。
Ⅱ-31 公共安全体系建设	Ⅲ-63 公共安全保障	1)加强社会治安、消防安全防控体系建设,完善公共安全视频监控建设联网应用;	说明本市加强社会治安、消防安全防控体系建设,完善公共安全视频监控建设联网应用的具体措施及实际成效(说明报告)。
		2)社会面、重点单位及社区物防、技防、人防水平符合安全要求。	分别说明本市社会面、重点单位及社区物防、技防、人防建设的情况(说明报告)。
	Ⅲ-64 食品药品安全监管	1)食品经营单位和农贸市场不出售过期、变质、伪劣食品,食品安全事故及时查处,无漏报、瞒报情况,农产品质量安全监测合格率≥98%;	①列举本市加强食品药品安全监管的具体措施(说明报告); ②省级文明办征求省级主管部门意见,对本市食品药品安全监管情况作出评价(正式发文); ③省级文明办征求省级主管部门意见,对本市农产品质量安全监测合格率作出评价(正式发文);
	Ⅲ-65 突发公共事件应急处理	1)建立减灾、防灾、救灾综合协调机制和灾害应急管理体系,开展应急通信专用网络和应急指挥系统建设,建立覆盖城乡的应急救援体系力量,设置明确的城市避难场所;	①提供反映本市建立减灾、防灾、救灾综合协调机制和灾害应急管理体系的相关正式发文; ②说明本市开展应急通信专用网络和应急指挥系统建设,建立覆盖城乡的应急救援体系力量的情况(说明报告)。

	测评 内容	测评标准			网上申报具体要求
Ⅱ-31 公共 安全 体系 建设	Ⅲ-65 突发 公共 事件 应急 处理	2）开展社区减灾、防灾宣传教育， 开展自救互救知识与技能培训；			①提供本市开展社区减灾、防灾 宣传教育的现场照片； ②提供本市开展自救互救知识与 技能培训的现场照片。
		3）按照国家要求制定重污染天气 应急预案，完善应急减排措施清 单，及时发布预警，启动应急响应。			①提供反映本市制定重污染天气 应急预案的相关正式发文； ②提供本市应急减排措施清单的 主要内容（说明报告）。
	Ⅲ-66 安全 生产	亿元国内生产总值生产安全事故 死亡率、煤矿百万吨死亡率达到 本地区安全生产规划规定的降幅。			省级文明办征求省级主管部门意 见、作出评价（正式发文）。
	Ⅲ-67 社会 治安	1）预防和打击传销、非法集资等 涉众型经济犯罪、预防和打击黑 恶势力违法犯罪、打击"两抢一 盗"犯罪成效明显；			①提供本市预防和打击黑恶势力 违法犯罪的正式发文； ②省级文明办征求省级主管部门 意见、作出评价（正式发文）。
		2）卖淫嫖娼、聚众赌博、吸毒贩 毒制毒等违法犯罪得到有效控制， 做好对刑满释放人员、吸毒人员、 易肇事肇祸的严重精神障碍患者 等重点人群的服务管理。			①说明本市打击"黄赌毒"的具 体举措和实际成效（说明报告）； ②由省级文明办征求省级主管部 门意见，对本市打击"黄赌毒" 的成效作出评价（正式发文）。 ③分别说明本市做好对刑满释放 人员、吸毒人员、易肇事肇祸的 严重精神障碍患者等重点人群的 服务管理的具体举措和实际成效 （说明报告）。
Ⅱ-32 城市 绿化	Ⅲ-68 建成 区绿 地率	≥35%	>31%	≤31%	省级文明办征求省级主管部门意 见、作出评价（正式发文）。
	Ⅲ-69 人均 公园 绿地 面积	>12 （平方米）	>9 （平方米）	≤9 （平方米）	省级文明办征求省级主管部门意 见、作出评价（正式发文）。

续表

	测评内容	测评标准			网上申报具体要求
Ⅱ-33 环境管理与环境质量	Ⅲ-70 生活垃圾无害化处理率	>95%	>90%	≤90%	省级文明办征求省级主管部门意见、作出评价（正式发文）。
	Ⅲ-71 城市空气质量	环境空气质量达到《环境空气质量标准》(GB3095-2012)	环境空气质量高于全国平均水平，或连续3年改善	环境空气质量不高于全国平均水平，且连续3年未恶化	省级文明办征求省级主管部门意见、作出评价（正式发文）。
	Ⅲ-72 城市河湖管理	1) 建立河（湖）长巡河（湖）履职制度，市级领导担任河（湖）长的"一河（湖）一档"建立，"一河（湖）一策"编制完成；			①提供反映本市建立河（湖）长巡河（湖）履职制度的相关正式发文；②说明本市"一河（湖）一档""一河（湖）一策"的情况（说明报告）。
		2) 开展辖区内河湖存在的乱占、乱采、乱堆、乱建等突出问题专项整治，实施河湖综合治理与生态修复。			说明本市开展河湖乱占、乱采、乱堆、乱建等突出问题专项整治，实施河湖综合治理与生态修复的具体举措和实际成效（说明报告）。
	Ⅲ-73 城市水环境质量	1) 集中式饮用水水源地规范化建设综合评估达到优秀，集中式饮用水水源地地表水水质达到Ⅱ类、地下水水质达到Ⅲ类；			省级文明办征求省级主管部门意见、作出评价（正式发文）。
		2) 城市市辖区水质优良（达到或优于Ⅲ类）比例连续3年上升，或达到70%；			省级文明办征求省级主管部门意见、作出评价（正式发文）。
		3) 城市市辖区劣于Ⅴ类水体断面比例连续三年下降或无劣于Ⅴ类水体；			省级文明办征求省级主管部门意见、作出评价（正式发文）。

	测评内容	测评标准	网上申报具体要求
Ⅱ-33环境管理与环境质量	Ⅲ-73城市水环境质量	4）市辖区内未出现黑臭水体或黑臭水体连续3年减少；	省级文明办征求省级主管部门意见、作出评价（正式发文）。
		5）定期监测、检测本行政区域内饮用水水源供水厂出水和用户水龙头水质等饮水安全状况；	省级文明办征求省级主管部门意见、作出评价（正式发文）。
		6）无因本市市域内环境污染事件造成本地或其他地区饮用水源地污染并停水事件。	省级文明办征求省级主管部门意见、作出评价（正式发文）。
	Ⅲ-74城市声环境质量	城市声环境功能区夜间监测总点次达标率≥75%。	省级文明办征求省级主管部门意见、作出评价（正式发文）。
	Ⅲ-75生态环境宣传教育	围绕国际环境日（每年6月5日）、"5·22"生物多样性日、"6·17"低碳日等纪念日开展生态环境保护主题宣传和实践活动，倡导简约适度、绿色低碳的生活方式。	提供本市围绕国际环境日（每年6月5日）、"5·22"生物多样性日、"6·17"低碳日等纪念日开展生态环境保护主题宣传和实践活动的图片资料。
Ⅱ-34土地资源管理	Ⅲ-76耕地保护	耕地保有量不低于上级下达的规划指标，建设用地规模不超过上级下达的规划指标。	省级文明办征求省级主管部门意见、作出评价（正式发文）。
Ⅱ-35组织领导体制	Ⅲ-77党委政府重视	把精神文明建设纳入经济社会发展总体规划，作为地方党政领导班子和领导干部政绩考核重要内容。	①提供反映市委市政府关于把精神文明建设纳入经济社会发展总体规划的相关正式发文；②提供反映本市把精神文明建设成效作为地方党政领导班子和领导干部政绩考核重要内容的相关正式发文；③提供反映市委市政府、下辖区委区政府主要领导亲自抓精神文明建设的图片资料。

续表

测评内容	测评内容	测评标准	网上申报具体要求
Ⅱ-35 组织 领导 体制	Ⅲ-78 形成 长效 机制	1) 落实中央文明委《关于深化群众性精神文明创建活动的指导意见》精神，研究制定实施细则和工作方案；	提供市委或市文明委贯彻《关于深化群众性精神文明创建活动的指导意见》的实施细则或工作方案（正式发文）。
		2) 文明委及其办公室有健全的工作制度和具体的保障措施，有效承担统筹协调、督促检查职责；	提供反映市文明委及办公室、下辖区文明委及办公室健全工作制度的相关正式发文。
		3) 文明委成员单位分工明确、责任落实，群团组织和其他社会组织团体积极发挥作用，形成齐抓共管合力。	①说明市文明委成员单位落实精神文明创建工作任务的情况（说明报告）； ②说明市群团组织和其他社会组织团体在精神文明创建活动中积极发挥作用的情况（说明报告）。
Ⅱ-36 群众 广泛 参与	Ⅲ-79 宣传 动员	主要新闻媒体设有精神文明创建专题专栏，城乡公共场所利用多种形式宣传展示精神文明创建内容。	提供市属媒体开设专题专栏经常化宣传精神文明创建的样报图片、电视截屏、网络截图。
	Ⅲ-80 群众 参与	1) 创建工作规划、重要举措、所办实事等公开发布宣传，听取群众意见建议；	提供本市就创建工作听取群众意见建议的情况（说明报告）。
	Ⅲ-81 群众 评价	1) 建立健全群众监督机制和群众评价机制，运用手机客户端等形式畅通群众监督、举报、投诉城市管理问题的渠道，以群众满意为衡量工作成效的最高标准；	①提供反映市文明委或市文明办建立健全群众监督机制的相关正式发文； ②说明本市运用手机客户端等形式畅通群众监督、举报、投诉城市管理问题的渠道的情况（说明报告）。
		2) 采取问卷调查、民意测评等方式，查找存在突出问题，认真处理群众反映问题，及时进行整改。	①统计市文明办牵头组织问卷调查或民意测评的情况（数据表格）； ②列举通过征求民意查找到的突出问题，说明整改情况（说明报告）。

	测评内容	测评标准	网上申报具体要求
Ⅱ-37文明行业、文明单位、文明校园创建	Ⅲ-83扩大创建覆盖面	1）文明委成员单位开展具有行业特色、职业特点的文明创建活动。	①提供反映市文明委部署开展文明行业创建的相关正式发文；②提供本市窗口单位开展文明行业创建的图片资料。
		2）在机关、企事业单位、社区、景区等普遍开展文明单位创建活动，并延伸到非公有制经济组织、社会组织，在学校广泛开展文明校园创建活动。	①提供市文明委部署开展文明单位创建活动的实施意见或管理办法（正式发文）；②提供机关、企事业单位、社区、景区开展文明单位创建活动的图片资料；③说明本市文明单位参与文明城市创建活动的情况（说明报告，图片资料）；④说明本市将文明单位创建延伸到非公有制经济组织、社会组织的具体举措和实际成效（说明报告，图片资料）；⑤提供反映本市部署开展文明校园创建活动的相关正式发文。
Ⅱ-38以城带乡、城乡共建	Ⅲ-84帮扶共建	1）贯彻产业兴旺、生态宜居、乡风文明、治理有效、生活富裕的乡村振兴战略总要求，落实城市支持乡村建设的各项政策；	①提供反映本市贯彻乡村振兴战略的相关正式发文；②提供本市支持乡村建设的具体举措和实际成效（说明报告）。
		2）文化、科技、卫生"三下乡"活动经常化，组织文明单位帮扶贫困乡村、贫困群众，助力脱贫攻坚。	①提供本市开展"三下乡"活动的图片资料；②统计本市文明单位与村镇结对子的情况（数据表格）；③说明本市组织文明单位助力脱贫攻坚的情况（说明报告）。

测评内容		测评标准	网上申报具体要求
Ⅱ-38以城带乡、城乡共建	Ⅲ-85环境整治	1）落实中办国办《农村人居环境整治三年行动方案》，有效支持农村改路、改水、旧村改造，推进农村"厕所革命"，推进城乡环卫工作一体化，防止城市污染向农村转移，帮助治理农村面源污染；	①提供反映本市落实中办国办《农村人居环境整治三年行动方案》的相关正式发文；②分别说明本市支援农村改路、改水、旧村改造的具体措施和投入资金情况（说明报告）；③说明本市推进农村"厕所革命"的具体举措和实际成效（说明报告）；④说明本市推进城乡环卫工作一体化，实现农村垃圾"户分类、村收集、镇转运、区（县）处理"的情况（说明报告）；⑤列举防止城市污染向农村转移，帮助治理农村面源污染的具体措施及实际成效（说明报告）；⑥统计农村垃圾处理率（数据表格）。注：农村垃圾处理率>90%。
		2）乡镇、村环境干净整洁，管理规范有序，无脏乱差现象，市辖区内90%以上行政村垃圾得到治理。	统计市辖区内垃圾得到治理的行政村占市辖区行政村总数的比例（数据表格）。
	Ⅲ-86民风建设	1）广泛开展新时代文明实践活动，用中国特色社会主义文化、社会主义思想道德牢牢占领农村思想文化阵地；	①说明本市部署开展新时代文明实践活动的工作规划和具体举措（说明报告）；②提供本市开展新时代文明实践活动的图片资料。
		2）支持农村开展移风易俗、破除陈规陋习，推进婚丧礼俗改革，开展文明家庭（户）、文明村、文明镇（乡）创建，培育文明乡风、良好家风、淳朴民风；	①说明本市加强农村移风易俗工作的具体举措和实际成效（说明报告）；②提供反映本市推进婚丧礼俗改革的相关正式发文；③提供本市开展文明家庭（星级文明户、文明农户）、文明村、文明镇（乡）创建的情况（说明报告）。

	测评内容	测评标准	网上申报具体要求
Ⅱ-39 加强动态管理	Ⅲ-87 创建活动常态化	1) 明确创建工作标准，完善考核评价办法，有立法权的城市推进文明行为立法，形成常态长效机制，防止形式主义、弄虚作假、突击迎检和干扰群众正常生产生活的扰民行为；	①提供本市对文明城市创建工作进行常态考核的情况（说明报告）；②说明本市推进文明行为立法的情况（已经出台的城市提供文明行为促进条例等法律法规的封面和目录的照片，没有出台的城市说明本市推进文明行为立法的进展情况）；③说明本市防止形式主义、弄虚作假、突击迎检和干扰群众正常生产生活的扰民行为的制度设计、具体举措和实际成效（说明报告）。
		2) 制定创建负面清单，形成文明创建评选表彰的淘汰退出机制。	①提供市文明委制定的文明创建工作负面清单（正式发文）；②统计最近两年本市文明创建中各类荣誉称号的淘汰退出情况（说明报告）。
Ⅱ-40 完善保障机制	Ⅲ-88 投入保障	1) 公共财政有效保障创建活动持续深入开展；	统计最近两年本市公共财政保障支持创建活动开展的情况（说明报告）。
		2) 加强基层创建工作力量，切实解决人员配备、工作条件等实际问题，打造政治过硬、本领高强、求实创新、能打胜仗的工作队伍。	①提供市委市政府在切实解决创建工作人员配备、工作条件等实际问题方面采取的具体举措及取得的进展成效（说明报告）；②提供反映市文明办"三定"方案的相关正式发文（如"三定"方案不能公开，提供市文明办机构编制设置的说明报告）；③提供市文明办办公场所照片和在编人员合影照片。

续表

	测评内容	测评标准	网上申报具体要求
荣誉称号	获得国家、有关部委的荣誉称号	每获得一项有效荣誉称号得0.5分，6项以上（包括6项）得3分。	①提供所获荣誉称号的完整名称、颁发时间与颁发机构，并统计所获荣誉称号次数（数据表格）； ②提供所获荣誉称号的牌匾或证书的照片（图片资料）。 注：①"获得国家、有关部委的荣誉称号"指经党中央国务院批准保留、由中央国家机关部门组织评选表彰的城市荣誉称号，包括全国双拥模范城、国家卫生城市、全国社会治安综合治理优秀地市、全国绿化模范城市、国家环境保护模范城市、国家生态园林城市、中国人居环境综合奖、国土资源节约集约模范市、全国无偿献血先进市、全国无障碍建设城市、全国科普示范市等荣誉称号。地级以上城市下辖县市区所获荣誉称号不计入所在城市的加分项目。 ②荣誉称号得分与参加评选的地级以上提名城市三年测评加权平均成绩相加后形成测评总成绩，依据测评总成绩排名确定新一届入选城市名单。 ③荣誉称号得分不计入地级以上提名城市三年创建周期前两年的年度测评成绩。 ④荣誉称号得分不计入现有全国文明城市的测评成绩。

实地考察部分

一、实地考察依据《统计法》规范操作，按照地点类型统一、考察主体统一、考察方式统一的原则采集数据。

二、实地考察主要以暗访方式进行，随机抽取考察点。

三、测评队员分若干组别，只负责对不同考察点进行现场调查，将客观记录按照规范流程上报。

四、测评软件系统对考察记录进行汇总，自动生成实地考察成绩。

五、文明城市实地考察原则上不到现场查阅台账资料。

六、县（市）改区挂牌一年后列入所属城市实地考察范围。

	测评内容	测评标准	实地考察点位及标准
Ⅱ-5 教育实践	Ⅲ-8 融入日常生活	1）依托公共文化设施、宣传文化阵地开展核心价值观教育；	城市规划馆、图书馆、文化馆、博物馆、纪念馆、科技馆、少年宫、爱国主义教育基地、青少年课外活动中心和街道综合文化站、社区综合文化服务中心： 在显著位置宣传展示核心价值观。
		2）开展市民公约、村规民约、学生守则、行业规范等规范守则教育实践活动；	社区： 在显著位置展示市民公约。
			学校： 在显著位置展示学生守则。
			窗口单位： 在显著位置展示行业规范。
Ⅱ-6 文化培育	Ⅲ-10 培育勤劳节俭之风	2）开展文明餐桌活动，宣传推广"光盘行动"等经验做法。	宾馆饭店： 有"节俭养德"或"文明餐桌"或"光盘行动"的温馨提示。

	测评内容	测评标准	实地考察点位及标准
Ⅱ-7 道德模范等先进模范学习宣传	Ⅲ-13 开展学习宣传	2）运用基层宣讲、公益广告、专题展览、故事汇巡演等方式，开展道德模范等先进模范学习宣传活动。	城市规划馆、图书馆、文化馆、博物馆、纪念馆、科技馆、少年宫（不少于3类场所）：设有道德模范等先进模范事迹专题展览。
Ⅱ-8 志愿服务制度化	Ⅲ-14 制度化建设	4）以社区、公共文化设施、景区景点、窗口单位为重点，加强志愿服务站点建设。	社区、城市规划馆、图书馆、文化馆、博物馆、纪念馆、科技馆、少年宫、政务大厅、医院、机场、火车站、长途汽车站、码头、景区景点：建有志愿服务站点，能够正常提供服务。
Ⅱ-9 文明旅游	Ⅲ-17 强化教育引导和监督管理	2）机场、车站、码头、旅游集散中心营造文明旅游的浓厚氛围，出入境办证大厅张贴、摆放文明出境游宣传资料，主要景点、景区开展文明告知、文明提醒、文明规劝；	机场、火车站、长途汽车站、码头、旅游集散中心：在显著位置张贴、摆放文明旅游宣传资料。
			出入境办证大厅、出境口岸：在显著位置张贴、摆放文明出境游宣传资料。
			公园、景区景点：运用多种形式开展文明告知、文明提醒、文明规劝。
Ⅱ-9 文明旅游		4）治理规范旅游市场秩序。	在景区景点内询问若干名游客：请他们对当地旅游市场秩序作出评价。

	测评内容	测评标准	实地考察点位及标准
Ⅱ-10 "讲文明树新风"公益广告	Ⅲ-19 制作刊播情况	2) 设计制作与城市景观相融合、与城市历史文化相承接、与市民接受方式和欣赏习惯相契合的公益广告,在社会公共场所、公共交通工具、建筑工地围挡等广泛刊播展示,把社会主义核心价值观和文明风尚有机融入各类生活场景。	主次干道、商业大街、公共广场、公园、景区景点、学校、医院、社区(小区)、街道综合文化站、社区综合文化服务中心、公共文化设施、商场超市、农贸(集贸)市场、宾馆饭店、政务大厅、银行网点、(邮政、移动、电信、联通)营业厅、公交(地铁)车站、机场、火车站、长途汽车站、码头等公共场所: ①主要街道、公共广场、公园景区景点每隔100米至少有1处能够看到的公益广告,50%以上的公交(地铁)车站设有不少于1处公益广告,学校、医院、社区(小区)、街道综合文化站、社区综合文化服务中心、公共文化设施、宾馆饭店、银行网点、(邮政、移动、电信、联通)营业厅、机场、火车站、长途汽车站、码头在显著位置展示不少于3处公益广告,政务大厅、商场超市、农贸(集贸)市场在显著位置展示不少于3处公益广告(其中包括不少于1处诚信主题公益广告); ②公益广告有统一规划设计,内容、色调与周围的城市景观风貌相融合; ③有与城市历史文化相承接、与市民接受方式和欣赏习惯相契合的自创公益广告作品。
			建筑工地围挡: ①公益广告展示面积不少于建筑工地围挡墙体面积的30%,文字类公益广告留白处算入公益广告展示面积; ②公益广告有统一规划设计,内容、色调与周围的城市景观风貌相融合; ③有与城市历史文化相承接、与市民接受方式和欣赏习惯相契合的自创公益广告作品。

续表

	测评内容	测评标准	实地考察点位及标准
			公交车、地铁等公共交通工具： 在车身或车厢内展示不少于 1 处公益广告。
II-15 公民权益维护	III-29 维护公民合法权益	2）建立维护劳动者权益的协调机制，维护劳动者合法权益，劳动关系保持总体和谐稳定；	在正常工作时间里拨打劳动者合法权益维权举报电话： 查验热线接通与服务情况。
		3）建立健全保护消费者合法权益的部门协作机制、社会共治机制，设立并畅通消费者投诉举报的渠道。	在正常工作时间里拨打受理消费者投诉举报电话： 查验热线接通与服务情况。
II-18 文明诚信服务	III-35 执法监管部门和窗口服务单位提供文明优质服务	1）从业人员文明用语，礼貌待人，规范服务； 3）有效整治门难进、脸难看、事难办等突出问题，无吃拿卡要、慵懒散拖现象。	政务大厅、医院、商场超市、农贸（集贸）市场、宾馆、银行网点、（邮政、移动、电信、联通）营业厅、公交车（地铁）、出租车、机场、火车站、长途汽车站、码头： ①从业人员文明用语，礼貌待人，规范服务； ②无门难进、脸难看、事难办等突出问题，无慵懒散拖现象。
II-22 建设现代公共文化服务体系	III-41 文化事业发展	2）市辖区域内有面向社会的二级以上图书馆，有能够正常开展活动的文化馆。	公共图书馆、公共博物馆（非文物建筑及遗址类）、公共美术馆、文化馆、科技馆等公共文化设施（不少于 3 类，其中必须包括公共图书馆和文化馆）： ①免费开放； ②基本服务项目健全。
	III-42 文化服务供给	1）完善公共文化设施免费开放的保障机制，推进公共图书馆、公共博物馆（非文物建筑及遗址类）、公共美术馆、文化馆、科技馆等免费开放工作，健全基本服务项目；	

测评内容	测评内容	测评标准	实地考察点位及标准
Ⅱ-22 建设现代公共文化服务体系	Ⅲ-42 文化服务供给	2）开展全民阅读活动，支持实体书店建设；	建成区内的大型书城、连锁书店、专业书店等实体书店： ①所售书籍内容健康向上； ②室内环境整洁、井然有序。
Ⅱ-22 建设现代公共文化服务体系	Ⅲ-43 基层文化设施	1）在街道（乡镇）统筹建设综合文化站，在社区（行政村）统筹建设综合文化服务中心，开展宣传文化、党员教育、市民教育、科技普及、普法教育等活动；	建成区内的街道（乡镇）综合文化站、社区（行政村）综合文化服务中心： ①具备开展宣传文化、党员教育、市民教育、科普教育、普法教育等活动（不少于3种）的设备条件； ②正常向居民开放； ③无被挪用或侵占现象。
Ⅱ-22 建设现代公共文化服务体系	Ⅲ-43 基层文化设施	1）在街道（乡镇）统筹建设综合文化站，在社区（行政村）统筹建设综合文化服务中心，开展宣传文化、党员教育、市民教育、科技普及、普法教育等活动；	位于建成区之外、属于市辖区范围的街道（乡镇）综合文化站、社区（行政村）综合文化服务中心： ①具备开展宣传文化、党员教育、科普教育、普法教育等活动（不少于2种）的设备条件； ②正常向居民开放； ③无被挪用或侵占现象。
Ⅱ-22 建设现代公共文化服务体系	Ⅲ-43 基层文化设施	2）按照人口规模或服务人群的距离，建设选址适中、与地域条件协调的文体广场，新建居住区和社区达到人均室外体育用地0.3平方米以上、人均室内体育用地建筑面积0.1平方米以上，每个街道拥有晨晚练体育活动点5个以上，人均体育场地面积>1.8平方米，公共体育场地设施状况良好。	文体广场，街道、社区晨晚练体育活动点： ①能够正常运行，设备维护及时； ②无被挪用或侵占现象。

续表

测评内容	测评内容	测评标准	实地考察点位及标准
Ⅱ-24 市民文明素质	Ⅲ-46 文明行为	1）公共场所文明有序，无争吵谩骂、使用低俗语言、乱扔杂物、随地吐痰、损坏公共设施、占用和堵塞消防通道、不文明养宠及其他不文明行为；	主次干道、商业大街、背街小巷、公共广场、公园、景区景点、公交车（地铁）、公交（地铁）车站、机场、火车站、长途汽车站、码头、商场超市、农贸（集贸）市场、城乡接合部： ①无争吵谩骂、使用低俗语言现象； ②无乱扔杂物、车窗抛物现象； ③无随地吐痰现象； ④无损坏公共设施现象； ⑤无不文明养宠现象； ⑥无躺卧公共座椅现象。
			公共图书馆、公共博物馆（非文物建筑及遗址类）、公共美术馆、文化馆、科技馆等公共文化设施（不少于3类，其中必须包括公共图书馆和文化馆）： ①有序排队入场，无插队现象； ②无争吵谩骂、使用低俗语言、大声喧哗现象； ③无乱扔垃圾、随地吐痰现象； ④有明显禁烟标识，非吸烟区没有吸烟现象。
			社区（小区）、农贸（集贸）市场、商场超市： 无占用和堵塞消防通道现象。
		2）城市无烟草广告，室内公共场所、工作场所和公共交通工具有明显禁烟标识，非吸烟区没有吸烟现象。	政务大厅、宾馆饭店、商场超市、医院、机场、火车站、长途汽车站、码头、公交车（地铁）： ①有明显禁烟标识； ②非吸烟区没有吸烟现象。

	测评内容	测评标准	实地考察点位及标准
Ⅱ-24 市民文明素质	Ⅲ-47 文明交通	2）车辆、行人各行其道，无违反交通信号通行、逆行、行人非机动车不按规定横过道路现象，乘客排队候车（船）或依次上下车（船）；	主次干道、商业大街： ①车辆、行人各行其道； ②无行人乱穿马路、翻越隔离栏现象； ③无机动车、非机动车逆行现象。
			主要交通路口（交通人流高峰期）： ①车辆、行人各行其道； ②无闯红灯、乱穿马路现象； ③无机动车、非机动车逆行现象。
			公交（地铁）车站、长途汽车站、码头： ①乘客排队候车（候船）或依次上下车（船）； ②无拥挤、争抢座位等现象。
	Ⅲ-48 友善礼让	1）有交通信号灯的人行横道前机动车主动礼让遵守交通规则通行的行人，没有交通信号灯的人行横道前机动车主动礼让行人，公共交通工具上乘客为老、弱、病、残、孕及怀抱婴儿者主动让座；	主要交通路口（交通人流高峰期），主次干道、商业大街： 有交通信号灯的人行横道前机动车主动礼让遵守交通规则通行的行人，没有交通信号灯的人行横道前机动车主动礼让行人。
			公交车（地铁）： 乘客为老、弱、病、残、孕及怀抱婴儿者主动让座。
		2）人际关系融洽，友善对待他人，耐心热情回答陌生人的询问。	社区（小区）： 友善对待外来人员，耐心热情回答他人的询问。
Ⅱ-26 城市规划建设	Ⅲ-55 基础设施	4）主干机动车道无被侵占、毁坏现象，主干道装灯率100%、亮灯率99%，街巷道路路面硬化、排水设施完善、装灯率100%、亮灯率95%，交通信号灯、标志标线等交通管理设施设置规范；	主次干道、商业大街： ①主干机动车道无被侵占、毁坏现象； ②主干道装灯率100%，亮灯率≥99%； ③交通信号灯、标志标线等交通管理设施设置规范。

续表

	测评内容	测评标准	实地考察点位及标准
II-26 城市规划建设	III-55 基础设施		建成区背街小巷： ①路面硬化，无明显坑洼不平； ②排水设施完善，无明显路面积水； ③装灯率100%，亮灯率≥95%。
		5) 人行道、非机动车道平整、连续、通畅、无损坏和被违规占用现象，行人过街、机非分离、人车分离等安全设施配置完整。	主次干道、商业大街： ①人行道、非机动车道连续、平整、通畅、无损坏和被违规占用现象； ②行人过街、机非分离、人车分离等安全设施配置完整。
	III-56 无障碍设施	1) 政务、文化、商业、医疗、交通、学校等公共建筑及设施，新建居住建筑及居住区设有轮椅通道、扶手、缘石坡道等无障碍设施，管理、使用情况良好；	政务大厅、商场超市、宾馆饭店、公共文化设施、新建社区小区（建成不满5年）、医院、机场、火车站、长途汽车站、码头： ①设有轮椅通道、扶手或缘石坡道等无障碍设施； ②管理、使用情况良好。
		2) 城乡公共卫生间有必要的无障碍设施，设置方便残疾人、老年人、伤病人或孕妇儿童使用的带扶手的坐便器或蹲便器，机场、车站、政务大厅、医院、景区景点、大型商场设有无障碍卫生间和母婴室，能够正常使用。	建成区内的公共卫生间： ①设有轮椅通道、扶手或缘石坡道等无障碍设施； ②至少有1个方便残疾人、老年人、伤病人或孕妇儿童使用的带扶手的坐便器或蹲便器。
			位于建成区之外、属于市辖区范围的乡镇公共卫生间： ①设有轮椅通道、扶手或缘石坡道等无障碍设施； ②至少有1个方便残疾人、老年人、伤病人或孕妇儿童使用的带扶手的坐便器或蹲便器。
			机场、车站、政务大厅、医院、景区景点、大型商场： ①设有无障碍卫生间； ②设有母婴室； ③管理、使用情况良好。

	测评内容	测评标准	实地考察点位及标准
Ⅱ–27 城市管理和公共服务	Ⅲ–57 城市精细化管理	2) 抓好公路、河道沿线和城市背街小巷、农贸市场、城乡接合部等重点部位的集中治理，做好对马路市场、流动商贩的规范化治理、合理化疏导、人性化管理； 3) 环境卫生干净整洁，垃圾清运及时、分类处理，无脏乱差现象，公共厕所分布合理、保洁及时、无明显异味； 4) 社会用语用字文明规范，地名管理使用规范有序，城市公共场所无违章停车（机动车、非机动车）、停车乱收费、占道经营、小广告乱张贴现象，无流浪乞讨人员滋扰他人、扰乱社会秩序现象； 5) 城市管理执法队伍执法规范、公正文明，近两年内无违反《城市管理执法行为规范》造成恶劣影响的情形。	建成区到乡镇的公路（河道）沿线： 无明显垃圾堆积、环境脏乱、道路坑洼、面源污染现象。 马路市场、流动商贩： ①城市管理部门在不影响正常交通情况下划定区域，商贩在划定区域内规范经营； ②环境卫生干净整洁，垃圾清运及时。 主次干道、商业大街、公共广场、公园、景区景点： 每隔500米至少能看到1处公共卫生间的指示牌。 主次干道、商业大街、背街小巷、公共广场、公园、景区景点、公交（地铁）车站、机场、火车站、长途汽车站、码头、商场超市、农贸（集贸）市场、城乡接合部： ①环境卫生干净整洁，垃圾清运及时、分类收集； ②无违章停车（机动车、非机动车）现象（城市管理部门在人行道、非机动车道、机动车道旁统一划线，机动车、非机动车在线内停放，且不影响正常交通，这种情况不算作违章停车）； ③无停车乱收费现象； ④无占道经营现象（城市管理部门在商铺门前统一划线，商铺在线内出店摆摊经营，且不影响正常交通，这种情况不算作占道经营）； ⑤无小广告乱张贴现象； ⑥无流浪乞讨人员滋扰他人、扰乱社会秩序现象； ⑦公共卫生间保洁及时，无明显异味； ⑧无城管人员粗暴野蛮执法现象。

续表

	测评内容	测评标准	实地考察点位及标准
Ⅱ-27 城市管理和公共服务	Ⅲ-59 社区生活环境	1）环境绿化美化，卫生状况良好，无脏乱差现象； 2）路面硬化、平整，排水设施完善，无明显坑洼积水； 3）倡导"垃圾减量分类"，生活垃圾分类投放、分类收集、分类运输、密闭运输； 4）楼门内干净整洁，楼道无堵塞，墙面、玻璃无污秽破损，照明灯完好； 5）社区综合服务设施实现全覆盖，水电气热通信等公共服务安全高效优质，构建包括便民市场、运动场地、文化活动中心、社区服务中心、医疗服务机构在内的15分钟生活圈。	社区（小区）： ①环境绿化美化，卫生状况良好，无乱扔垃圾、随地吐痰现象； ②路面硬化、平整，无明显坑洼积水； ③生活垃圾定点投放、分类投放，垃圾房、箱（桶）完好、整洁； ④楼门内干净整洁，楼道无堵塞，墙面、玻璃无污秽破损，照明灯完好； ⑤形成包括便民市场、运动场地、文化活动中心、社区服务中心、医疗服务机构在内的15分钟生活圈。
Ⅱ-28 医疗与公共卫生	Ⅲ-60 医疗卫生服务体系	3）依托本地医疗卫生服务机构，普及卫生健康知识，倡导健康文明的生活方式，提升居民健康素养，实现全市居民健康素养水平逐年提升不低于2个百分点。	医院： 普及卫生健康知识，倡导健康文明的生活方式。
Ⅱ-31 公共安全体系建设	Ⅲ-63 公共安全保障	1）加强社会治安、消防安全防控体系建设，完善公共安全视频监控建设联网应用；	政务大厅、社区（小区）、商场超市、农贸（集贸）市场、学校、机场、火车站、长途汽车站、码头： 有符合标准的消防设施。
	Ⅲ-64 食品药品安全监管	1）食品经营单位和农贸市场不出售过期、变质、伪劣食品，食品安全事故及时查处，无漏报、瞒报情况，农产品质量安全监测合格率≥98%；	商场超市、农贸（集贸）市场： 无过期、变质、伪劣食品。
		2）公布举报电话，问题药品得到及时查处。	拨打问题药品举报电话： 查验电话接通及服务情况。

	测评内容	测评标准	实地考察点位及标准
Ⅱ-31公共安全体系建设	Ⅲ-65突发公共事件应急处理	1) 建立减灾、防灾、救灾综合协调机制和灾害应急管理体系，开展应急通信专用网络和应急指挥系统建设，建立覆盖城乡的应急救援体系力量，设置明确的城市避难场所；	城市避难场所： ①设有避难场所的标识牌； ②功能完备，设备维护及时。
Ⅱ-33环境管理与环境质量	Ⅲ-72城市河湖管理	2) 开展辖区内河湖存在的乱占、乱采、乱堆、乱建等突出问题专项整治，实施河湖综合治理与生态修复。	建成区内的河湖： 无乱占、乱采、乱堆、乱建现象。
Ⅱ-36群众广泛参与	Ⅲ-79宣传动员	主要新闻媒体设有精神文明创建专题专栏，城乡公共场所利用多种形式宣传展示精神文明创建内容。	社区、公共广场、主次干道、商业大街： 运用多种形式宣传展示精神文明创建内容。
Ⅱ-38以城带乡、城乡共建	Ⅲ-85环境整治	2) 乡镇、村环境干净整洁，管理规范有序，无脏乱差现象，市辖区内90%以上行政村垃圾得到治理。	位于建成区之外、属于市辖区范围的乡镇、街道： ①环境卫生干净整洁，垃圾清运及时、分类收集； ②无违章停车（机动车、非机动车）现象（城市管理部门在人行道、非机动车道、机动车道旁统一划线，机动车、非机动车在线内停放，且不影响正常交通，这种情况不算作违章停车）；
	Ⅲ-86民风建设	3) 乡镇公共场所刊播展示公益广告，乡镇、村无争吵谩骂、乱扔杂物、随地吐痰、损坏公共设施等不文明行为。	③无占道经营现象（城市管理部门在商铺门前统一划线，商铺在线内出店摆摊经营，且不影响正常交通，这种情况不算作占道经营）； ④无小广告乱张贴现象； ⑤无争吵谩骂、使用低俗语言现象； ⑥无乱扔杂物、随地吐痰现象； ⑦无损坏公共设施现象； ⑧公共卫生间保洁及时，无明显异味；

续表

	测评内容	测评标准	实地考察点位及标准
Ⅱ-38 以城带乡、城乡共建	Ⅲ-86 民风建设		主要街道每隔200米至少有1处能够看到的公益广告。 位于建成区之外、属于市辖区范围的行政村、社区： ①无明显垃圾堆积、环境脏乱、道路坑洼； ②无争吵谩骂、使用低俗语言现象； ③无乱扔杂物、随地吐痰现象； ④无损坏公共设施现象； ⑤村居内无旱厕。

问卷调查部分

　　问卷调查主要以入户调查方式进行。测评组依据社区的居民住户分布图，按照随机等距原则抽选调查户，测评人员出示测评证件，调查户同意后，现场填写意见。其他人员一律不得干扰调查户。

	测评内容		本地群众评价
Ⅱ-5 教育实践	Ⅲ-7 深化推广普及		对本市宣传普及社会主义核心价值观效果的评价（不要求背诵）。
	Ⅲ-8 融入日常生活		对本市发放市民文明手册等宣传资料情况的评价。
Ⅱ-6 文化培育	Ⅲ-9 培育良好家风家教		对本市家庭、家教、家风建设方面的评价。
Ⅱ-8 志愿服务制度化	Ⅲ-14 制度化建设	市民对志愿服务活动认同和支持率≥90%	身边的志愿服务活动氛围是否浓厚。

	测评内容		本地群众评价
Ⅱ-10 "讲文明树新风"公益广告	Ⅲ-19 制作刊播情况		对本市公益广告宣传覆盖面、宣传效果的评价。
Ⅱ-13 政务行为规范	Ⅲ-24 依法行政		对本市政府部门办事效率及便利程度的评价。
Ⅱ-14 法治宣传教育	Ⅲ-26 建设社会主义法治文化	全民法治宣传教育的普及率≥80%	是否参加过本市组织的法治宣传教育活动。
Ⅱ-17 推进诚信建设制度化	Ⅲ-33 开展专项治理	群众对本市诚信建设的满意度≥85%	对本市诚信建设成效的评价。
Ⅱ-18 文明诚信服务	Ⅲ-35 执法监管部门和窗口服务单位提供文明优质服务		①对本市窗口单位服务质量的评价; ②对本市行政执法监管部门工作的评价。
Ⅱ-19 国民教育	Ⅲ-37 义务教育均衡发展	2)群众对本市义务教育的满意度≥75%	对本市义务教育的评价。
Ⅱ-23 健全现代文化产业体系	Ⅲ-45 释放居民文化需求		市民对自身文化消费状况的评价。
Ⅱ-24 市民文明素质	Ⅲ-46 文明行为		对本市民风和市民道德素质的评价。
	Ⅲ-47 文明交通		对本市交通秩序的评价。

续表

<table>
<tr><th></th><th colspan="4">测评内容</th><th>本地群众评价</th></tr>
<tr><td>Ⅱ-27
城市管理和
公共服务</td><td colspan="4">Ⅲ-59
社区生活环境</td><td>对社区环境状况、生活便利程度的评价。</td></tr>
<tr><td rowspan="2">Ⅱ-31
公共安全
体系建设</td><td colspan="4">Ⅲ-63
公共安全保障</td><td>市民对本市社会治安和自身安全感的评价。</td></tr>
<tr><td>Ⅲ-67
社会
治安</td><td colspan="3">卖淫嫖娼、聚众赌博、吸毒贩毒制毒等违法犯罪得到有效控制</td><td>对本市打击“黄赌毒”效果的评价。</td></tr>
<tr><td>Ⅱ-33
环境管理与
环境质量</td><td colspan="4">Ⅲ-75
生态环境宣传教育</td><td>是否参加过环境保护、生态文明主题活动。</td></tr>
<tr><td rowspan="2">Ⅱ-36
群众广泛
参与</td><td>Ⅲ-80
群众
参与</td><td colspan="3">创建活动的群众参与率>95%。</td><td>①对本市开展文明城市创建活动的知晓率；
②是否参与过本市组织开展的精神文明创建活动。</td></tr>
<tr><td>Ⅲ-82
群众
满意
度调
查</td><td>>85%</td><td>>80%</td><td>≤80%</td><td>对本市开展文明城市创建活动成效的满意率。</td></tr>
</table>

主要指标解释

一、有关城市区域的术语

【建成区】指市政范围内经过征用的土地和实际建设发展起来的非农业建设地段，包括市区集中连片的部分以及分散在近郊区的与城市有密切联系，具有基本完善的市政公用设施的城市建设用地（如机场、污水处理厂、通讯电台等)。

【市区】指《中国城市统计年鉴》中狭义的城市，包括城区和郊区，不包括下辖的县和县级市。

【公共场所】指公共广场、公园绿地、风景游览区、飞机场、公共电汽车（含长途客运汽车站）首末站、地铁车站、公路铁路沿线、河湖水面、停车场、集贸市场、展览场馆、文化娱乐场馆、体育场馆等。

【主干道】指以交通功能为主，与国道、省道、城市各区相通的交通干道。一般应分幅行驶。

二、指标含义与计算方法

【生均义务教育公用经费支出】《国家中长期教育改革和发展规划纲要》第十八章明确提出，"各级政府要优化财政支出结构，统筹各项收入，把教育作为财政支出重点领域予以优先保障。严格按照教育法律法规规定，年初预算和预算执行中的超收收入分配都要体现法定增长要求，保证教育财政拨款增长明显高于财政经常性收入增长，并使按在校学生人数平均的教育费用逐步增长，保证教师工资和学生人均公用经费逐步增长。"对促进教育公平、义务教育均衡发展有重要意义，在我国《国家中长期教育改革和发展规划纲要》中，一个重要目标就是促进教育公平、义务教育均衡发展。为此，一个重要的手段就是统一生均经费指标。

【人均 GDP 水平】该项测评内容所涉及的数据，从各省区市统计年鉴中获取。

【单位 GDP 能耗】单位 GDP 能耗又叫万元 GDP 能耗，就是每产生万元 GDP（国内生产总值）所消耗掉的能源。单位 GDP 能耗的单位是：万吨标准煤/亿元。

【城乡居民人均可支配收入】是指反映居民家庭全部现金收入能用于安排家庭日常生活的那部分收入。它是家庭总收入扣除交纳的所得税、个人交纳的社会保障费以及调查户的记账补贴后的收入。该项测评内容所涉及的数据,从各省区市统计年鉴中获取。

【公交分担率】公共交通乘坐出行总人次/出行总人次×100%。

【亿元国内生产总值生产安全事故死亡率】是指每产出 1 亿元 GDP 过程中,因安全事故导致死亡的人数。计算公式:年度当地亿元 GDP 生产安全事故死亡率=年度当地生产安全事故死亡总人数/年度当地亿元 GDP。

后　记

　　"韶关市地方性法规导读与释义系列丛书"，是韶关市人大常委会会同韶关市人大常委会的立法工作者、法律实务工作者以及韶关学院的专家学者共同编纂的系列丛书。

　　自 2015 年 5 月韶关市获得设区市地方立法权以来，韶关市人大常委会根据韶关市地方经济与社会发展的需要，制定出一系列地方性法规，在地方立法方面取得了可喜的成就。随着经济与社会的发展，韶关市人大常委会根据韶关市发展的实际情况，陆续出台新的地方性法规。大量地方性法规的出台，虽然解决了地方立法层面的问题，但是在这些地方性法规实施过程中，也会遇到对法规内容理解和把握的问题。为了更好地促进执法者、司法者和守法者准确理解法规的具体内容，达到公正执法、正确运用和严格守法的目的，在韶关市人大常委会领导和组织下，将会同法律方面专家学者陆续撰写"韶关市地方性法规导读与释义系列丛书"，并一一出版。

　　《〈韶关市文明行为促进条例〉导读与释义》一书，即为该系列丛书中的一本。由于时间紧迫、水平有限，书中难免有不足之处，敬请读者批评指正。

韩登池

2021 年 8 月